Verlag Roman Kovar

Reiseführer durch das jüdische Deutschland

Verlag und Autoren danken für die Förderung durch die Ronald S. Lauder Foundation New York.

Die Deutche Bibliothek - CIP - Einheitsaufnahme
Reiseführer durch das jüdische Deutschland / Peter Hirsch;
Billie Lopez. Aus dem Amerikan. von Leopoldine Schnabl.
- 2. Aufl. - München : Kovar, 1995
ISBN 3-925845-35-6
NE: Hirsch, Peter; Lopez, Billie; Schnabl Leopoldine [Übers.]; EST

ISBN 3-925845-35-6

2. Auflage 1995

Auslieferung: Roman Kovar Verlag, Gernstrasse 55a, D-82223 Eichenau
Lithographie und Satz: DTP Studio, Prag
Printed in Czech Republic

Peter Hirsch
Billie Lopez

Reiseführer durch das jüdische Deutschland

Aus dem Amerikanischen von Leopoldine Schnabl

Verlag Roman Kovar

INHALT

VORWORT

Kein Land der Welt ausser Israel enthält so viele Denkmäler jüdischer Geschichte wie Deutschland. Die Steine alter Synagogen, ritueller Bäder und jüdischer Friedhöfe zeugen beredt für das mehr als tausendjährige Leben und die alte Kultur jüdischer Gemeinden in Deutschland. Diese Monumente haben nicht nur alle Stürme der oft bewegten Jahrhunderte überstanden, sondern auch die konzentrierten Anstrengungen des Dritten Reiches, alle Zeichen jüdischer Existenz von der Tafel der deutschen Geschichte zu löschen.

Viele jüdische Sitten und Gebräuche, Traditionen und Rituale, Trachten, Familiennamen, aber auch die jiddische Sprache und die heute noch verwendete Talmudlehre stammen aus den jüdischen Gemeinden Deutschlands. Für viele Jahrhunderte ist die deutsche Geschichte bestimmend für die jüdische Geschichte. Viele der verehrten Stimmen des europäischen Judentums erklangen zuerst in Deutschland: so etwa die des Gershom ben Judah, Rashi, Meir von Rothenburg, Moses Mendelssohn, Samson Raphael Hirsch, Leopold Zunz, Martin Buber, um nur einige zu nennen.

Der Grund für diese kontinuierliche tausendjährige Geschichte der Juden in Deutschland ist bemerkenswert.

Deutschland war bis zum späten 19. Jahrhundert kein Staat mit starker Zentralgewalt, sondern ein Gewirr kleinerer oder grösserer unabhängiger Herrschaftsgebiete, die häufig entgegengesetzte Interessen verfolgten und oft Krieg gegeneinander führten. Der deutsche König und römische Kaiser hatte während der mehr als acht Jahrhunderte währenden Ära des "Heiligen Römischen Reiches" meist nur wenig und oft überhaupt keine Macht in diesem Staat.

Zentralstaaten wie England, Spanien oder Frankreich verwiesen an irgendeinem Punkt ihrer Geschichte alle ihre Juden des Landes und zerstörten damit nicht nur das Leben der jüdischen Gemeinden, sondern auch alle materiellen Zeugen jüdischen Lebens in ihren Ländern. In Deutschland konnten die Juden eines Gebiets, wenn sich die Zeitströmungen gegen sie wandten, häufig schon ein paar Kilometer weiter ein neues Leben beginnen und abwarten. Oft wurde ihnen schon nach wenigen Wochen, Monaten oder Jahren gestattet, in ihre frühere Heimat zurückzukehren und ihre hohen Steuern und Schutzgelder im Austausch gegen oft wertlose Schutzzusagen zu entrichten. Erst als die Nationalsozialisten an die Macht kamen, übertraf Deutschland in unerhörtem Mass die Barbarei anderer Völker und längst vergessen geglaubter Zeiten.

Verursacht durch den systematischen Mord oder die Vertreibung einer halben Million deutscher Juden und die umfassende Zerstörung jüdischen Eigentums und jüdischer Institutionen in Deutschland herrscht die Überzeugung, dass fast keine jüdischen Denkmäler die Jahre der Naziherrschaft überdauert haben können. Überraschenderweise entspricht das nicht den Tatsachen. Die Nazis und ihre Helfer zerstörten zwar in der "Reichskristallnacht" die meisten Synagogen und anderen Gemeindeeinrichtungen in den grösseren Städten. Aber viele hundert kleinere Städte und Dörfer retteten ihre Synagogen vor dem Niederbrennen, meist, weil die lokale Feuerwehr schwach war und ein Übergreifen des Feuers auf andere Gebäude befürchtet wurde. Später wurden viele dieser ehemaligen Synagogen als Wohnhäuser, Büros, Scheunen, Garagen, Kinos oder Werkstätten verwendet. Viele verfielen auch und wurden abgerissen. Ab dem Beginn der Achtzigerjahre und bis heute haben viele Gemeinden mit Hilfe privater und öffentlicher Gelder ihre Synagogengebäude restauriert; sie dienen heute oft als Gedenkstätten und Gemeindezentren.

Ausgrabungen, Restaurierungen und Wiederentdeckungen machen es heute möglich, die steinernen Zeugen einer tausend Jahre währenden Geschichte der Juden in Deutschland zu sehen. Zusätzlich dazu sind in den letzten Jahren jüdische Museen in Berlin, Frankfurt und Augsburg gegründet worden, und viele andere Orte zeigen in ihren Museen ständige Ausstellungen zum jüdischen Leben in ihrem Gebiet.

Besucher dieser Zeugen jüdischer Geschichte in Deutschland werden hauptsächlich ausserhalb der grossen Städte und Ballungsgebiete reisen müssen. Zur leichteren Orientierung haben wir die in unseren Reiseführer aufgenommenen Orte geographisch nach in der Nähe gelegenen Grossstädten geordnet. Wir haben die allermeisten der angeführten Denkmäler persönlich besucht; einige wenige Orte mussten wir im Interesse der Vollständigkeit ohne Besuch in diesem Führer aufnehmen. Wir geben in den meisten Fällen genaue Adressen, Öffnungszeiten und Zutrittsmöglichkeiten an; allerdings sind vor allem im ländlichen Raum Adressen nicht sinnvoll, Öffnungszeiten und Zutrittsmöglichkeiten können sich überall ändern. In den neuen Bundesländern ist zusätzlich damit zu rechnen, dass sich viele der angegebenen Adressen durch eine Änderung des Strassennamens ändern werden.

Daher eine Warnung und ein Appell an alle Anwender dieses Reiseführers: Das Interesse an den jüdischen Denkmälern Deutschlands wächst. Die gut bekannten Orte werden mehr und mehr besucht. Die meisten der in unserem Reiseführer angegebenen Denkmäler werden aber nur selten besucht. Öffnungszeiten sind daher nicht verlässlich, wenn sie überhaupt existieren. Ausdauer und Findigkeit helfen manchmal, eine scheinbar unmögliche Besichtigung doch noch möglich zu machen, aber nicht immer.

Natürlich ist diese Situation oft frustrierend. Bleiben Sie flexibel und lassen Sie sich von den Schwierigkeiten nicht abschrecken. Wir haben fast überall freundliche und hilfsbereite Nachbarn oder Funktionäre der Gemeindeverwaltung gefunden. Wir hoffen und wünschen Ihnen, dass Sie ähnliche Erfahrungen machen.

Unsere Arbeit an diesem Reiseführer begann 1984, als wir zufällig in Speyer das wunderbare rituelle Bad aus dem 13. Jahrhundert entdeckten. Wir begannen zunächst einen Artikel über dieses Bad zu schreiben; bei den Recherchen entdeckten wir zu unserer Überraschung, dass noch viele andere Denkmäler jüdischer Geschichte existierten. Wir schrieben zunächst einen Reiseführer für das Gebiet der damaligen Bundesrepublik. Nach der Vereinigung der beiden deutschen Staaten bereisten und dokumentierten wir auch das Gebiet der ehemaligen DDR.

Den grössten Teil der Informationen in unserem Reiseführer erhielten wir durch Korrespondenz mit den Rathäusern, Fremdenverkehrsbüros oder jüdischen

Gemeinden der betreffenden Orte. Die allermeisten Stätten haben wir besucht und an Ort und Stelle recherchiert. Zusätzlich haben wir Informationen von einer Reihe von Privatpersonen oder Organisationen erhalten, die sich mit dem jüdischen Erbe in Deutschland beschäftigen. Wir möchten diese Gelegenheit ergreifen, uns bei den vielen Menschen herzlich zu bedanken, die uns bei der Arbeit an diesem Reiseführer geholfen haben.

Kein Reiseführer kann jemals ganz aktuell sein. Wenn Sie Fehler, Lücken oder nicht mehr aktuelle Angaben in unserem Führer finden, schreiben Sie uns bitte, damit wir die nächste Auflage verbessern können. Sie können uns über den Verlag erreichen. Herzlichen Dank auch Ihnen für Ihre Hilfe.

Bedanken möchten wir uns auch bei Irmgard Burmeister, Emmi Rosdolsky und Poldi Schnabl für ihre tatkräftige Hilfe und Unterstützung bei der Erarbeitung dieses Buches. Weiters danken wir der Roland S. Lauder Foundation für ihr Interesse und ihre materielle Unterstützung bei der Realisierung dieses Reiseführers.

Billie Ann Lopez
Peter Hirsch

CHRONOLOGIE BEDEUTENDER EREIGNISSE IN DER GESCHICHTE DER JUDEN IN DEUTSCHLAND

Die Geschichte der Juden in Deutschland beginnt weit entfernt von Mitteleuropa und zu einer Zeit, als es Deutschland noch nicht gab. Die Ereignisse in Judäa um die Zeitwende sollten in vieler Hinsicht schwerwiegenden Einfluss auf die Geschichte der Juden in Deutschland bis in unser Jahrhundert haben.

Jahr 70 unserer Zeitrechnung: Mit dem Sieg der Römer über die aufständischen Juden und der Zerstörung des Tempels in Jerusalem beginnt die fast zwei Jahrtausende währende Geschichte des jüdischen Exils. Die überlebenden Juden werden vertrieben und zerstreuen sich über das ganze römische Imperium, das damals einen grossen Teil West- und Südeuropas, Nordafrika und den Mittleren Osten umfasst. Sogar ihr Land, Judäa, wird von den siegreichen Römern nach den alten Feinden der Juden, den Philistern, in Palästina umbenannt. Nach dem Verlust ihrer materiellen Heimat wird die Torah zum geistigen Vaterland der Juden. Im Exil entsteht der Talmud, die Anpassung der Torah an das Leben ohne Tempel, ohne geographisches und politisches Zentrum.

Während der verbleibenden Jahrhunderte des römischen Reiches dienen Juden dessen Herrschern in vielen Rollen, als Kaufleute, Soldaten und Sklaven; schliesslich erlangen sie das römische Bürgerrecht. Trotzdem müssen sie weiterhin die von Kaiser Vespasian (70-79) eingeführte Judensteuer entrichten. Mit dieser Sondersteuer begründen die Herrscher des Heiligen Römischen Reiches mehr als tausend Jahre später ihren Anspruch auf das Eigentum an allen Juden und auf die diesen auferlegten besonderen Steuern.

306-337: Konstantin der Grosse christianisiert das Römische Reich. Von nun an geniessen die Juden weniger religiöse Toleranz und weniger Freiheit als unter den meisten heidnischen Vorgängern Konstantins.

Nach der Christianisierung des Römischen Reiches ist es Juden, die sich nicht taufen lassen, nicht mehr gestattet, im Militär zu dienen oder ein Regierungsamt zu bekleiden. Sie dürfen auch keine christlichen Sklaven besitzen und müssen heidnische Sklaven, die sich taufen lassen, freilassen. Da die Landwirtschaft zu dieser Zeit nur mit Sklavenarbeit betrieben werden kann, werden Handel und Verkehr zu immer wichtigeren Erwerbszweigen für die Juden.

All diese Bestimmungen werden in das römische Recht aufgenommen und dienen späteren Herrschern, die für sich in Anspruch nehmen, Nachfolger der Cäsaren zu sein, zur Unterscheidung der Rechte und Pflichten ihrer jüdischen von denen ihrer christlichen Untertanen. Das alte römische Recht, das die Juden als Bürger anerkannt hatte, wird hingegen bald vergessen.

Solange die junge christliche Kirche noch darum kämpfen muss, als die eine wahre Religion anerkannt zu werden, schwankt ihre Haltung gegenüber den Juden. Sie betrachtet einerseits die Juden als von Gott verworfen, weil sie Jesus Christus gekreuzigt haben und seine Lehren nicht anerkennen wollen; aber diese frühen Christen glauben auch, dass das Alte Testament, die hebräische Bibel, durch die Worte der Propheten das Kommen des Messias und das Christentum vorausgesagt hat. Die frühen Kirchenväter glauben, den Juden einen gewissen Schutz angedeihen lassen zu müssen, damit diese bezeugen können, dass die Prophezeiungen des Alten Testaments auf Wahrheit beruhen und nicht christliche Erfindungen sind. Die Juden sollten als Zeugen für diese Wahrheiten überall leben können, wo auch Christen leben.

321: Das erste Dokument, das auf dem Gebiet des heutigen Deutschland lebende Juden betrifft, stammt von Kaiser Konstantin und ist die Rückgängigmachung eines früheren Erlasses, der die Juden in Colonia Agrippina, dem heutigen Köln, vom Dienst in der curia - dem Stadtrat - befreit hatte. Der Dienst in der curia umfasste auch die Einhebung von Steuern für die kaiserliche Staatskasse. Da die Mitglieder der curia für alle nicht eingetriebenen Steuern aus ihrer eigenen Tasche aufkommen mussten, war die Befreiung von diesem Dienst sehr wertvoll. Die jetzt erzwungene Teilnahme an der curia bedeutete für manche Kölner Juden wahrscheinlich grosse finanzielle Einbussen. (Siehe Köln.)

395: Das römische Imperium zerfällt in einen östlichen Teil, unter Byzanz, und einen westlichen, unter Rom. Der Westen und Süden des heutigen Deutschlands wird zu einer Provinz des weströmischen Reichs.

4. oder 5. Jahrhundert: Eine Tonlampe und Bleisiegel mit dem Zeichen der Menorah, gefunden in der alten Stadt Trier, damals ein Verwaltungszentrum des weströmischen Reiches, sind der erste archäologische Beweis für die Anwesenheit von Juden auf deutschem Gebiet. (Siehe Trier.)

476: Unter dem Ansturm germanischer Stämme geht das weströmische Reich zugrunde. Alle Siedlungen in West- und Mitteleuropa werden durch ständige Angriffe immer neuer Stämme zerstört und jede Zivilisation und historische Kontinuität geht zu Ende.

768-814: Der Frankenkönig Karl, genannt der Grosse, wird Herrscher über weite Gebiete Westeuropas. Im Jahr 800 wird er von Papst Leo III. zum römischen Kaiser gekrönt; damit erwacht wieder die Tradition des weströmischen Kaiserreichs. Die kaiserliche Residenz ist in Aachen, er selbst aber hält sich fast immer auf Kriegszügen auf. (Siehe Aachen.)

8. und 9. Jahrhundert: Die islamischen Araber erobern grosse Teile des Oströmischen Reichs, wo sich viele Juden niedergelassen haben. Viele dieser Juden wandern jetzt nach Westen und Norden in das wiedererstandene weströmische Reich der Frankenkaiser. Aber die Herrscher dieses christlichen Reichs verlangen, dass ihre Vasallen einen christlichen Treueeid schwören, bevor ihnen Land zuerkannt wird. Den Juden verbietet das ihre Religion; damit ist ihnen jede Betätigung in der Landwirtschaft verwehrt. Sie sind daher gezwungen, in die neu entstehenden Städte zu ziehen. Dort aber werden bald die christlichen Handwerkerzünfte immer mächtiger und lassen aus Gründen der Konkurrenz keine Juden als Mitglieder der Zünfte zu.

Da sie auf Grund ihrer Religion von den meisten anderen Erwerbsmöglichkeiten ausgeschlossen sind, werden viele Juden in West- und Mitteleuropa Kaufleute. Dabei kommen ihnen ihre zahlreichen Kontakte zu den überall im früheren Römischen Reich existierenden jüdischen Gemeinden, sowie die gemeinsame Sprache und die damals nicht alltägliche

Fähigkeit zu schreiben zugute. Auch sind die Handelswege jetzt teilweise in christlicher, teilweise in mohammedanischer Hand; den Juden fällt eine unentbehrliche Vermittlerrolle zwischen den verfeindeten Lagern zu. Sie handeln vor allem mit Luxusgütern aus dem Orient, wie etwa Teppichen, Juwelen, Parfüms, Gewürzen, Medizinen, Seide und anderen Textilien. Da zu diesem Handel Geld benötigt wird - woran es in der deutschen Naturalwirtschaft mangelte - werden die Juden auch zu Geldverleihern. Diese Tätigkeit ist den Christen verwehrt, da die Kirchengebote das Verleihen von Geld gegen Zinsen verbieten.

Dokumentarische Belege für Juden als Einwohner von Mainz finden sich zum erstenmal für das Jahr 900, für Worms für das Jahr 960, und für Regensburg für 981.

11. Jahrhundert: Rabbiner und Vorsteher von jüdischen Gemeinden in Speyer, Worms und Mainz schliessen sich zu einem Bündnis unter der Bezeichnung "Schum" zusammen; das sind die Anfangsbuchstaben der hebräischen Namen dieser Städte. Sie diskutieren religiöse Fragen und Belange ihrer Gemeinde und entscheiden Streitfälle. Schum ist schon zu Ende des 11. Jahrhunderts ein wichtiger Faktor im Leben und in der Vereinheitlichung der Gemeinden im Rheinland und weit darüber hinaus. Erst im 14. Jahrhundert fällt diese führende Rolle den durch die Pestepidemie der Jahre 1348-1350 ausgelösten Judenverfolgungen zum Opfer.

960-1040: Gerschom ben Judah, in Metz in Frankreich geboren, als "Licht des Exils" bekannt, verbringt den grössten Teil seines Lebens in Mainz und ist einer der ersten grossen deutschen Rabbiner. Sein Einfluss macht sich in der Strukturierung des Familien- und Gemeinschaftlebens und des jüdischen Rechts geltend, aber er führt auch im Studium des Talmud im westlichen Europa. Dadurch vereinheitlicht sich der religiöse Unterricht in den deutschen jüdischen Gemeinden und es entsteht eine spezifisch jüdische Kultur. Auf Gerschoms Wirken führt man das Scheidungsrecht, das Verbot der Polygamie, das Recht auf Briefgeheimnis und das Entscheidungsrecht der Mehrheit im Gemeindeleben zurück. Die Minderheitsrechte werden dadurch gewahrt, dass Gemeindemitglieder zu ihrer Anhörung den Gottesdienst unterbrechen dürfen. Auch wird Gerschom das Verbot zugeschrieben, Häuser von Christen zu mieten, die andere Juden unrechtmässigerweise daraus vertrieben hatten; ebenso wie das Verbot, Juden zu beleidigen, die nach der Taufe sich wieder als Juden bekennen. Um diese Bestimmung rankt sich die Legende, Gerschoms Sohn Eliezer wäre bei der Vertreibung der Juden aus Mainz im Jahre 1012 gezwungen worden, zum Christentum überzutreten, sei aber gestorben, bevor es ihm möglich war, wieder zum Judentum zurückzukehren; Gerschom habe trotzdem für ein jüdisches Begräbnis gesorgt und die Totengebete für ihn gesprochen. (Siehe Mainz.)

1034 wird in Worms eine neue Synagoge errichtet. Bis zu ihrer Zerstörung durch die Nationalsozialisten im Jahr 1938 war sie die älteste ständig dem Gottesdienst gewidmete Synagoge in Europa. (Siehe Worms.)

1040-1105: Salomon ben Isaac, besser bekannt unter dem Namen Rashi, in Troyes in Frankreich zur Welt gekommen, studiert von 1055 bis 1065 in Worms. Einige von seinen Lehrern dort waren Schüler von Gerschom. Rashi verfasst Kommentare zur Torah und zu Teilen des Talmud, die heute noch studiert werden. Die Klarheit seiner religiösen Lehren und Schriften geniessen Jahrhunderte lang die höchste Wertschätzung bei den deutschen Juden. (Siehe Worms.)

1084: Der Erzbischof von Speyer lädt in Mainz verfolgte Juden ein, sich in Speyer niederzulassen und begründet das damit, dass die Anwesenheit der Juden "tausendfach das Ansehen der Stadt erhöhe". Von ihm stammt die erste schriftlich niedergelegte Garantie, den Juden weitgehende Rechte und Schutz zu gewähren. Im Jahr 1090 wird diese Garantie von Heinrich IV. bestätigt und erweitert. Ähnliche Garantien werden in den folgenden Jahrhunderten von Kaisern, Bischöfen und Fürsten oft gegeben (und ebenso oft nicht eingehalten oder verletzt.) (Siehe Speyer.)

1096: Der erste Kreuzzug beginnt in Frankreich, geht dann weiter durch das deutsche Rheinland und die Donau entlang bis nach Jerusalem. Viele unterschiedliche Gruppen nehmen am Kreuzzug teil: religiöse Fanatiker, verarmte Adelige, die die Hoffnungslosigkeit ihrer Existenz hinter sich lassen und im Morgenland Reichtum finden wollen, rechtlose Bauern auf der Suche nach Land, Aussenseiter, die in der Teilnahme am Kreuzzug eine letzte Chance sehen...

Auf dem Weg des Kreuzzugs wird jeder Nichtchrist zum Feind. Obwohl die französischen Juden mit einer Sondersteuer und Zahlungen an einzelne Führer zum Kreuzzug beitragen, werden sie von den Kreuzfahrern gnadenlos geplündert, beraubt und ermordet. Die Überlebenden warnen ihre Glaubensgenossen im Rheinland durch Boten, diese aber nehmen die Warnungen nicht ernst und antworten: "Wir werden fasten und Euch auf jede Weise helfen, aber wir haben nichts zu fürchten." Und dann werden sie von den Kreuzfahrern überwältigt, und die Tragödien von Rouen und Metz wiederholen sich überall am Rhein und an der Donau.

Der erste Kreuzzug leitet nicht nur eine Periode der Gewalt gegen Juden ein und erschüttert ihre gesellschaftliche Stellung, sondern untergräbt auch die wirtschaftliche Grundlage des jüdischen Lebens in Deutschland. Vor dem Kreuzzug waren die Juden vor allem im Handel mit dem Orient tätig. Das Verleihen von Geld war nur zweitrangig. Juden wurden von den Herrschern wegen der von ihnen gezahlten Steuern und wegen der Luxusgüter aus dem Orient, die nur sie ins Land bringen konnten, geschätzt. Mit den Kreuzzügen bemächtigen sich Christen der früher islamischen Handelsrouten im mittleren Osten; die Juden verlieren die Vermittlerrolle und der Geldverleih wird für viele von ihnen, denen alle andere Berufe durch die städtischen Zünfte verwehrt sind, zur einzigen Erwerbsmöglichkeit. Diese ökonomische Entwicklung der mittelalterlichen Juden sollte sich noch im 20. Jahrhundert auswirken.

1103: Die Juden werden durch Heinrich IV. dem Reichslandfrieden, dem persönlichen Schutz des Kaisers, unterstellt. Sie dürfen allerdings jetzt auch keine Waffen mehr tragen. Dieses zweifelhafte Privileg bleibt fast 700 Jahre lang erhalten.

1146: Der Zweite Kreuzzug ist - auch wegen des konsequenten kaiserlichen Schutzes für die Juden - von weniger Fanatismus und weniger Greueltaten begleitet. Die jüdische Gemeinde von Würzburg fällt ihm dennoch zum Opfer. Es folgen fünf weitere Kreuzzüge, aber keiner von ihnen bringt in Deutschland ein solches Gemetzel mit sich wie der erste.

1157: Erstmalig werden die Juden zu Kammerknechten, also zum direkten Eigentum des Römischen Kaisers erklärt. Es gibt zunächst wenig unmittelbare Auswirkungen.

1179: Das dritte Laterankonzil verbietet Juden, christliche Dienstkräfte zu beschäftigen oder unter Christen zu leben. Bis ins 16. Jahrhundert wird aber die letztere Bestimmung nur wenig beachtet. Das Konzil schützt Juden aber auch vor erzwungener Taufe.

1182: Die französischen Juden werden enteignet und aus Frankreich vertrieben.

1215: Das vierte Laterankonzil schreibt Juden besondere Kleidung vor; dazu gehören der spitze Judenhut und der gelbe Fleck, der auf dem Gewand zu tragen ist. Auch wird die Geistlichkeit angewiesen, Geschäfte mit Juden zu vermeiden. Die Lage der Juden wird weiter dadurch erschwert, dass die Zinsenzahlung auf alle Darlehen an Christen, die sich an den Kreuzzügen beteiligen, eingestellt wird. Auf diesem Konzil wird auch die Inquisition gegründet.

1235: Der ersten offiziellen Beschuldigung wegen eines Ritualmordes in Fulda folgen in ganz Deutschland weitere Anklagen wegen Hostienschändung und Ritualmord gegen jüdische Gemeinden. (Siehe Schlüchtern.) Solche Behauptungen führen oft zu Massakern, Vertreibungen, der Beschlagnahme von jüdischem Eigentum und anderen Gewalttaten gegen Juden. Die Ritualmordbeschuldigung besagt, dass Juden das Blut von geschlachteten Christenkindern für die Zubereitung von Mazzoth, ungesäuertem Brot für die Pessachfeier, oder für andere religiöse Zwecke verwendeten. In der immer wieder behaupteten Schändung der geweihten Hostien soll der Mord der Juden an Jesus wiederholt werden. Päpstliche und weltliche Autorität hat sich wiederholt gegen diese Verleumdungen ausgesprochen, aber der letzte Ritualmordprozess in Mitteleuropa fand vor weniger als hundert Jahren statt.

1236: Unter Berufung auf das alte römische Recht erklärt Kaiser Friedrich II. die Juden mit allen Konsequenzen zu "Kammerknechten". Das gewährleistet den Juden zwar unter dem erneuerten Reichslandfrieden einen gewissen kaiserlichen Schutz, reduziert ihren rechtlichen Status aber zu dem von Leibeigenen des römischen Kaisers. Als während des Interregnums von 1254 bis 1273 kein Kaiser gewählt wird, eignen sich einzelne deutsche Fürsten dieses Recht auf die Juden und ihre Steuern an.

1273-1291: Der Habsburgerkaiser Rudolf I. will das Recht auf jüdische Steuerzahlungen von den Fürsten zurückgewinnen; er erklärt die Juden wieder zu Kammerknechten und besteht auf dem einzig kaiserlichen Recht, sie zu besteuern.

1286: Rabbi Meir ben Baruch aus Rothenburg (1215-1293) gilt ebenso wie Gerschom ben Judah vor ihm als "Licht des Exils"; er bestreitet den kaiserlichen Anspruch und versucht, mit tausenden Anhängern das Reich zu verlassen, um sich im Gelobten Land anzusiedeln. Er wird aber in Norditalien gefangen genommen und bis zu seinem Tod als Geisel des Kaisers festgehalten. Selbst seine Leiche wird nicht beerdigt und erst 1307 freigegeben, als Alexander ben Salomon Wimpfen dafür ein riesiges Lösegeld bezahlt, unter der einzigen Bedingung, nach seinem Tod an der Seite von Rabbi Meir begraben zu werden. Rabbi Meir verbietet während seiner Geiselhaft, für ihn Lösegeld zu zahlen, weil das eine Anerkennung der Knechtschaft der Juden bedeuten würde. (Siehe Rothenburg und Worms.)

Vor und während seiner Gefangenschaft dient Rabbi Meir seinem Volk in Deutschland als hoch angesehener Lehrer, Gelehrter und oberster Schiedsrichter in Fragen des Ritus, des Gesetzes und der Angelegenheiten der jüdischen Gemeinden. Seine etwa tausend erhaltenen Entscheidungen und Gutachten gelten im Leben der Gemeinschaft noch durch viele Generationen.

1290: Nach einem Jahrhundert der Verfolgungen und Repressalien werden die letzten Juden aus England vertrieben.

1298: Ein fränkischer Ritter aus Röttingen namens Rindfleisch führt nach der Beschuldigung, Hostien seien entweiht worden, eine Privatarmee gegen jüdische Gemeinden in Franken und Sachsen. In weniger als einem halben Jahr werden mehr als 140 jüdische Gemeinden vernichtet.

1306: Fast alle Juden werden aus Frankreich vertrieben, nachdem der König von Frankreich überzeugt wird, dass alle Juden Kammerknechte und damit Besitz des Römischen Kaisers seien.

1337: Im Gefolge einer Hostienschändungs-Anklage in Deggendorf werden viele jüdische Gemeinden in Niederbayern vernichtet.

1338-1339: Ein Schankwirt windet einen Lederstreifen um seinen Arm und nennt sich "König Armleder". Mit Unterstützung eines Adeligen führt er eine Armee verarmter Bauern durch das Elsass und entlang der Mosel und des Rheins, wo sie alle Juden, derer sie habhaft werden können, ermorden. 1339 wird er von einem kaiserlichen Heer gefangen genommen. Er wird enthauptet, aber nicht wegen des Massakers an den Juden, sondern wegen der Beschädigung kaiserlicher Besitzes. Bevor Armleder sein Leben verliert, werden 120 jüdische Siedlungen vernichtet.

1342: Eine Judensteuer wird als "Opferpfennig" von Kaiser Ludwig IV. eingeführt und muss am Weihnachtstag erstmalig entrichtet werden. Als Präzedenz für diese Steuer gilt die Tempelsteuer, die nach der Zerstörung des Zweiten Tempels im Jahr 70 unserer Zeitrechnung den Juden aufgebürdet wurde. Diese Steuer von 1 Gulden pro 20 Gulden ihres Besitzes, die vornehmlich dem Schutz der Juden dienen soll, müssen alle Juden, die älter als 12 Jahre sind, bezahlen.

1348-1350: Die Judenverfolgungen dieser Jahre werden durch die Pestepidemie ausgelöst, der ein Drittel der europäischen Bevölkerung zum Opfer fällt. Wie man heute weiss, wurde die Epidemie durch Flöhe verursacht, die sich infolge der Einwanderung einer neuen Rattenart in ganz Europa ausbreiteten. Als die Epidemie wütete, glaubte man, die Juden hätten sie durch die Vergiftung von Brunnen und Quellen herbeigeführt. Dieser Glaube wurde durch Geständnisse bestärkt, die manchen Juden unter der Folter abgepresst wurden. Bis zum Abflauen der Epidemie wurden in Deutschland allein mehr als 300 jüdische Gemeinden zerstört.

1356: In der Goldenen Bulle, einem Grundgesetz des Kaiserreichs, tritt Karl IV. zusammen mit den kaiserlichen Rechten auf die Bodenschätze auch seine Rechte an den Juden an die deutschen Fürsten ab. Die territoriale Zersplitterung des Reiches und der Zerfall der Zentralgewalt wird durch die Goldene Bulle auf Jahrhunderte festgeschrieben.

1394: Die französischen Juden werden neuerlich vertrieben. Fast vierhundert Jahre lang werden nur wenige Juden in Frankreich leben können.

1424: Vertreibung der Juden aus Köln.

1439: Vertreibung der Juden aus Augsburg.

1440: Dieses Jahr gilt als Datum der Erfindung des Buchdrucks mit beweglichen gegossenen Lettern. Mit der Verbreitung der Druckerpresse und ihrer Erzeugnisse geht das Mittelalter zu Ende.

1473: Vertreibung der Juden aus Mainz.

1492: Vertreibung der Juden aus Spanien, 1496 Zwangstaufen oder Vertreibung aus Portugal.

Nur langsam erholt sich das deutsche Judentum von diesen Vertreibungen und Massakern. Die Lage der überlebenden Juden hat sich wesentlich geändert. In früheren Zeiten fanden Juden häufig in benachbarten Städten oder Ländern des politisch zersplitterten Deutschlands Zuflucht vor einer Verfolgung, bis sie Wochen, Monate, oder auch erst Jahre später in ihre Städte zurückkehren konnten. Nun ist die Situation für sie um vieles schwerer. Die Juden sind entbehrlich geworden, ihr Wissen und ihre Beziehungen wurden von Christen übernommen. Oft wird ihnen nur nach Zahlung hoher Steuern oder "Schutzgelder" Aufenthalt gewährt, und auch das nur für begrenzte Fristen, etwa drei oder fünf Jahre, nach deren Ablauf sie neuerlich um einen Schutzbrief ansuchen und neue Abgaben zahlen müssen. Auch wird oft nur eine beschränkte Anzahl von Juden zugelassen. Sie dürfen nicht mehr Land oder Häuser kaufen und müssen in abgesonderten Ghettos wohnen, die, als "Judenhof" oder "Judengasse" bezeichnet und von Mauern und Toren umgeben, die Bewegungsfreiheit der Juden und den Kontakt mit christlichen Nachbarn behindern. Auch ist jetzt Geldverleih fast die einzige legale Erwerbsmöglichkeit für Juden in den Städten. Das zwingt viele Juden, als kleine Geldverleiher oder Hausierer in ländliche Gebiete auszuweichen. Die für die Bezahlung der Steuern und Schutzbriefe nötige Höhe der Zinsen schürt wieder neuen Hass gegen die Juden.

All das bringt eine neue Wanderung der europäischen Juden mit sich, diesmal von Westen nach Osten, von Spanien in die türkischen Hoheitsgebiete und nach Palästina, und von Deutschland nach Polen. In dieser Zeit wurzelt die Sprache der osteuropäischen Juden, Jiddisch, ein mittelhochdeutscher Dialekt, der im Lauf der Zeit mit hebräischen, aramäischen und slawischen Worten ergänzt wurde, ebenso wie das Spaniolisch der sephardischen süd- und südosteuropäischen Juden.

1499: Vertreibung der Juden aus Nürnberg.

1510-1520: Die Kontroverse zwischen Reuchlin und Pfefferkorn geht auf die Bestrebungen des Dominikaner-Ordens zurück, alle religiösen jüdischen Bücher verbieten zu lassen; die Vernichtung ihrer Bücher soll die Juden zur Bekehrung zum Christentum bringen. Johannes Reuchlin, ein Christ und Humanist, hatte viele Jahre mit dem Studium hebräischer religiöser Texte verbracht. Von Kaiser Maximilian mit einem Gutachten betraut, wendet sich Reuchlin nicht nur gegen die Vernichtung dieser Literatur, sondern schlägt vor, an jeder deutschen Universität zwei Lehrstühle zu ihrem Studium zu gründen. Pfefferkorn, ein mit den Dominikanern verbündeter bekehrter Jude, bezichtigt Reuchlin, er habe sich von den Juden bestechen lassen. Es folgt ein langer und kostspieliger Rechtsstreit. Obwohl Reuchlin letztendlich den Prozess verliert, werden die Bücher doch gerettet. Die anonymen Pamphlete, die Reuchlin in seinem Kampf unterstützen, darunter vor allem die satirischen "Dunkelmännerbriefe", untergraben den Einfluss der Dominikaner und schwächen die Autorität der Katholischen Kirche.

1519: Vertreibung der Juden aus Regensburg wenige Wochen nach dem Tod ihres Beschützers Maximilian I.

1523: Martin Luther (1483-1546) veröffentlicht ein vielgelesenes Buch "Dass Jesus ein geborener Jude sei", in dem er die Juden verteidigt und lobt. Als sie sich aber auch zu seiner neuen christlichen Lehre nicht bekehren lassen, wendet er sich gegen sie; 1543 erscheint seine Schrift "Von den Juden und ihren Lügen". Sie gibt jahrhundertealte antijüdische Mythen wieder, preist die Judenverfolgungen, setzt die Juden dem Teufel gleich und empfiehlt Massnahmen gegen die Juden, wie sie vierhundert Jahre später in Deutschland Wirklichkeit werden sollten.

Luthers Bestreben, die allgewaltige katholische Kirche zu reformieren, führt zur Spaltung der Kirche zwischen Katholiken und Protestanten und schliesslich, 72 Jahre nach Luthers Tod, zum Dreissigjährigen Krieg.

etwa 1520-1554: Josel von Rosheim, ein Jude aus dem Elsass, wirkt unermüdlich für die immer wieder bedrohten jüdischen Gemeinden des Reiches. Durch Vorsprachen bei Kaisern und Reichsfürsten gelingt es ihm immer wieder, die Vertreibung oder Verfolgung von Juden zu verhindern. Auf einer solchen Interventions-Reise in die Pfalz stirbt er. Für sein nie definiertes Amt gibt es keinen Nachfolger.

1551: Vertreibung der Juden aus Bayern.

Für die Juden bringt der Anbruch der Neuzeit weitere religiöse Verfolgungen. Nun gibt es zwei christliche Religionen, von denen jede ihren Einflussbereich gegen Andersgläubige, gleichgültig ob Christen der anderen Konfession oder Juden, erbittert verteidigt.

1555: Papst Paul IV. befiehlt die Befolgung des 1179 vom dritten Laterankonzil beschlossenen Gebots, das "wahren Gläubigen" auch das Wohnen inmitten von Ungläubigen untersagte. Die systematische Verbannung der Juden in Ghettos, wie sie in vielen Städten schon in Erscheinung getreten ist, wird nun zur Regel. Die Ghettos werden mit Mauern umgeben und ihre Tore nachts und an Sonntagen und christlichen Feiertagen versperrt.

Ende des 16. Jahrhunderts: Einer Gruppe begüterter portugiesischer "Marranen" (Nachfahren zwangsgetaufter Juden) wird gestattet, sich in Hamburg niederzulassen. Selbst nachdem es sich herausstellt, dass sie heimlich immer noch der jüdischen Religion anhängen, dürfen sie ihrer bedeutenden Handelsbeziehungen wegen bleiben. Während des folgenden Jahrhunderts siedeln sich immer mehr Marranen, die vor der Inquisition aus Spanien und Portugal fliehen, im nördlichen Europa an, vor allem in den Niederlanden, auf dänischem Gebiet und in den norddeutschen Hansestädten, wo sie zu ihrem jüdischen Glauben zurückkehren können. Sie führen dem internationalen Warenverkehr Kapital und Sachkenntnis zu und entwickeln neue Industrien.

1618-1648: Der Dreissigjährige Krieg zwischen Katholiken und Protestanten verwüstet Deutschland, zerstört Städte und Dörfer, die Bürgerhäuser und die Gehöfte der Bauern ebenso wie die Judengassen. Als er zu Ende geht, scheint der christliche religiöse Eifer in Europa ermattet zu sein. Toleranz für andere Glaubensrichtungen und Lebenshaltungen werden in der sich nun allmählich gestaltenden modernen Welt zur Möglichkeit.

Ein wesentliches Ergebnis dieses Religionskrieges, der Mitteleuropa verheert hat und ohne einen Sieger zu Ende gegangen ist, ist ein politischer Machtwechsel von der früher fast allmächtigen Kirche zu den weltlichen Herrschern in Europa. Handel und Geldverkehr sind von immer grösserer Bedeutung. Die Juden, durch Jahrhunderte auf diese Wirtschaftszweige abgedrängt, haben darin ein hohes Mass von Sachwissen gewonnen, und das macht sie für die neuen weltlichen Machthaber zu wertvollen Gehilfen. Die Veranlagung und Verwaltung von Kapital bringen jetzt wesentlich grössere Gewinne als das Risiko, in teuren Kriegen um ungewisse Beute zu kämpfen.

Von der Mitte des 17. bis zum Ende des 18. Jahrhunderts erscheinen Juden als wichtige Figuren an den Höfen vieler deutscher Fürsten, als deren finanzielle Berater, Kredit- und Geldgeber, Steuereinheber und Lieferanten von Proviant und Waffen für die Armeen. Es gelingt diesen Hofjuden aber auch, jüdischen Gemeinden Schutz zu sichern, die Gründung von neuen Gemeinden zu ermöglichen, andere Juden zu Positionen an den Höfen zu bringen, die Aufhebung einiger der drückendsten Beschränkungen herbeizuführen und neue Synagogen errichten zu lassen. Obwohl die Stellung eines Hofjuden kaum jemals gesichert ist, zeigt ihr häufiges Erscheinen nicht nur von ihrer Nützlichkeit für die weltlichen Herrscher, sondern auch von zunehmender Toleranz, und bahnt den Weg zur schliesslichen Emanzipation der Juden. Israel Aaron in Berlin, Leffmann Behrends in Hannover, Alexander David in Braunschweig, Joseph Suess Oppenheimer (der es zu einer sehr machtvollen Position brachte, dann aber nach dem Tod seines Fürsten gehängt wurde) in Württemberg sind nur einige von vielen, die dem Fortschritt ihrer Gemeinden grosse Dienste erwiesen. (Siehe Braunschweig.)

1648/49: Die Gemetzel Chmelnickis in Polen und der Ukraine zwingen viele osteuropäische Juden zur neuerlichen Flucht in den Westen, diesmal in deutsche Gebiete.

1649: Die Juden werden aus Hamburg vertrieben.

1670-1671: Die Juden werden aus Wien und den österreichischen Erblanden vertrieben; fünfzig wohlhabenden Wiener Familien wird es gestattet, sich in Berlin anzusiedeln.

1646-1724: Das Tagebuch der in Hamburg geborenen Glückel von Hameln gewährt einen einzigartigen Einblick in die deutsche jüdische Welt im späten 17. und frühen 18. Jahrhundert. Mit 14 Jahren verehelicht, bringt sie zwölf Kinder zur Welt, wird mit 44 Jahren zur Witwe und führt das Geschäft ihres verstorbenen Mannes weiter, während sie ihre noch unverheiraten Kinder aufzieht. Sie heiratet wieder mit 54 Jahren, erleidet zwei Jahre später Bankrott, wird mit 66 wieder Witwe und stirbt im 78. Lebensjahr. Im Jahr 1690 beginnt sie ein für ihre Kinder gedachtes Tagebuch, in dem sie ausführlich über ihr Familienleben, das Leben ihrer Freunde und Nachbarn, Geburten, Heiraten, Krankheiten und Todesfälle ebenso wie über ihre geschäftlichen Erfahrungen und die wichtigeren Ereignisse ihrer Zeit berichtet. (Siehe Hamburg.)

Durch ihren Bericht ist uns auch das Stärkerwerden des Messianismus überliefert, des Glaubens an die unmittelbar bevorstehende Ankunft des Messias, der die Juden aus dem Exil und seinen Leiden und Demütigungen erlösen und ins gelobte Land führen wird. Als Shabbatai Zevi, ein 1626 in Smyrna geborener religiöser Fanatiker, sich 1665 durch Nathan von Gaza zum Messias erklären lässt und für das nächste Jahr (das nach den Lehren der Kabbala das Jahr der Wende ist) die Rückkehr der Juden in das von den Türken beherrschte Land Israel deklariert, folgen die Juden an vielen Orten diesem Aufruf, verkaufen allen ihren Grundbesitz und halten sich bereit für den Weg nach Osten. Als bekannt wird, dass Shabbatai Zevi 1666, im Jahr der grossen Wende, zum Islam übergetreten ist und einen kleinen Ehrenposten am Hof des Sultan in Istanbul angenommen hat, herrscht zwar grosse Enttäuschung über ihn, aber der Glaube an die baldige Ankunft des Messias wird nicht schwächer: zu gross ist das Leid und die Hoffnungslosigkeit. Noch mehr als hundert Jahre später kann Jakob Frank auf diesem Glauben aufbauen und ihn für seine Zwecke benutzen (siehe Offenbach). Die ständige Enttäuschung des Messiasglaubens bringt viele Juden vom überkommenen Glauben ab und unterstützt die Bemühungen der Aufklärung.

Mitte des 18. Jahrhunderts: Die Aufklärung ist eine Periode intensiver intellektueller Bestrebungen, religiöse Vorurteile und drückende Bräuche und Traditionen durch die Kraft der Vernunft zu überwinden. Der deutsche Dichter Lessing und der jüdische Philosoph Mendelssohn sind bedeutende Vorkämpfer dieser Bewegung und tragen viel dazu bei, den Weg für die schliessliche Emanzipation der Juden zu bahnen.

1729-1786: Moses Mendelssohn gilt als der erste moderne jüdische Denker der deutschen Aufklärung und als geistiger Führer des deutschen Judentums; er will die Barrieren beseitigen, die die Juden vom deutschen gesellschaftlichen und kulturellen Leben trennen. Neben seiner umfangreichen schriftstellerischen Tätigkeit ist er ein erfolgreicher Geschäftsmann und leitet in seinen späteren Jahren eine Seidenfabrik. Er übersetzt die Torah ins Deutsche und veröffentlicht die deutsche Übersetzung (zuerst in hebräischen Lettern gedruckt) zusammen mit dem hebräischen Original und Kommentaren. So lehrt er die Juden, deutsch zu lesen und zu schreiben und macht andere mit der hebräischen Sprache vertraut. Mendelssohn glaubte, dass der Zugang zu der Sprache und Kultur der Mehrheit die jüdische Identität nicht gefährde. Und doch bringt das von ihm angebahnte bessere Verständnis zwischen den beiden Völkern zahlreiche Übertritte zum Christentum und fast das Verschwinden des deutschen Judentums mit sich. Sein langjähriger Freund G. E. Lessing setzt ihm in "Nathan der Weise" ein bleibendes literarisches Denkmal. (Siehe Berlin, Dessau.)

1778: David Friedländer gründet die erste Jüdische Freischule, an der die Unterrichtssprache Deutsch anstatt Hebräisch ist.

1781: In Berlin erscheint die Schrift "Über die bürgerliche Verbesserung der Juden in Deutschland" von Ch. W. Dohm, einem hohen preussischen Beamten. Seine emanzipatorischen Vorschläge sollten im 19. Jahrhundert die preussische und später die deutsche Gesetzgebung nachhaltig beeinflussen.

1791: Die Französische Revolution bringt nicht nur den wenigen französischen Juden, sondern in den von Napoleon besetzten Gebieten vorübergehend auch den deutschen jüdischen Gemeinden die bürgerliche Emanzipation.

1797-1856: Heinrich Heine, einer der grossen deutschen Dichter, wird als Sohn einer jüdischen Familie in Düsseldorf geboren, tritt aber wie viele Zeitgenossen im Zuge der erstarkenden Assimilationsbewegung zum Christentum über. Obwohl er formell nie zum Judentum zurückkehrte, ist sein Ausspruch bekannt: "Ich mache kein Geheimnis aus meinem Judentum, zu dem ich nie zurückgekehrt bin, weil ich es nie verlassen habe." (Siehe Düsseldorf, Hamburg.)

1806: Ende des Heiligen Römischen Reiches, das seit der Krönung Karl des Grossen im Jahr 800 die deutschen Gebiete mit mehr oder weniger grossen Machtbefugnissen beherrschte. Um die drohende Wahl Napoleons zum römischen Kaiser zu verhindern, löst Kaiser Franz II. das auf Wahl durch die Kurfürsten beruhende römische Kaiserreich (nach vorsorglicher Gründung des erblichen österreichischen Kaiserreichs) auf.

1812: Preussen führt ein Gesetz zur Judenemanzipation ein. In den folgenden Jahren wird die Gleichstellung der Juden Schritt für Schritt wieder rückgängig gemacht.

1818: Leopold Zunz (1794-1886) veröffentlicht eine Schrift "Etwas über die rabbinische Literatur", die ein vorläufiges Programm des Studiums der jüdischen Geschichte und Literatur enthält; daraus erwächst später die "Wissenschaft vom Judentum". In wissenschaftlichen Zeitschriften erscheinende Studien regen die Diskussion zwischen jüdischen und christlichen Intellektuellen an und tragen zur Stärkung des jüdischen Selbstbewusstseins bei. 1854 wird in Breslau das "Jüdisch-theologische Seminar" gegründet. Das ist die erste Institution, die sich der Wissenschaft vom Judentum widmet; es folgt die Gründung ähnlicher Organisationen in Deutschland und anderen Ländern. (Siehe Berlin.)

1819: Der Schlachtruf "Hep! Hep!" ertönt während antijüdischer Unruhen; sie brechen in mehreren Gegenden Deutschlands aus, zum Teil wohl deswegen, weil sich manche Christen durch den sozialen und wirtschaftlichen Aufschwung der Juden und durch die Judenemanzipation bedroht fühlen.

1836: Samson Raphael Hirsch (1808-1888) veröffentlicht seine "Neunzehn Briefe über das Judentum" und "Aufsätze über die Pflichten Israels in der Diaspora", in denen er sich mit den Beziehungen des Judentums zur Weltkultur befasst. Rabbi Hirsch ist der prominenteste geistige Führer der jüdischen Orthodoxie im 19. Jahrhundert. (Siehe Frankfurt.)

1848: Wenige Wochen nach der Pariser Februarrevolution bricht auch in Deutschland die Revolution aus, die ein Ende der Kleinstaaterei, eine liberalere Regierung und volle bürgerliche und politische Rechte für das ganze Volk anstrebt. Die Deutsche Nationalversammlung in Frankfurt beschliesst eine Verfassung, die auch den Juden dieselben Rechte gewährt. Die Nationalversammlung unter ihrem Präsidenten Eduard Simson, einem getauften Juden, bietet dem preussischen König Friedrich Wilhelm IV. die deutsche Kaiserkrone an, er lehnt die Krone, "die aus dem Dreck der Revolution geknetet ist", ab. Die Revolution wird schliesslich vom Militär niedergeschlagen; es folgt eine Periode der Reaktion.

Zweite Hälfte des 19. Jahrhunderts: Das jüdische Leben in Deutschland ändert sich grundlegend. Deutschland wird immer mehr zum modernen Staat. Das deutsche Landjudentum löst sich auf, entweder durch Emigration in die USA oder durch die jetzt mögliche Abwanderung in die Städte mit ihren besseren Möglichkeiten. Der stürmische Aufstieg vieler deutscher Juden zu den Spitzen von Industrie, Bank- und Geldwesen, Politik, Kunst und Wissenschaft wird begleitet von immer neuen und immer angeseheneren Theorien des rassischen Antisemitismus. Aus dem europäischen Osten kommen jetzt mehr und mehr Juden (zum Teil auf der Flucht vor Pogromen, zum Teil der besseren Lebensmöglichkeiten wegen) nach Deutschland und bilden hier eine orthodoxe jüdische Unterschicht, die bei den weitgehend assimilierten und reformierten deutschen Juden Befremden hervorruft.

1871: Preussen, inzwischen der mächtigste Staat auf deutschem Gebiet, hat 1864 Dänemark und 1866 Österreich besiegt und wird nun zum Sieger über Frankreich. Nun bieten die deutschen Fürsten dem König von Preussen die deutsche Kaiserkrone an; das neue (zweite) Deutsche Reich entsteht. Eduard Simson wird Reichstagspräsident. Am 14. April wird die deutsche Reichsverfassung beschlossen. Sie gewährt bürgerliche und politische Rechte auch den Juden. Die Emanzipation ist weitreichend, aber Juden bleiben vom Staatsdienst, vom Dienst als Offiziere in der Armee und von Lehrstühlen an deutschen Universitäten weitgehend ausgeschlossen. Erst nach dem Ersten Weltkrieg werden diese Beschränkungen durch die Weimarer Republik aufgehoben.

1860-1904: Theodor Herzl, in Budapest geboren, gilt als Begründer des heutigen Zionismus. Er veröffentlichte 1896 auf Grund seiner Enttäuschung über den fehlgeschlagenen Versuch, in der christlichen Gesellschaft Fuss zu fassen und dabei sein Judentum nicht zu verlieren, seine Schrift "Der Judenstaat", worin er die Gründung eines souveränen jüdischen Staates in Palästina propagiert. Nur so, meint Herzl, könne den Gefahren sowohl der zunehmenden Assimilation als auch des wachsenden Antisemitismus begegnet werden. Seine Schriften und seine Vorträge werden in ganz Europa von vielen Juden begeistert aufgenommen und führen zum ersten Zionistischen Internationalen Kongress in Basel im Jahr 1897.

1878-1965: Martin Buber, in Wien geboren, gibt 1901 ein zionistisches Wochenblatt, "Die Welt", heraus. Später gründet er mit anderen den Jüdischen Verlag in Berlin, der zu einem der bedeutendsten Herausgeber jüdischer Literatur in Deutschland wird. Bis zu seiner Emigration nach Palästina im Jahr 1938 gehört Buber zu den bekanntesten zionistischen Denkern und Führern in Deutschland.

1914-1918: Während des Ersten Weltkriegs dienen etwa 100.000 jüdische Soldaten in der deutschen Armee; 12.000 davon fallen für ihr Vaterland. Das Deutsche Reich - das Zweite Reich - bricht nach 47 Jahren zusammen, ebenso wie das Österreichische, Russische und Türkische Imperium.

1919: Die Nationalversammlung in Weimar nimmt die von dem Juden Hugo Preuss entworfene Verfassung des Deutschen Reiches an. Der neuen Regierung gehören auch Juden in wichtigen Positionen an; so Walter Rathenau, der als Aussenminister 1922 einem Attentat zum Opfer fällt. Die neue Verfassung gewahrt den Juden volle Gleichberechtigung; aber obwohl viele von ihnen gänzlich in die deutsche Kultur assimiliert sind, macht sich ein ständig wachsender Antisemitismus in ganz Deutschland bemerkbar.

1933: Die sich immer mehr verschärfende Wirtschaftskrise trägt zur Machtergreifung durch die Nationalsozialisten bei. Adolf Hitler wird zum Reichskanzler ernannt. Es kommt zu gewaltsamen antisemitischen Demonstrationen und Ausschreitungen.

1934: Nach dem Tode Hindenburgs gehen auch die Befugnisse des Reichspräsidenten auf den "Führer und Reichskanzler" Hitler über und die Wehrmacht wird auf ihn vereidigt. Das "Dritte Reich", dem der Nationalsozialismus einen tausendjährigen Bestand voraussagt, soll aber nur elf Jahre überdauern.

1935: Die infamen Nürnberger Gesetze berauben die Juden aller bürgerlichen Rechte und machen den Antisemitismus zur Richtschnur des deutschen öffentlichen und kulturellen Lebens.

Marz 1938: Anschluss Österreichs an Deutschland.

9. bis 10. November 1938: die sogenannte "Reichskristallnacht".

Dem Attentat eines Juden, dessen seit langem in Deutschland lebende Familie überfallsartig nach Polen ausgewiesen wurde, auf einen deutschen Diplomaten in Paris folgt ein sorgfältig organisierter Sturm antisemitischer Gewalttaten in ganz Deutschland und Österreich. Hunderte von Synagogen, jüdischen Wohnhäusern, Schulen und Friedhöfen werden zerstört oder verwüstet. Tausende Juden werden verhaftet und in Konzentrationslager gebracht, viele gefoltert und getötet.

1939-1945: Den Juden wird die Hauptschuld an den wirtschaftlichen Schwierigkeiten Deutschlands zur Last gelegt, sie werden zunehmend isoliert und verfolgt. 1941 wird Heydrichs Plan zur "Endlösung" der Judenfrage beschlossen; die Ausrottung des europäischen Judentums wird organisiert (siehe Berlin). Man schätzt, dass zwischen 160.000 und 180.000 deutsche Juden in den Lagern getötet wurden oder durch Hunger, Seuchen oder Misshandlung zugrunde gingen, zusammen mit 6 Millionen meist osteuropäischer Juden. Die Überlebenden der Vernichtungslager leben nach dem Krieg in Flüchtlingslagern, bevor sie ein Einwanderungsland finden.

14. Mai 1948: Die Gründung des unabhängigen jüdischen Staates Israel beendet fast zwei Jahrtausende des Exils.

Nach Kriegsende emigrierten die meisten überlebenden deutschen Juden in andere Länder; fast geht damit die tausendjährige Geschichte des deutschen Judentums zu Ende. In jüngeren Jahren aber hat sich die jüdische Bevölkerung West-Deutschlands durch Immigration aus Israel und anderen Ländern auf Grund des günstigen wirtschaftlichen und gesellschaftlichen Klimas in West-Deutschland wieder vergrössert, während die jüdische Bevölkerung der DDR immer mehr schrumpfte und fast verschwand. Leider ereignen sich immer noch antisemitische Vorfälle. Die grosse

Mehrheit der deutschen Bevölkerung stimmt aber den weitreichenden Bestrebungen der deutschen Regierung zu, sich mit der deutschen Vergangenheit auseinanderzusetzen. In den Siebziger- und Achtziger-Jahren wurden durch zahlreiche Gruppen und Einzelpersonen öffentliche und private Mittel aufgebracht, um Denkmäler zur Geschichte der ehemaligen jüdischen Mitbewohner zu errichten und Ausstellungen zu veranstalten. Viele der während des Dritten Reichs beschädigten oder zerstörten Synagogen und Friedhöfe wurden restauriert oder neu errichtet. Dort, wo es keine jüdische Gemeinde mehr gibt, dienen frühere Synagogen als Gedenkstätten und kommunale Zentren.

Die Rechtsbewegung im Gefolge der deutschen Vereinigung gibt mit ihrem Ausländerhass und ihrem Wiederaufgreifen nationalsozialistischer Parolen Grund zu neuer Sorge. Die weitere Entwicklung, vor allem in der ehemaligen DDR, wird genau beobachtet werden müssen.

Die Reste der Kuppel und der beiden maurischen Türme der grossen Synagoge in der Oranienburgerstrasse sollen restauriert werden und als jüdisches Museum dienen.

REGION BERLIN

BERLIN

* 4 Synagogen
* Ruine einer Synagoge aus dem Jahr 1866
* 2 Museen der jüdischen Geschichte
* Dokumentationszentrum - Geschichte der Verfolgung
* Gedenkstätten
* 5 Friedhöfe
* Potsdamer Zentralarchiv

Eine Verordnung aus dem Jahre 1295, die den Berliner Wollhändlern den Verkauf ihrer Ware an Juden verbot, ist ein erster Hinweis auf in Berlin ansässige Juden. In den folgenden 50 Jahren finden sich Verordnungen über Steuern, die die Juden Berlins zu zahlen hatten, um heiraten zu können, um ihre Söhne beschneiden zu lassen, um Wein zu kaufen, über Steuern für rituelles Schlachten oder für die Aufnahme neuer Gemeindemitglieder. Die Verfolgungen zur Zeit der Schwarzen Pest von 1349-50 forderten viele Todesopfer und der Rest der Berliner Judenschaft wurde vertrieben. Offenbar wurde den Juden die Rückkehr aber sehr bald, bereits 1354, wieder erlaubt, wie aus alten Dokumenten hervorgeht. 1446 wurden die Juden erneut vertrieben und ihre gesamte Habe konfisziert. Im Jahr darauf durften sie wieder zurückkehren.

Wegen einer Hostienschändungs-Anschuldigung wurden 1510 die meisten Berliner Juden getötet, und die Überlebenden wurden aus Berlin vertrieben. 1539 stellte der Deutsche Reichstag dank der Bemühungen des Fürsprechers der deutschen Juden, Josel von Rosheim, und des Humanisten Philipp Melanchthon die Unschuld der Opfer fest, und Juden durften sich wieder in Berlin ansiedeln, bis zur nächsten grossen Vertreibung im Jahr 1571. Erst 1671, als die Juden aus Wien vertrieben wurden, erlaubte der preussische Kurfürst 50 reichen jüdischen Familien aus Wien die Ansiedlung in Berlin. Ihre Anwesenheit wurde von den Berliner Händlern und Zünften bis ins 18. Jahrhundert heftig bekämpft. Aber die finanziellen Vorteile, die ihre Anwesenheit der Stadt und dem Land brachte, wurden sowohl vom Stadtrat, als auch vom Kurfürsten und später vom König von Preussen sehr geschätzt und deshalb wurde ihre Vertreibung nicht angeordnet. Die jüdische Gemeinde war aber gezwungen, viele Vorschriften in Kauf zu nehmen, die ihr soziales und wirtschaftliches Leben betrafen, und hohe Steuern zu zahlen. Trotz dieser schwierigen Lage wuchs die Gemeinde, bis im Jahr 1730 die Anzahl der zugelassenen („vergleiteten") Familien auf hundert beschränkt wurde. Das zwang viele Berliner Juden, wenigstens vorübergehend, ins Exil. Aber schon 1737 gab es wieder 234 jüdische Familien in Berlin, und diesmal wurde ihre Zahl auf 168 eingeschränkt und zugleich der Besitz von Häusern für Juden verboten.

Während des ganzen 18. bis ins 19. Jahrhundert hatte die jüdische Gemeinde unter Ablehnung und Anfeindung zu leiden. Einer teilweisen Emanzipation in den frühen Jahren des 19. Jahrhunderts folgte die volle Emanzipation im Jahre 1860. Ein starker Drang zur Assimilitation bedrohte den Bestand der Gemeinde; es wird geschätzt, dass von 1800 bis zum Beginn des ersten Weltkriegs mindestens die Hälfte der Berliner Juden zum christlichen Glauben übertraten. Zur selben Zeit bestand eine starke Reformbewegung und eine gegenläufige streng orthodoxe Richtung, was eine Aufsplitterung der Gemeinde und die Entstehung vieler verschiedener religiöser Gruppen bewirkte.

Ab etwa 1780 bemühten sich Juden wie Moses Mendelssohn (der die Torah ins Deutsche übersetzt hatte), David Friedländer und Isaak Daniel Itzig, die Missverständnisse und Differenzen zwischen deutschen Christen und deutschen Juden auszuräumen. Bessere Information beider Seiten sollte zum besseren Verständnis führen. 1819 gründete Leopold Zunz in Berlin den „Verein für Kultur und Wissenschaft der Juden", eine äusserst wichtige Institution für das Geschichts- und Selbstbewusstsein der Juden.

Vom Beginn des 19. Jahrhunderts an wurde die jüdische Gemeinde in Berlin immer wichtiger als religiöses Zentrum für ganz Deutschland. Später, voll emanzipiert, beteiligt an Industrie, Kunst und Literatur, wurde auch ihre soziale und politische Bedeutung ständig grösser. Dass Berlin auch ein Zentrum für den Antisemitismus wurde, ist eine böse Folge dieser positiven Entwicklung. Die jüdische Gemeinde in Berlin wurde rasch grösser und hatte 1933 172.000 Mitglieder. Rund ein Drittel aller in Deutschland lebenden Juden lebte in Berlin, als die Nazi-Ära begann. Zirka 55.000 Berliner Juden wurden von den Nazis deportiert und in Lagern umgebracht. Etwa 6.000 Juden überlebten in Berlin, zum grössten Teil durch ihre Ehe mit einem arischen Partner und zum Teil im Untergrund.

Heute hat Berlin wieder die grösste jüdische Gemeinde Deutschlands. Von den mehr als 100 Synagogen, die es vor der Nazi-Zeit in Berlin gab, blieben nur vier bestehen.

Die älteste Synagoge der zweiten jüdischen Gemeinde von Berlin aus dem Jahr 1714 lag in der Heidereutergasse und wurde in der Reichskristallnacht - weil bereits Eigentum der Deutschen Post - nicht verwüstet. Erst während der Bombardierung Berlins wurde das Gebäude völlig zerstört und anschliessend geschleift. Heute gibt es nicht einmal mehr die Heidereutergasse, nur mehr einen Parkplatz zwischen der Spandauerstrasse und der Rosenstrasse.

Die grossartige Synagoge in der Fasanenstrasse wurde 1912 gebaut, 1938 durch Feuer fast völlig zerstört, 1945 bei den Kämpfen zwischen der Wehrmacht und der Berlin belagernden Roten Armee weiter beschädigt und 1957 schliesslich abgerissen. Eine neue Synagoge und ein Gemeindezentrum mit einem koscheren Restaurant, einer Volkshochschule und einer wichtigen Bibliothek wurden am selben Platz erbaut. Ein alter Torbogen und zwei Säulen, Reste der alten Synagoge, bilden einen Teil des neuen Gebäudes. Vor der Vorderfront ist ein Denkmal in Form einer Torahrolle angebracht, in der eine Stelle aus dem zweiten Buch Moses zu lesen ist: „Es soll ein Gesetz geben für uns und für den Fremden in unserer Mitte". Synagoge und Gemeindezentrum befinden sich Fasanenstrasse 79-80.

Ganz in der Nähe, in der Joachimstaler Strasse 13, liegt die Orthodoxe Synagoge der Berliner Gemeinde. Der Betsaal war von 1935 an der Turnsaal einer jüdischen Volksschule, deren Gründung durch die zunehmende Ausschliessung der Juden

Vor der Hauptsynagoge in der Fasanenstrasse steht dieses Denkmal. Die hier lesbare Torahstelle lautet "Du sollst ein Gesetz haben für Dich und den Fremden in Deiner Mitte".

aus dem öffentlichen Leben Deutschlands erzwungen wurde.

Die einzige erhaltene Synagoge im ehemaligen Ostberlin befindet sich in der Rykestrasse 53. Sie wurde noch zu DDR-Zeiten sehr schön und sorgfältig restauriert und stand während der Zeit des geteilten Berlins der sehr kleinen Ost-Berliner Gemeinde zur Verfügung. Die grosse Synagoge selbst wurde nur für die hohen Feiertage benützt, ein kleiner Gebetsraum gegenüber dem Eingang war für die Gebete am Sabbat bestimmt. Die neo-romanische Synagoge wurde 1903-4 für eine reformierte Gemeinde erbaut, hatte Plätze für 2.000 Personen und wurde bis 1940 als Synagoge und von da an als Warenlager für die Deutsche Wehrmacht benützt. Durch ihre Lage inmitten von Wohnhäusern wurde sie 1938 nicht

Die grosse Synagoge in der Rykestrasse diente der kleinen jüdischen Gemeinde Ost-Berlins.

niedergebrannt, aber verwüstet. Die Synagoge, in einem Hinterhof erbaut, hat über den beiden Eingangstoren Davidssterne und Gesetzestafeln in Hebräisch. Das Gebäude an der Strassenfront ist eine ehemalige jüdische Schule. Um die Synagoge zu besichtigen, konnte man sich an Herrn Engler, den Verwalter, wenden. Er wohnte im Durchgang von der Strasse links, und war ab 16 Uhr zu erreichen.

Die Fraenkelufer-Synagoge wurde 1916 im neo-klassizistischen Stil erbaut und 1938 weitgehend zerstört. Nach dem Ende des Krieges wurde die Hauptsynagoge abgerissen und die ehemalige Jugendsynagoge als orthodoxe Synagoge eingerichtet. Der Komplex umfasst auch ein jüdisches Gemeindezentrum. Die Synagoge wurde sehr schön restauriert und weist eine ungewöhnliche Apsis an der Westseite und eine Reihe Säulen an der Südseite auf. Die Adresse ist Fraenkelufer 10-16.

Die direkte Verbindung mit anderen Häusern bewahrte die 1911 erbaute Synagoge in der Pestalozzistrasse 14 vor der Zerstörung im Jahr 1938. Während des Krieges diente die Synagoge zeitweise als Wäscherei der immer kleiner werdenden jüdischen Gemeinde Berlins. 1947 konnte die Synagoge renoviert werden und dient nun der liberalen Gemeinde Berlins.

Die Ruine der grossartigen sogenannten „Neuen Synagoge" von 1866 steht noch in der Oranienburgerstrasse 30. So wie sie hier zu sehen ist, verwüstet in der Reichskristallnacht 1938, zerbombt und fast zerstört im 2. Weltkrieg, zerschossen 1945, stellt sie ein ergreifendes Mahnmal für den Wahnsinn des Holocaust und des Krieges dar. Der eigentliche Betraum ist zuerst von der SA und dann von den Bomben zerstört und seither abgerissen worden. Das Dach der grossen Kuppel ist zerstört, aber der Rand der Kuppel und die zwei hohen maurischen Türme sind noch erhalten. Es gab DDR-Pläne, die Fassade zu stabilisieren und ein jüdisches Museum in der ehemaligen Synagoge zu etablieren. Die Eröffnung war für 1996 geplant. Das ehemalige Ostberliner jüdische Gemeindezentrum befindet sich nebenan, in der Oranienburgerstrasse 28.

Das Gebäude der wahrscheinlich knapp nach der Jahrhundertwende gegründeten Synagoge Beth Zion im Hof der Brunnenstrasse 13 wurde 1938 völlig verwüstet und stand dann fast 50 Jahre leer. Die ehemalige Synagoge steht noch, wird aber heute als Bürohaus verwendet. Das neoromanische Gebäude ist von aussen noch als Synagoge zu erkennen, im Inneren aber völlig verändert.

Zwei grosse Sammlungen jüdischer ritueller Gegenstände wurden vor kurzem der Öffentlichkeit zugänglich gemacht. Eine sehr umfangreiche Sammlung befindet sich im Erdgeschoss des Berlin Museums. Hier sind viele rituelle Objekte aus dem 18. und 19. Jahrhundert, wie Torah-Schilder, -Vorhänge und -Kronen, Rimonim, versilberte und vergoldete Sabbat- und Chanukka-Leuchter und silberne Besamim-Dosen, Kiddush-Becher, Etrog-Behälter, Lithographien von Thielmann, Szenen aus Berliner Synagogen darstellend, ein Krug der Chevra Kaddisha, Sammelbüchsen der Adass Jisroel und eine Beschneidungsbank aus dem Jahre 1720 zu sehen.

Ausserdem sind Fotografien und Modelle der Berliner Synagogen vor

1938 und eine Dokumentation über das Schicksal der jüdischen Gemeinde Berlins ausgestellt. Das Museum befindet sich in der Lindenstrasse 14 und ist von Dienstag bis Sonntag in der Zeit von 10 bis 22 Uhr geöffnet.

Eine Zweigstelle des Berlin Museums befindet sich in der Stresemannstrasse 110, im Martin-Gropius-Bau, zweiter Stock, rückwärtiger Teil. Dieser Teil des Museums zeigt Dokumente über das Leben der Berliner jüdischen Gemeinde, Schutzbriefe, Bilder berühmter und bedeutender Berliner Juden und biographische Informationen, Erinnerungsstücke, Familienchroniken, Bücher, Zeitschriften und Flugblätter, von Juden geschrieben und veröffentlicht, sowie Gemälde jüdischer Künstler und Dokumente über die Gemeinde während der Nazizeit. Ausgestellt sind auch weitere jüdische rituelle Gegenstände wie Torah-Vorhänge, Chanukka- und Sabbat-Leuchter, Seder-Teller, Esther-Rollen, Etrog-Behälter, Besamim-Dosen, Mesusoth, Tefillin, Kiddush-Becher, astronomische Instrumente, um den Zeitpunkt jüdischer Feiertage zu kalkulieren, ein Hochzeitsbaldachin, eine Torah-Rolle, einige Torah-Mäntel, -Schilder, -Zeiger, sowie Rimonim, Torah-Kronen und alte Grabsteine, die in der Spandauer Zitadelle gefunden wurden. Diese wurde im 16. Jahrhundert gebaut und die Erbauer verwendeten dazu die Grabsteine des jüdischen Friedhofes in Spandau; die Spandauer Juden waren 1510 vertrieben worden. Das Museum ist von Dienstag bis Sonntag in der Zeit von 10 bis 22 Uhr geöffnet.

Neben dem Gropius-Bau befindet sich das Dokumentationszentrum „Topographie des Terrors". Das Zentrum befindet sich im Keller des ehemaligen Hauptquartiers von SS, Gestapo und RSHA (Reichssicherheitshauptamt) während der Naziherrschaft und dokumentiert das Vorgehen dieser Organisationen gegen Oppositionelle und Juden in Deutschland, Polen, der UdSSR, Ungarn und den anderen besetzten europäischen Ländern. Die Gebäude selbst wurden durch Bomben und Kriegshandlungen zerstört und 1950 abgerissen. Da das Grundstück neben der Zonengrenze und später neben der Berliner Mauer lag, wurde es nicht wieder bebaut. Geöffnet: Dienstag bis Sonntag 10 bis 18 Uhr.

Im Osten Berlins, hinter dem Alexanderplatz, liegt das ehemalige Scheunenviertel, früher ein Slum, der viele nach Berlin einwandernde Ostjuden aufnahm. An einigen Häusern der heutigen Almstadt- und Max-Beer-Strasse kann man heute noch hebräische Aufschriften entdecken, die unter abblätterndem Putz hervorkommen.

In Berlin gibt es viele Gedenktafeln, so etwa an den Orten der ehemaligen Sammelstellen zur Deportation in die deutschen Lager, wie Levetzowstrasse 7-8, ehemals eine Synagoge, Iranische Strasse 2, wo sich ein jüdisches Krankenhaus befand, am Bahnhof Putlitzerstrasse und auch am Bahnhof Grunewald, von wo die Transporte in die Vernichtungslager abgingen. Es gibt Gedenktafeln für die jüdische Schule Siegmundshof 11, für die Synagoge Ecke Westarpstrasse/Münchenerstrasse, sowie Levetzowstrasse 7-8, Prinzenallee 87, Prinzregentenstrasse 69, Franzensbader Strasse 7 und Lindenufer 12 in Spandau. Eine Gedenktafel am Hause Meinekestrasse 10 erinnert an die Jewish Agency, die zehntausenden Berliner Juden die Emigration ermöglichte. Am Haus Smetanastrasse 53 in Weissen-

Dieses Denkmal in der Grossen Hamburgerstrasse erinnert an die verschleppten und ermordeten Berliner Juden.

see befindet sich eine Gedenktafel für die 180 Bewohner des „Dauerheims für jüdische Schwachsinnige“, die in den deutschen Lagern getötet wurden. Im Haus Wilhelm-Wolff-Strasse 30-38 war ein jüdisches Kinderheim; von hier wurden 150 Kinder nach Auschwitz verschleppt und getötet. Eine Tafel erinnert daran.

Ecke Grosse Hamburgerstrasse 26 und Oranienburger Strasse befand sich das erste jüdische Altersheim Berlins. Von der Gestapo wurde es ab 1942 als Sammelstelle benützt. 55.000 Juden wurden von hier nach Auschwitz und Theresienstadt deportiert. Heute steht dort ein Denkmal, das an das Altersheim erinnert. Daneben, in einem kleinen Park, liegt der älteste erhaltene Friedhof der Berliner Gemeinde, der von 1672 bis 1827 verwendet wurde. 1943 wurde er von den Nazis zerstört. Moses Mendelssohn ist hier begraben, sein Grabstein allerdings stammt aus der Nachkriegszeit und bezeichnet nur den ungefähren Ort seines Grabs. Einige alte Grabsteine stehen noch an der rückwärtigen Mauer. An der Strasse steht ein Denkmal für diesen ältesten jüdischen Friedhof Berlins und eine moderne Skulptur, 13 jüdische Männer, Frauen und Kinder verschiedenen Alters darstellend, zur Erinnerung an die Opfer des Naziterrors.

Der zweitälteste jüdische Friedhof Berlins in der Schönhauser Allee 23-25, aus dem Jahre 1824, zeigt die wachsende Assimilierung der Gemeinde. Während die alten Grabsteine noch einfach und ohne Ausschmückung und typisch für ältere jüdische Friedhöfe sind, zeigen die aus der zweiten Hälfte des 19. Jahrhunderts bereits denselben Stil wie christliche Grabsteine dieser Zeit. Hier sind viele bekannte Berliner Juden begraben, so etwa Leopold Zunz und Abraham Geiger, Begründer der „Lehranstalt für die Wissenschaft des Judentums“, der Komponist Giacomo Meyerbeer, der Maler Max

Liebermann, der Verleger Leopold Ullstein und Gerson von Bleichröder, der Bankier Bismarcks und Kaiser Wilhelm des Ersten. Eine Erinnerungstafel befindet sich neben dem Eingang. Der Friedhof ist Sonntag bis Donnerstag von 8 bis 16 Uhr und Freitag von 8 bis 14 Uhr geöffnet.

Der Friedhof der orthodoxen Gemeinde Adass Jisroel aus dem späten 19. Jahrhundert befindet sich in der Wittlicher Strasse 2. Vor dem Friedhof steht ein Denkmal für die Mitglieder der Gemeinde Adass Jisroel, die von den Nazis umgebracht wurden, und ein Grabstein für die hier beerdigten zerstörten oder geschändeten Torahrollen. Der Friedhof wurde von der Regierung der DDR in Stand gesetzt und 1986 an die orthodoxe Gemeinde zurückgegeben. Das Grabregister wurde ebenfalls 1986 neu erstellt. Die wiedererstandene Gemeinde Adass Jisroel veranstaltet jeden zweiten Sonntag eine Führung durch den Friedhof. Der Friedhof ist zu folgenden Zeiten geöffnet: Montag bis Donnerstag 8 bis 16 Uhr, Freitag 8 bis 14 Uhr und Sonntag 10 bis 16 Uhr. In der ganz in der Nähe liegenden Tucholsky-Strasse, am Haus Nr. 40, gibt es eine Tafel zur Erinnerung an das früher hier gelegene Adass Jisroel-Gemeindezentrum und die Rabbinerschule.

An manchen alten Häusern in der Nähe des Friedhofs Weissensee kommen hebräische Aufschriften unter abbröckelndem Putz hervor.

Der grösste jüdische Friedhof Europas ist der Friedhof Weissensee in der Herbert-Baum-Strasse 45. Der im späten 19. Jahrhundert angelegte Friedhof hat über 115.000 Grabstätten. Hier stehen viele kunstvoll gearbeitete Grabsteine und Denkmäler von bedeutenden jüdischen Familien des 19. und 20. Jahrhunderts. Am Gebäude am Eingang ist eine Erinnerungstafel für die Opfer des Naziterrors angebracht und die Grabstätten von Herbert Baum und seinen jungen Anhängern, die eine jüdisch-kommunistische Widerstandsgruppe gegen die Nazis bildeten und 1942 hingerichtet oder umgebracht wurden, befinden sich ebenfalls dort. Dieser Friedhof war während der Nazizeit von besonderer Bedeutung für die Berliner Juden. Er gab vielen Juden Arbeit, er bot landwirtschaftliches Training für prospektive Emigranten, er diente als Versteck für Torahrollen und später auch für Juden, die von der Deportation bedroht waren. So wurde dieser Friedhof zum wirklichen „Haus des Lebens". Geöffnet ist der Friedhof Sonntag bis Donnerstag von 8 Uhr bis Einbruch der Dunkelheit (ungefähr 18 Uhr im Sommer, 17 Uhr im Spätherbst und Frühjahr und 16 Uhr im Winter), Freitag von 8 bis 14 Uhr.

Der neue jüdische Friedhof, lange Zeit der einzige für die West-Berliner jüdische Gemeinde zugängliche jüdische Friedhof Berlins, liegt im Wald, mitten in einem grossen Park, in der Heerstrasse 141. Er wurde 1955 angelegt, alte Grabsteine aus dem 14. und 15. Jahrhundert, die für den Bau der Zitadelle in Spandau verwendet worden waren, wurden hierher gebracht. Am Friedhofsgelände befindet sich ein Denkmal für diese alten Grabsteine und eines für die jüdischen Opfer des Naziterrors. Der Friedhof ist von Sonntag bis Donnerstag von 7 bis 17 Uhr und Freitag von 7 bis 15 Uhr geöffnet.

Im Potsdamer Zentralarchiv befinden sich die Archive hunderter jüdischer Gemeinden, manche bis ins 17. Jahrhundert zurückreichend. Das „Zentralarchiv der Deutschen Juden" wurde 1906 angelegt, um die Dokumente von kleinen jüdischen Gemeinden, die durch Abwanderung und Überalterung aufhörten zu existieren, zu erhalten. Während der Nazizeit, als alle jüdischen Organisationen verboten waren, wurden die Archive dieser Organisationen ebenfalls dem Zentralarchiv übergeben und von einer Spezialeinheit der Gestapo „beschützt". Dieses Riesenarchiv hat die Kriegsjahre unbeschädigt überstanden und wurde anschliessend vom Zentralarchiv der Regierung der DDR übernommen. Während des Bestehens der DDR war das Archiv für Forschungen nicht zugänglich.
Am Grossen Wannsee 56-58 ist die Villa, in der der barbarische Entschluss zur „Endlösung der Judenfrage" im Jahre 1942 gefasst wurde, noch erhalten und heute eine Gedenkstätte. Eine Tafel erinnert an die jüdischen Opfer von Auschwitz, Sobibor, Bergen-Belsen und anderen Todeslagern.

Weitere Sehenswürdigkeiten in Berlin sind: Die Museen der Stadt, im besonderen das grosse Museum Dahlem mit seiner Bilder- und Skulpturensammlung und dem Museum für Völkerkunde, das Museums-Viertel und da im besonderen das Pergamon-Museum mit seinen grossartigen Sammlungen von römischen, griechischen und babylonischen Kunstgegenständen, das Charlottenburger Schloss, ehemals Residenz der Könige von Preussen, mit seinen antiken Kostbarkeiten, wie zum Beispiel der Büste der Nofretete, der Königin von Ägypten, der Kurfürstendamm mit seinen Luxusgeschäften, und viele andere.

DESSAU

liegt nahe der A 9, an der Elbe und den Bundesstrassen 184 und 185, etwa 80 km südwestlich von Berlin.

* Friedhof aus dem Jahr 1730

Über die mittelalterliche Geschichte der Juden in Dessau ist nicht allzuviel bekannt. Offenbar endete ihre Gemeinde hier mit den grossen Verfolgungen des Jahres 1349, die im Gefolge der Schwarzen Pest überall in Deutschland die jüdischen Gemeinden vernichteten. Erst 1672 wird Juden gegen Zahlung eines hohen Schutzgeldes wieder die Ansiedlung in Dessau gestattet.

Dessau wurde 1729 die Geburtsstadt des grossen jüdischen Philosophen und Aufklärers Moses Mendelssohn. Seine Mutter liegt auf dem grossen jüdischen Friedhof von Dessau begraben, sein Denkmal stand am Bahnhof. Das Denkmal wurde von den Nazis zerstört, der

Tausende Grabsteine des alten jüdischen Friedhofs von Dessau sind an der Mauer entlang aufgeschichtet. Sie wurden durch die Privatinitiative eines jungen Dessauer Christen vor der Zerstörung gerettet.

Friedhof teilweise geschleift. Heute stehen auf dem Friedhof nur mehr relativ wenige Steine, mit Efeu überwachsen, tausende Grabsteine liegen entlang der Mauer aufgeschichtet. Der Friedhof wird seit Jahren von einem jungen Christen, der auch im ehemaligen Pförtnerhaus lebt, betreut. Er rettete viele Grabsteine vor einem drohenden Bauvorhaben, lernte Hebräisch, um einen Katalog anlegen zu können, und arbeitet als Steinmetz. Die Adresse des Friedhofseingangs ist Am Leipziger Tor 4. Der Friedhof kann durch den Eingang des rechts stehenden Hauses betreten werden.

An der Stelle, wo die Synagoge bis zu ihrer Zerstörung 1938 stand, befindet sich heute ein Mahnmal. Im Stadtpark steht ein kleines Mendelssohn-Denkmal aus der Nachkriegszeit.

Dessau wurde im Krieg weitgehend zerstört. Sehenswert sind die Bauhaus-Architekturschule, sowie die Bauhaus-Siedlung in Törten. Die Schlösser Georgium und Mosigkau mit ihren Parks und Kunstsammlungen sind ebenfalls bemerkenswert.

GÖRLITZ

liegt etwa 200 km südöstlich von Berlin an der Grenze mit Polen, an den Bundesstrassen 6 und 115.

* Ehemalige Synagoge aus dem Jahr 1853
* Ruine einer 1911 erbauten Synagoge
* Friedhof

Juden sind bereits im 14. Jahrhundert in Görlitz belegt, die Gemeinde kann aber auch älter sein. Im Jahr 1307 wird eine Judengasse erwähnt, und 1325 gibt es auch eine Synagoge, ein rituelles Bad und einen Friedhof. Diese Gemeinde wird 1349 bei den Verfolgungen anlässlich der Schwarzen Pest vernichtet. 1364 siedeln sich wieder Juden in Görlitz an, aber schon 1389 werden die Juden wieder aus Görlitz vertrieben. Erst 1849 können sich wieder Juden in Görlitz ansiedeln.

Im Jahr 1853 kann die neue Gemeinde eine Synagoge bauen. Diese Synagoge wird bald zu klein, muss 1869 erweitert werden und dient dann weiter der Gemeinde, bis 1911 eine viel grössere Synagoge erbaut wird. Diese alte Synagoge liegt im Hinterhof des Hauses Obermarkt 17, früher Hotel zum weissen Ross. Hier sieht man die vernachlässigte Seitenfront des Gebäudes; einen Blick auf die Westfront kann man von der Langenstrasse 23 aus tun. Die ehemalige Synagoge ist ein stattliches, einstöckiges Ziegelgebäude mit einem kleinen Vorgarten. Heute wird das Gebäude als Malersaal für die im Gerhart Hauptmann-Theater verwendeten Kulissen verwendet.

1911 konnte die Görlitzer jüdische Gemeinde eine neue, grossartige Synagoge einweihen. Der monumentale Entwurf im Jugendstil ging aus einem Wettbewerb hervor, an dem zehn Architekten teilnahmen. Die Synagoge bot Platz für 280 Männer und 220 Frauen auf der Galerie, sowie vierzig Chorsänger. Heute steht die Ruine dieser grossartigen Synagoge in der Nähe eines schäbigen Parks nahe der Otto-Müller-Strasse. Neben dem ehemaligen Eingang ist eine Gedenktafel für die Opfer der Naziverfolgung angebracht. Besichtigungen der beiden Synagogen sind nach Rücksprache mit dem Kulturamt der Stadt Görlitz, Untermarkt 6-8, möglich.

Im Jahr 1849 wurde in der damaligen Biesnitzerstrasse ein Friedhof angelegt, der dann mehrere Male vergrössert wurde. Das Grabregister, das von 1852 bis 1942 geführt wurde, hat überlebt. Die Zeremonienhalle wurde vor wenigen Jahren renoviert. Im Friedhof wurde ein Denkmal für die Opfer der Nazis errichtet. Der Friedhof liegt Promenadenstrasse/Ecke Büchtemannstrasse.

In der Nähe von Görlitz gab es in Tormersdorf/Rothenburg und Biesnitzer Grund Lager der Nazis. Die Stadt Görlitz hat eine Broschüre über die Verfolgung der Görlitzer Juden durch die Nazis herausgegeben. An einer Geschichte der Görlitzer Juden wird gearbeitet.

Die alte Synagoge von Görlitz wird heute als Malersaal für die Kulissen des Görlitzer Theaters verwendet.

Die Ruine der imposanten neuen Synagoge von Görlitz soll renoviert werden; der Zeitpunkt der Wiederherstellung ist wegen der schlechten wirtschaftlichen Situation des Landes ungewiss.

PLAU

liegt etwa 140 km nordwestlich von Berlin, an den Bundesstrassen 103 und 191 und am Plauer See.

* Ehemalige Synagoge, jetzt katholische Kirche
* Jüdischer Friedhof

Die ehemalige Synagoge von Plau, ein mächtiger, neoromanischer Bau des 19. Jahrhunderts, wurde 1925 nach der Auflösung der jüdischen Gemeinde verkauft und diente von da an als katholische Kirche. Die Reichskristallnacht ging an dieser ehemaligen Synagoge vorbei. Die Kirche wirkt heute von aussen - von den christlichen Symbolen abgesehen - immer noch wie eine Synagoge. Die Lage nahe am Wasser lässt vermuten, dass sich hier auch ein rituelles Bad befunden hat. Im Inneren erinnert noch der klassizistische Torahschrein mit seinen Säulen und seinem Dreiecksgiebel an seine einstige Bestimmung, wenn er auch heute als Umrahmung des Hochaltars dient. Die ehemalige Synagoge steht in der Strandstrasse. Die Besichtigung ist nach Rücksprache mit dem Pfarrer, Herrn Rhisha, in der Grossen Burgstrasse 6 möglich.

Der jüdische Friedhof am Klüschenberg ist ebenfalls in gutem Zustand.

SACHSENHAUSEN

liegt etwa 30 km nördlich von Berlin, ausserhalb von Oranienburg, an der Bundesstrasse 273.

* Konzentrationslager-Gedenkstätte

1933, bei der Machtübernahme durch die Nazis, wurde in Oranienburg in einer alten Brauerei ein Konzentrationslager angelegt. 1936 wurde das Lager aus dem Stadtgebiet nach Sachsenhausen verlegt. Bis zur Befreiung im Frühjahr 1945 wurden hier mehr als 200.000 Menschen aus allen Teilen Europas unter grauenhaften Bedingungen festgehalten; etwa 100.000 starben durch Mord, Hunger oder Seuchen. Heute befindet sich auf dem Gelände des ehemaligen Lagers eine Mahn- und Gedenkstätte mit einem Museum zur Geschichte des Lagers. Die Gedenkstätte ist Dienstag bis Sonntag von 8 bis 16.30 Uhr geöffnet.

WITTENBERG

liegt etwa 80 km südwestlich von Berlin, an der Elbe und der Bundesstrasse 187.

* Mittelalterliche „Judensau"

Wittenberg ist bekannt als die Stadt, in der Martin Luther 1517 seine 95 Thesen an die Tür der Schlosskirche heftete und damit den Reformationsbestrebungen vieler seiner Zeitgenossen Ausdruck gab. Aus dieser Reformbewegung innerhalb der katholischen Kirche entwickelte sich die Spaltung der Kirche und der Protestantismus. Diese Spaltung gab den Anlass zu zahllosen Kriegen, die den Kern Europas verwüsteten und auf Jahrhunderte schwächten.

Wittenberg ist aber auch die Stadt, die eines der ganz wenigen erhaltenen Denkmäler mittelalterlichen Judenhasses beherbergt. An der Stadtkirche, wo Luther predigte, ist an der Südostecke, hoch über dem kleinen Kirchenplatz, die „Judensau" aus dem Jahr 1305 zu sehen. Im Mittelalter war die „Judensau" an der Aussenseite von Kirchen oder anderen öffentlichen Gebäuden sehr häufig. Ihre Darstellung diente einzig der öffentlichen Verspottung der Juden. Die meisten dieser Plastiken oder Gemälde sind verschwunden, nur mehr ganz wenige sind in Deutschland erhalten.

Die „Judensau" diente als Vehikel der christlichen Verachtung für die hartnäckigen und unbekehrbaren Juden. Meist wird ein Schwein gezeigt, das Juden säugt, manchmal reitet auch ein Jude auf dem Schwein oder schaut ihm unter den Schwanz. Wie allgemein bekannt, gilt das Schwein den Juden als unreines Tier. In der „Judensau" steht die Sau für die Torah, die heilige Schrift der Juden und ihre geistige Nahrung.

In Wittenberg schaut die Sau nach Osten. Ein Rabbiner schaut der Sau unter den Schwanz, andere Juden trinken aus den Zitzen der Sau. Die insgesamt sinnlose barocke Inschrift „Rabina Shemha-mphoras" ist wahrscheinlich teilweise eine Verballhornung des hebräischen „shem ha-meforasch", des „unermesslichen Namens Gottes".

1988, zum 50. Jahrestag der Reichskristallnacht, entstand in Wittenberg eine rege Diskussion über das Schicksal der Judensau. Schliesslich reifte der Entschluss, die Skulptur nicht von ihrem Standort zu entfernen und in einem Museumsdepot zu verstecken, sondern durch ein

Die "Judensau" an der Stadtkirche von Wittenberg, an der Luther predigte, zeugt seit fast 700 Jahren vom unsinnigen Judenhass der Kirche.

1988 wurde die Wittenberger "Judensau" nicht entfernt, sondern durch ein Denkmal zur Erinnerung an die in deutschen Lagern "unter einem Kreuzeszeichen" ermordeten Juden ergänzt.

Mahnmal zu ergänzen. Das Mahnmal befindet sich im Pflaster am Fusse der Kirche und würdigt auch die Jahrhunderte währende Judenfeindlichkeit der Kirche, die letztendlich zum Mord an sechs Millionen Juden durch die Nazis beigetragen hat.

Die Bronzeplatte im Pflaster unter der Judensau zeigt ein Kreuz, das die Platte in vier Quadrate teilt, die durch gärende, schwellende Materie teilweise emporgehoben werden. Der Text um das Kreuz herum lautet:

> Gottes eigentlicher Name
> der geschmähte Schem-ha-mphoras
> den die Juden vor den Christen
> fast unsagbar heilig hielten
> starb in sechs Millionen Juden
> unter einem Kreuzeszeichen.

Die hebräische Inschrift gibt den Anfang des 130. Psalms wieder: „Aus der Tiefe rufe ich zu Dir, oh Herr".

Im diesem Spannungsfeld zwischen der Wittenberger Judensau und dem Mahnmal für Millionen Tote und ihren Glauben liegt auch heute noch, wie in den tausend Jahren deutsch-jüdischer Geschichte, sehr viel von den Beziehungen zwischen deutschen Christen und in Deutschland lebenden Juden.

Sehenswert sind auch das alte Rathaus, der Marktplatz mit seinen alten Bürgerhäusern, die alten Kirchen und die Gedenkstätten für Luther und Melanchthon, die hier gelebt und gewirkt haben.

WÖRLITZ

liegt etwa 80 km südwestlich von Berlin, an der Elbe und der Bundesstrasse 107.

* Ehemalige Synagoge aus dem 18. Jahrhundert

Die klassizistische Synagoge von Wörlitz ist in Deutschland einzigartig. Die Fürsten von Anhalt-Dessau bauten sich ab etwa 1765 hier in Wörlitz einen Sommerpalast. rund um diesen Sommerpalast legten sie den ersten englischen Park in Deutschland an. Das Schloss von Wörlitz war der erste klassizistische Bau Deutschlands. Die gärtnerisch ausgestalteten Inseln im Schlosspark wurden nach Rousseau, Herder und Stein benannt. Als bewusst einbezogener Teil dieser Gesamtarchitektur entstand auch die neue Synagoge von Wörlitz. Sie wurde 1790 vom Baumeister des Fürsten, Friedrich Wilhelm von Erdmannsdorff, erbaut und vom regierenden Fürsten bezahlt. Dieser materielle Ausdruck der Aufklärung und ihres Versuchs der Integration der Juden steht heute noch am Ufer des Wörlitzer Sees, am Rande der Ortschaft Wörlitz.

Erdmannsdorff verwendete als Vorlage für sein Werk keine historischen Synagogen, wie etwa die gotische Synagoge in Worms, sondern den Tempel der Vesta in Rom. Die ehemalige Synagoge ist ein runder Bau mit einer halbkreisförmigen Frauenempore im Inneren, die von sechs dorischen Säulen getragen wird. Hoch oben in der Mauer, unter dem Kegeldach, liegen zwölf runde Fenster. Unter der Synagoge befand sich das rituelle Bad mit einem Ofen zum Erwärmen des „Lebenden Wassers" aus dem wenige Schritte entfernten Wörlitzer See. Die Synagoge wurde als Judentempel

bekannt; auf manchen Karten des Wörlitzer Parks scheint sie als Vestatempel auf.

Seit etwa 1680 lebten Juden in Wörlitz. Ihre erste Synagoge stand am Marktplatz und wurde beim Neubau des Rathauses abgerissen. Statt dieser alten Synagoge erbaute der Fürst die heute noch erhaltene Synagoge am See. Diese Synagoge diente der Wörlitzer Gemeinde bis 1910, dann wurde die Gemeinde zu klein, um den Bau zu erhalten. 1921 wurde das Gebäude an die jüdische Gemeinde von Dessau verkauft. 1937 hörte der Gottesdienst in der Synagoge auf, in der Reichskristallnacht wurde die Synagoge zwar nicht niedergebrannt, aber die rituellen Gegenstände und die Inneneinrichtung wurde zerstört.

1988 wurde die ehemalige Synagoge renoviert und als Beispiel der aufgeklärten Politik der Fürsten von Anhalt-Dessau zugänglich gemacht. Sie liegt am Rande des Schlossparks, am Ende der Amtsgasse. Der Ausblick über den Park, die kleine Stadt und den See ist bemerkenswert.

Der Friedhof aus dem Jahre 1795 besass eine Zeremonienhalle, die ebenfalls von Erdmannsdorff gebaut wurde. Der Friedhof und die Zeremonienhalle wurde von der SA 1938 geschändet, die Grabsteine später entfernt und als Baumaterial verwendet. Heute ist der Friedhof ein Garten und die ehemalige Zeremonienhalle ein Wohnhaus. Besichtigungen der Synagoge und des Friedhofs sind nach Anmeldung bei der Verwaltung des Schlosses möglich.

Im nahegelegenen Gräfenhainichen, im Dorf Jüdenberg, gibt es im Gehöft Bomsdorf ein Denkmal für die in Lagern ermordeten Lehrer und Schüler einer jüdischen Landwirtschaftsschule, die der Vorbereitung zur Auswanderung nach Palästina diente.

Das fürstliche Schloss und der Park mit seinen Nebengebäuden sind sehr sehenswert.

REGION HAMBURG

ELMSHORN

liegt rund 40 km nordwestlich von Hamburg an der A 23.

* Ausstellung zur Geschichte der Elmshorner Juden
* Friedhof aus der Mitte des 19. Jahrhunderts

Juden siedelten sich erstmals 1685 in Elmshorn an. Am Flamweg 45 befindet sich ein Denkmal für die 1938 zerstörte Synagoge.

Die kleine Zeremonienhalle des Elmshorner jüdischen Friedhofs beherbergt eine Ausstellung über die Elmshorner Juden. Kurz bevor wir unser Foto machten, wurde die Tür mit den obligaten Hakenkreuzen geschmückt.

Der Friedhof aus der Mitte des 19. Jahrhunderts liegt in der Feldstrasse in der Nähe des Bahnhofs und neben einer katholischen Kirche. Er ist gepflegt und hat eine kleine Zeremonienhalle aus dem Jahre 1906 mit deutschen und hebräischen Inschriften.

In dieser Zeremonienhalle befindet sich eine Ausstellung zur Geschichte der Juden in Elmshorn. Der Schlüssel ist in der Polizeistation Moltkestrasse 2 erhältlich.

EUTIN

liegt rund 90 km nordöstlich von Hamburg an der Bundesstrasse 76, in der Nähe der A 1.

* Friedhof

Unter schönen grossen Bäumen, mit Ausblick auf den Kleinen Eutiner See, liegt der kleine jüdische Friedhof von Eutin. Zehn Grabsteine Eutiner Juden sind noch erhalten. Der älteste davon ist aus

Der winzige jüdische Friedhof von Eutin liegt einsam am Kleinen Eutiner See. Neben den Angehörigen der einzigen jüdischen Familie Eutins liegen hier auch ungarische Jüdinnen begraben, die bei einem alliierten Fliegerangriff auf ihren Häftlingstransport getötet wurden.

dem Jahre 1886 und der jüngste von 1940. Die Familie Nathan, deren Mitglieder hier begraben sind, lebte seit 1801 in Eutin. Fünf neuere Grabsteine aber sind für jüdische Frauen aus Ungarn. Ein deutscher KZ-Häftlings-Transport geriet 1945 in der Nähe von Eutin auf dem Weg von Bremen in einen Luftangriff der Alliierten. 38 der Gefangenen starben sofort und wurden in Lübeck-Moisling begraben, fünf weitere, schwer verwundet, starben einige Tage später und wurden hier begraben. Ein weiteres Grab aus dem Jahre 1954 liegt etwas abseits.

Der Friedhof ist von der Plöner Strasse aus zu erreichen. Man geht zwischen Haus Nr. 71 und 73 in Richtung See, und wenn man diesen erreicht hat, nach links. Einige hundert Meter weiter, am Uferhang, liegt der Friedhof.

Die alte Synagoge von Friedrichstadt dient heute als Bürohaus.

FRIEDRICHSTADT

liegt an der Eider, rund 130 km nordwestlich von Hamburg, an der Bundesstrassen 202 nahe der Bundesstrasse 5.

* Ehemalige Synagoge aus dem Jahre 1845
* Friedhöfe

Diese kleine, romantische Stadt, von Wasser umgeben und kreuz und quer von Kanälen durchzogen, wurde von Holländern erbaut, die der Herzog von Holstein 1621 zur Kultivierung der Marschen ins Land brachte. Seit spätestens 1677 lebten auch Juden hier.

Die Synagoge aus dem Jahr 1845 wurde 1938 zwar nicht völlig zerstört, aber sehr stark beschädigt. Heute ist sie ein Bürohaus. Das Haus steht Ecke Westermarktstrasse und Am Binnenhafen. Im Haus daneben war die jüdische Schule. Gegenüber steht ein kleiner Gedenkstein für die Synagoge.

Der alte Friedhof am Treeneufer, in der nordwestlichen Ecke der Altstadt, wurde von den Nazis fast völlig zerstört. Aus Trümmern und Überresten der alten Grabsteine wurde ein Kreis um einen Gedenkstein gebildet. Ein Denkmal für die Opfer des Naziterrors steht am Ende des Friedhofes zur Westermarktstrasse. Der Friedhof ist versperrt.

Der neue Friedhof in der Schleswiger Strasse ist ein Teil des Städtischen Friedhofes, der 1890 angelegt wurde. Von den noch vorhandenen 70 Grabsteinen sind einige mit Blumengirlanden und stilisierten Rosen aus Stein verziert.

GLÜCKSTADT

liegt an der Elbe, rund 60 km nordwestlich von Hamburg, an der Bundesstrasse 431.

* Grabsteine vom 17. bis zum 19. Jahrhundert

In Hamburg lebenden portugiesischen sephardischen Juden wurden vom dänischen König Christian dem Vierten im Jahre 1618 spezielle Privilegien zugesagt, damit sie nach Glückstadt übersiedelten. Dort war die Gemeinde zunächst sehr erfolgreich. Die Juden gründeten eine Seifenfabrik, eine Zucker-Raffinerie, ein Salzwerk und betrieben Aussenhandel. Dem Leiter der Gemeinde war die Prägung von Münzen erlaubt. Ende des 17. Jahrhunderts durften sich auch deutsche, aschkenazische Juden in Glückstadt ansiedeln. 1732 wurden die den portugiesischen Juden gewährten Privilegien zurückgenommen, nachdem die Gemeinde zu klein geworden war. Ihre Synagoge wurde 1785 verkauft. Aber auch die Aschkenazi-Gemeinde, die 1768 ihre eigene Synagoge erbaut hatte, wurde während des 19. Jahrhunderts immer kleiner, und ihre Synagoge wurde 1895 verkauft und niedergerissen.

Der Grabstein der Ester Abessur aus dem Jahr 5418 (1658) trägt Inschriften in hebräischer und portugiesischer Sprache.

Die beiden Gemeinden hatten einen gemeinsamen Friedhof, behielten aber jeweils ihre eigenen Bestattungs-Rituale. Eine Erwähnung des Friedhofes aus der Vorkriegszeit lässt vermuten, dass damals noch mehr als 500 Grabsteine existierten. Heute gibt es nur noch elf stehende Grabsteine der Aschkenazi-Gemeinde mit Inschriften in Deutsch und Hebräisch, sowie neun Reihen mit 89 äusserst bemerkenswerten liegenden sephardischen Grabplatten mit portugiesischen und hebräischen Inschriften. Manche der portugiesischen Steine sind wahre Meisterwerke der Steinmetzkunst, sie stellen biblische Szenen, Totenköpfe, Wappenschilder oder Symbole für den Namen des Verstorbenen dar. Von besonderem Interesse ist das Grabmal der Tochter von Isack Palache, Eva. Es stellt die biblische Eva dar, der von der um den Baum der Erkenntnis geschlungenen Schlange der Apfel gereicht wird. Diese Grabsteine aus dem 17. bis zum 19. Jahrhundert findet man in der Pentzstrasse, hinter dem Bahnhof.

Moses schlägt Wasser aus dem Stein, umgeben von Wappenzierat, das spanischen oder portugiesischen Adeligen keine Schande gemacht hätte.

Der Grabstein der Rachel Kahanet aus dem Jahr 5413 (1653) zeigt die segnenden Hände ihres priesterlichen Stamms Kohen.

Die biblische Eva erhält die Frucht vom Baum der Erkenntnis auf dem Grabstein ihrer portugiesischen/norddeutschen Tochter Hava.

Ritterliches Wappen und hebräische Inschrift auf einem Grabstein aus dem Jahr 5466 (1706).

Die Säuler des Salomonischen Tempels, Sanduhr und Totenschädel zieren den Grabstein der Ester, Frau des Benjamin Dionis de Caseres, in einer perfekten Synthese jüdischer und katholischer Symbolik.

HAMBURG

* Gedenkstätten
* Ehemalige Synagoge aus den Jahren 1931-32
* Synagoge aus dem 19. Jahrhundert im ehemaligen jüdischen Spital
* Friedhöfe
* Gedenkstätte und Dokumentationszentrum im ehemaligen Konzentrationslager Neuengamme

Hamburg war eine freie Reichsstadt und im Mittelalter ein wichtiges Mitglied des Hanseatischen Bundes, regiert von einem gewählten Senat und einem Bürgermeister. Juden wurde die Ansiedlung erst gegen Ende des 16. Jahrhunderts erlaubt. Es war dies eine Gruppe reicher portugiesischer Marranos (zwangsgetaufte Juden, von denen man in Spanien oder Portugal dennoch annahm, dass sie im geheimen dem Glauben ihrer Väter weiter anhingen). Als die streng protestantischen Hamburger Bürger nach einer ersten Anschuldigung, dass ihre neuen Nachbarn Katholiken wären, dann dahinter kamen, das die Wahrheit noch viel unwillkommener war, forderten sie die Vertreibung der Juden. Aber der Stadtsenat erlaubte ihnen wegen ihrer guten Geschäfts- und Handelsverbindungen zu bleiben. Diese sephardischen Juden blieben von der Zeit ihrer Ansiedlung bis etwa 1800 bei ihren Muttersprachen, alten Formen des Spanischen und Portugiesischen. Während dieser Zeit wurden in Hamburg Bücher in diesen beiden Sprachen, aber mit hebräischen Schriftzeichen, gedruckt.

In den sechziger Jahren des 17. Jahrhunderts überzeugten die Lehren und Versprechungen des falschen Messias Shabbatai Zwi (der bald zum Islam übertreten sollte) über die bevorstehende Rückkehr ins Gelobte Land die Gemeinde derart, das sie, der unmittelbar bevorstehenden Abreise gewiss, Synagogen und Schulen zum Verkauf anboten. Im Jahre 1697, als der Hamburger Senat die Steuern, die der jüdischen Gemeinde Hamburgs auferlegt waren, plötzlich verdreifachte, zogen die meisten der sephardischen Juden nach Altona, das zu dieser Zeit zu Dänemark gehörte.

Deutsche Juden siedelten sich um 1600 in Wandsbek an, heute ein Teil Hamburgs, damals ebenfalls Dänisch, und um 1627 kamen die ersten Aschkenasim nach Hamburg. Die Aschkenazischen Gemeinden von Hamburg, Wandsbek und Altona bildeten sehr bald eine Union, die mit kurzen Unterbrechungen bis 1811 bestand. Die meisten der Aschkenazim wurden 1649 aus Hamburg vertrieben und zogen ebenfalls nach Altona, wo sie und ihre Rabbiner bis weit ins 19. Jahrhundert eine wichtige Rolle spielten. Die Gemeinden der Aschkenazischen und der Sephardischen Juden von Hamburg, Altona und Wandsbek wurden nach dem Einmarsch der Truppen Napoleons 1811 gezwungen, zusammen eine einzige grosse Gemeinde zu bilden.

Die Zuerkennung der Bürgerrechte im Jahre 1850 brachte den Juden, die seit dem 17. Jahrhundert mit mannigfaltigen Verboten und Einschränkungen leben mussten, spürbare Erleichterungen. Das 19. Jahrhundert war aber auch die Zeit des grossen Konfliktes zwischen den orthodoxen und den reformierten Juden, der die Aufspaltung in mehrere Gemeinden zur Folge hatte, die dann jede ihre eigene Synagoge bauten. Die Gemeinde wurde stetig grösser und Hamburg hatte 1933 eine der grössten jüdischen Gemeinden von ganz Deutschland mit etwa 20.000 Mitgliedern. Fünftausend konnten in der zweiten Hälfte der Dreissigerjahre emigrieren. Tausend Juden wurden 1938 nach Polen ausgewiesen. Achttausend Hamburger Juden wurden während der Nazizeit in diversen Lagern umgebracht. Fast alle Synagogen wurden zerstört.

Eine Synagoge aus den Jahren 1931-32 wurde nicht zerstört und ist heute ein Sendesaal des NDR, des Norddeutschen Rundfunks. Eine Inschrift in hebräischer Sprache ist noch über dem Eingang zu sehen. Ein Mahnmal für die frühere Synagoge steht vor dem Gebäude. Es stellt einen zerrissenen Torahvorhang und eine geschändete Torahrolle dar. Die ehemalige Synagoge liegt in der Oberstrasse 120.

In der Poolstrasse, hinter den Häusern 12 und 13, stehen noch einige Mauern der zweiten Hamburger Synagoge aus dem Jahr 1844. Der Tempel musste von der Gemeinde 1937 verkauft werden und wurde 1944 von Bomben zerstört. Die Ruinen stehen in Privatbesitz.

Ein Spital in der Simon-von-Utrecht-Strasse 2 war früher ein jüdisches Spital, eine Stiftung des Salomon Heine aus dem Jahr 1841. Salomon Heine war Bankier, der Onkel von Heinrich Heine und einer der grossen Hamburger Philanthropen des 19. Jahrhunderts. Eine Synagoge in der Mitte des Gebäudes, im ersten Stock, ist die einzige überlebende Synagoge Hamburgs aus der Zeit vor 1900.

Im Altonaer Museum in der Museumstrasse 23 wird im zweiten Stock eine Sammlung von Judaica ausgestellt. Unter den Beständen des Museums befindet sich auch der Rest eines Hanukkah-Leuchters aus dem Jahr 1662. Dieser Leuchter ist das älteste erhaltene Zeugnis für die Anwesenheit von Juden in Hamburg. Auf seinem Sockel werden übrigens die zwölf Stifter angeführt, darunter auch Chaim Hameln, der Ehemann der Glückel von Hameln, deren glücklich erhaltengebliebene Memoiren uns einen Einblick in das jüdische Leben des 17. Jahrhunderts gewähren. Neben der Judaica-Sammlung ist eine Ausstellung von Portraits der Familie Heine zu sehen, darunter auch ein Portrait des erwähnten Salomon Heine. Das Museum ist Dienstag bis Sonntag von 10 bis 17 Uhr geöffnet.

Im Museum für Hamburger Geschichte am Holstenwall 24 wird das Gedächtnisbuch für die Hamburger jüdischen Opfer der Nazis aufbewahrt. Die Hamburger Kunsthalle neben dem Hauptbahnhof zeigt Bilder der jüdischen Maler Liebermann und Oppenheim.

Das Talmud-Tora-Gymnasium, eine 1911 errichtete ehemals jüdische Schule, steht am Grindelhof 30. Diese Schule war eine der fortschrittlichsten jüdischen Schulen Deutschlands. Neben der Schule steht ein Denkmal für die Bornplatz-Synagoge, die 1906 gebaut wurde, 1938 niedergebrannt und 1939 mit Geldern der jüdischen Gemeinde niedergerissen wurde.

Für die jetzt bestehende mittelgrosse jüdische Gemeinde Hamburgs wurde eine neue Synagoge in Hohe Weide 34 errichtet. Das jüdische Gemeindezentrum befindet sich in der Schäferkampsallee 29.

Ein neues Denkmal für Heinrich Heine steht am Rathausplatz. Das Denkmal zeigt eine Statue, die Heine darstellt,

SA-Leute bei der Bücherverbrennung erinnern an das prophetische Wort Heines: "Dort wo man Bücher verbrennt, verbrennt man auch am Ende Menschen".

sowie Reliefs mit den Bücherverbrennungen der Nazis und der Zerstörung des alten Heine-Denkmals.

Trotz wiederholter Angriffe durch protestierende Bürger steht das 1936 im Monumentalstil des Dritten Reiches erbaute Denkmal für die Soldaten des Ersten Weltkriegs immer noch am Dammtordamm neben dem Bahnhof. Der Hamburger Senat hat aber ein „Gegen-Denkmal" des österreichischen Bildhauers Alfred Hrdlicka in Auftrag gegeben. Dieses Denkmal soll die Schrecken des Krieges darstellen. Zwei sehr eindrucksvolle Teile, der Hamburger Feuersturm (verursacht durch alliierte Bomben) und die Katastrophe der Cap Arcona (siehe Neustadt) sind schon an Ort und Stelle, zwei weitere Teile sind geplant.

Es gibt in Hamburg eine ganze Reihe jüdischer Friedhöfe. Ein grosser Friedhof aus dem 17. Jahrhundert liegt in der Königstrasse 8 in Altona, ein paar hundert Meter nach dem Ende der Reeperbahn. Hier liegen hunderte Grabsteine portugiesischer sephardischer Juden und einige aschkenazische Grabsteine. Die sephardischen Steine sind rechteckige und flache liegende Platten oder sarkophagähnliche Gebilde mit Inschriften in hebräischer, portugiesischer oder spanischer Sprache und reichen Verzierungen. Die aschkenazischen Steine stehen aufrecht und haben vorwiegend hebräische und einige wenige deutsche Inschriften. Der Friedhof ist versperrt, aber durch das Gitter an der Königstrasse gut zu sehen. Der Schlüssel kann im jüdischen Gemeindezentrum entlehnt werden.

Ein jüdischer Friedhof aus dem Jahre 1882 liegt in Ilandskoppel gleich neben dem wahrscheinlich grössten christlichen Friedhof der Welt, Ohlsdorf. Ein Denkmal für die Opfer des Naziterrors, mit einer Urne mit Asche aus Auschwitz, steht dort. Gegenüber dem Krematorium im christlichen Friedhof an der Fuhlsbüttlerstrasse steht ein Denkmal für alle Opfer der Nazis mit 105 Urnen, Symbol für die 105 grossen Lager und Gefängnisse, in denen vom Nazi-Regime Menschen planmässig ermordet wurden.

In Harburg, auf der anderen Seite der Elbe, liegt gegenüber der Schwarzenbergstrasse 72-74 ein Friedhof aus dem 17. Jahrhundert. Die meisten der Grabsteine sind allerdings aus dem frühen 20. und nur einige wenige aus dem späten 19. Jahrhundert. Der Friedhof liegt in einem Park, halb-rechts vom Eingang aus gesehen, zwischen einer Schule für Gartengestaltung und einem Restaurant namens Gildehaus. Wenn man den Park von der Schwarzenbergstrasse aus betritt, sollte man sich halbrechts halten, um zum Friedhof zu gelangen. Den Friedhof, der versperrt ist, umgibt ein niedriger Zaun. Am Falkenbergweg steht ein

Denkmal für 500 jüdische Frauen, die in Neugraben, einer Aussenstelle des KZ's Neuengamme, arbeiten mussten. Ebenfalls in Harburg, Ecke Eissendorfer Strasse/Knoopstrasse, ist eine Erinnerungstafel für die 1938 zerstörte Synagoge angebracht.

Der Friedhof in Wandsbek ist in der Königsreihe, gegenüber Nr. 62. Obwohl bereits 1675 angelegt, ist der Grossteil der Grabsteine auch hier aus dem 19. und 20. Jahrhundert. Für Dr. Simon Bamberger, von 1902 bis 1938 Rabbiner in Wandsbek, steht hier ein Denkmal. Den Schlüssel erhält man im jüdischen Gemeindezentrum.

Das ehemalige KZ Neuengamme liegt einige Kilometer ausserhalb von Hamburg, jenseits der Elbe, am Neuengammer Heerweg. Dort befindet sich heute ein Dokumentationszentrum und ein Denkmal für die Opfer der Nazis. An die 55.000 von den 106.000 Menschen, die aus ganz Europa hierher gebracht wurden, starben hier durch Hunger, Epidemien, Ermordung durch SS und Ärzte, die grausame medizinische Experimente durchführten. Viele der Gefangenen starben bei der Evakuierung des Lagers und den darauf folgenden Todesmärschen auf der Flucht vor den herannahenden Alliierten. Bei der Katastrophe der Cap Arcona (siehe Neustadt) allein starben 7.000 Gefangene aus Neuengamme. Neuengamme kann täglich bis Einbruch der Dunkelheit besucht werden. Das Dokumentationszentrum ist von Dienstag bis Sonntag in der Zeit von 10 bis 17 Uhr geöffnet.

In der Janusz Korczak Schule am Bullenhuser Damm 92 steht ein Denkmal für 20 jüdische Kinder und 28 Gefangene aus Neuengamme, die man hier am 20 April 1945, einige Tage vor Kriegsende, hängte, um zu verbergen, dass Ärzte aus dem Lager an ihnen mit Tuberkulosebazillen experimentiert hatten. Der Raum im Keller, in dem die Morde stattfanden, kann während des Schuljahres von Montag bis Freitag in der Zeit von 8 bis 13 Uhr besucht werden.

Hamburg wurde im Jahre 1842 von einer riesigen Feuersbrunst fast völlig zerstört, die Bomben des zweiten Weltkrieges taten ein übriges, sodass nur wenige alte Gebäude erhalten blieben. Man kann noch den Hafen, einen der grössten Europas, sowie die Binnenalster und die Aussenalster, zwei künstliche Seen im Herzen der Stadt, die Kunsthalle, das Kunst- und Gewerbe-Museum, und den kleinen Rest der Altstadt besichtigen.

LÜBECK

liegt an der Trave, rund 70 km nordöstlich von Hamburg an der A 1.

* Synagoge aus dem Jahre 1880
* Friedhof aus dem frühen 18. Jahrhundert

Lübeck, eine wichtige Hafenstadt an der Ostsee, war eine freie Reichsstadt und ein bedeutendes Mitglied des Hanseatischen Bundes. Zwei jüdischen Geldverleihern wurde 1680 als ersten Juden die Niederlassung in Lübeck erlaubt. Sie wurden allerdings 1699 wieder vertrieben. Im nahegelegenen Moisling, damals unter dänischer Herrschaft, heute eine Vorstadt Lübecks, durften sich Juden ab 1656 ansiedeln. Bis zum Anfang des 19. Jahrhunderts änderte sich an diesem Zustand nichts. Die Erleichterungen, die

Die von der SA verwüstete, ehemals maurische Synagoge von Lübeck wurde nach dem Ende der Naziherrschaft in unauffälligem norddeutschen Backstein-Baustil wiederhergestellt.

die Besetzung Lübecks durch die Franzosen 1811 den Juden brachte, darunter auch das Recht, in Lübeck zu wohnen, waren von kurzer Dauer und die junge jüdische Gemeinde von Lübeck wurde 1824 wieder vertrieben. Viele Juden kehrten damals nach Moisling zurück. Die Zuerkennung der bürgerlichen Rechte im Jahr 1848 ermöglichte den Juden neuerlich die Rückkehr nach Lübeck. Die jüdische Gemeinde, die von der Bevölkerung Lübecks nie akzeptiert wurde, blieb klein und zählte 1913 nur an die 700 Mitglieder, 1937 waren es nur mehr 250. Davon wurden 85 in deutschen KZ ermordet.

Die Synagoge in Lübeck, St. Annen-Strasse 13, wurde 1880 in einem gedämpft maurischem Stil erbaut. Sie wurde 1938 stark beschädigt, sofort nach dem Krieg in einem unauffälligen und ortsüblichen Stil wiederhergestellt und der neuen Gemeinde, vorwiegend zusammengesetzt aus osteuropäischen Juden, den Überlebenden der Lager und Todesmärsche, übergeben. Im Nebenhaus, St. Annen-Strasse 11, befindet sich ein jüdisches Altersheim und ein rituelles Bad.

Der grosse Friedhof in Lübeck-Moisling ist aus dem frühen 18. Jahrhundert, die meisten der Grabsteine allerdings stammen aus dem 19. Jahrhundert. Auf dem Friedhof steht ein Denkmal für die Opfer des Naziterrors. Der Friedhof liegt in der Niendorferstrasse 45 in Moisling. Es gibt eine Zeremonienhalle und ein Wächterhaus. Will man den Friedhof besuchen, wendet man sich an den Friedhofswärter, der in diesem Wächterhaus wohnt.

Zu besichtigen gäbe es noch: Die romantische Altstadt, auf einer Insel in der Trave gelegen, mit dem eindrucksvollen zweitürmigen Holstentor, das Rathaus in Gotik und Renaissance, den Dom mit dem herrlichen romanischen Nordportal, die Marienkirche und die Jakobikirche, sowie das Heiligen-Geist-Spital, eines der wenigen mittelalterlichen Spitäler, die erhalten geblieben sind.

NEUSTADT

liegt rund 100 km nordöstlich von Hamburg, zwischen der Ostsee und der A 1.

* Friedhof und Gedenkstätten

Auf dem Friedhof am Grasweg, der im Jahr 1945 angelegt wurde, sind einige der vielen KZ-Häftlinge begraben, die während der Todesmärsche, die auf dem Rückzug vor den Alliierten stattfanden, zugrundegingen. Hier steht auch ein Denkmal für die Opfer des wohl tragischsten militärischen Irrtums der letzten Kriegstage. Während die alliierten Kampftruppen immer näher kamen, wurden tausende Gefangene aus den KZ's von ihren deutschen Bewachern auf Schiffe in der Neustädter Bucht verladen. Das grösste dieser Schiffe war die Cap Arcona. In der Annahme, die Schiffe sollten Nazi-Bonzen ausser Landes bringen, beschlossen die Briten am 3. Mai, die Schiffe aus der Luft anzugreifen. Die Gefangenen glaubten, dass die Flugzeuge, die sie kommen sahen, die Freiheit brächten, und begrüssten sie mit Rufen und Winken. Dann eröffneten die Flugzeuge das Feuer und begannen die Schiffe zu bombardieren. Über 7.000 Gefangene starben an diesem grauenvollen Tag, nur einige Stunden bevor die britischen Truppen kampflos Neustadt besetzten. Opfer dieses Angriffs wurden in vielen Orten rund um die Neustädter Bucht, wie Grömitz, Haffkrug, Niendorf, Sierksdorf und Timmendorfer Strand, begraben.

RENDSBURG

liegt rund 90 km nördlich von Hamburg zwischen der A 7 und der Bundesstrasse 77 am Nord-Ostsee-Kanal.

* Ehemalige Synagoge aus dem Jahr 1845 mit kleiner Ausstellung zur Geschichte der Juden in Schleswig-Holstein und einem rituellen Bad
* Friedhof aus dem Jahre 1695

In Rendsburg siedelten sich erst 1692 die ersten Juden an. Zu Beginn des 19. Jahrhunderts lebte hier eine der grössten jüdischen Gemeinde nördlich der Elbe mit 292 Mitgliedern.

Die Synagoge, 1845 erbaut, wurde 1938 von der SA mit einer Bombe verwüstet. Das Gebäude wurde dann als Fischräucherei verwendet und die reich verzierte Eingangshalle zur Garage umgebaut. Die Stadt kaufte in den Achtzigerjahren die ehemalige Synagoge, heute Dr. Bamberger-Haus genannt, und renovierte sie. Im Keller, wo auch das rituelle Bad ist, ist eine kleine Ausstellung zur Geschichte der Juden in Schleswig-Holstein untergebracht. Die Ausstellung trägt den Namen des letzten Rendsburger Gemeindevorstehers Julius Magnus. Nachdem er gezwungen worden war, die Gemeinde aufzulösen und er und seine Frau von ihrer bevorstehenden Deportation verständigt worden waren, begingen beide Selbstmord.

Die Ausstellung enthält Fotografien und Dokumente von vielen jüdischen Gemeinden in Schleswig-Holstein und einige religiöse Gegenstände. Die Adresse ist Prinzessinstrasse 8-10 und das Museum ist Dienstag bis Samstag von 11 bis 13 und von 15 bis 18 Uhr und am Sonntag von 14 bis 18 Uhr geöffnet.

Der Friedhof, 1695 angelegt, liegt in Westerrönfeld, südlich der Eider und etwas östlich vom Ende des Strassentunnels unter der Eider. Die noch vorhandenen Grabsteine sind meist aus dem 19. und frühen 20. Jahrhundert. Manche der älteren Steine sind reich verziert. Der Friedhof steht offen.

Die Synagoge der Rendsburger Juden wurde nach der Vernichtung der jüdischen Gemeinde zuerst eine Fischräucherei und ist heute jüdisches Museum und Kulturzentrum von Rendsburg.

REGION HANNOVER

BERGEN-BELSEN

ehemaliges Konzentrationslager nahe der Bundesstrasse 3 rund 60 km nördlich von Hannover.

* Konzentrationslager-Gedenkstätte

Das Konzentrationslager Bergen-Belsen liegt in einem öden Teil der Lüneburger Heide, landwirtschaftlich wenig ertragreich, spärlich besiedelt und seit langem militärisches Übungsgebiet der deutschen Armee. Im Jahre 1940 wurde die Kaserne des Militärlagers in ein Kriegsgefangenenlager umgewandelt. 50.000 sowjetische Kriegsgefangene starben hier an Hunger und Krankheit. 1943 internierten die Nazis hier zunächst die Juden, die gegen im Ausland internierte deutsche Staatsbürger ausgetauscht werden sollten. Ab 1944 wurden aber kranke und arbeitsunfähige Gefangene aus anderen Konzentrationslagern in dieses Lager gebracht. Vor dem Vormarsch der Alliierten wurden immer mehr Gefangene aus Auschwitz und anderen KZ's nach Bergen-Belsen gebracht. Die meisten Überlebenden dieser Todesmärsche gingen in dem hoffnungslos überfüllten Lager an Hunger und Epidemien zu Grunde. Ungefähr 35.000 Gefangene starben hier, unter ihnen auch Anne Frank. Weitere 13.000 starben noch zwischen dem 15. April 1945, dem Tag, an dem die Britische Armee das Lager befreite, und Ende Juni 1945, an den im Lager tobenden Epidemien und an den Folgen der Haft.

Bergen-Belsen ist heute eine Gedenkstätte, gewidmet all denen, die hier litten und starben, den Opfern des Naziterrors. Denkmäler, Massengräber und ein Dokumentationszentrum befinden sich hier. Das Dokumentationszentrum stellt Dokumente über das Schicksal der hier zu Tode gekommenen Kriegsgefangenen, Aussagen und Lebensgeschichten der Überlebenden, sowie über Gerichtsverfahren gegen die Verantwortlichen aus. Bergen-Belsen wird jährlich von tausenden Menschen besucht, unter anderem auch von Niedersächsischen Schülern und Studenten im Rahmen des Geschichtsunterrichts. Viele von ihnen besuchen auch die barocke Synagoge in Celle, 25 km weiter südlich.

Öffnungszeiten: Vom 1. Februar bis 30. September: Dokumentationszentrum 8-18 Uhr, Lager 7-18 Uhr; 1. Oktober bis 31.Jänner: 8-17 Uhr.

BRAUNSCHWEIG

liegt 60 km östlich von Hannover, an der A2 und A39.

* Synagoge aus dem 18. Jahrhundert
* Jüdisches Museum
* zwei Friedhöfe aus dem 19. Jahrhundert

Schon im frühen 12. Jahrhundert siedelten sich Juden in Braunschweig an. Die Herrschaft über sie wurde 1137 vom Kaiser an das Herzogtum übertragen. Der Herzog, gemeinsam mit der Stadtverwaltung, gewährte gegen finanzielle Gegenleistung den Juden Schutz. Diese relativ guten Lebensbedingungen veranlassten Juden aus anderen Teilen Norddeutschlands, sich ebenfalls in Braunschweig anzusiedeln. Die Verfolgungen während der Zeit der schwarzen Pest Mitte des 14. Jahrhunderts kosteten dann mindestens die Hälfte der jüdischen Bevölkerung das Leben und beendeten die weitere Zuwanderung. Von da an bis zum Ende des 16. Jahrhunderts war die Situation der Juden sehr unsicher. 1510 wurden sie der Hostienschändung beschuldigt; 1543 richtete sich ein Aufruhr gegen sie, der durch die Schriften Martin Luthers angefacht wurde, und 1571 und 1590 wurden sie für kurze Zeit aus Braunschweig vertrieben. Erst am Anfang des 17. Jahrhunderts beruhigte sich die Lage so weit, dass die Juden zurückzukehren begannen.

Im späten 18. Jahrhundert standen der grosse jüdische Aufklärer Moses Mendelssohn und der Herzog Karl Wilhelm Ferdinand im Briefwechsel miteinander. Der Hofjude Israel Jacobson, in den Diensten des Herzogs, gründete 1801 eine sehr progressive jüdische Schule im nahegelegenen Seesen. Diese Schule erfreute sich der Förderung durch den Herzog. Eine zweite, ähnliche Schule wurde 1807 in Wolfsbüttel eröffnet. Das 19. Jahrhundert brachte die Emanzipation, in mehreren Schüben und mit einigen Rückschlägen. Das 20. Jahrhundert brachte Terror und Tod für Hunderte von Braunschweiger Juden, das Exil für die übrigen.

Alexander David (1687-1765), Hofjude in Braunschweig, gilt als der Vater der jüdischen Museen. Er hat nicht nur im frühen 18. Jahrhundert die Gemeindesynagoge finanziert und erbaut, er ist auch, soweit man weiss, der erste Sammler jüdischer religiöser und weltlicher Gegenstände gewesen. Seine Sammlung umfasste Menorahs, Besamim-Büchsen, Stickereien, Kerzenleuchter, Torah-Mäntel und -Schilder, sowie Bücher und Manuskripte. Kurz vor seinem Tode übergab er seine Sammlung der jüdischen Gemeinde. Die Sammlung wurde zunächst in der von ihm gebauten Synagoge ausgestellt und dann 1925 dem Patriotischen Museum übergeben. Ein kleiner Teil dieser Sammlung ist heute im Braunschweiger Jüdischen Museum zu sehen. Der grösste Teil liegt im Depot oder wurde an andere Museen verliehen.

Das Jüdische Museum bildet einen Teil des Braunschweiger Landesmuseums. Das bemerkenswerteste Ausstellungsstück ist eine kleine bemalte Synagoge aus Holz aus dem Jahre 1766. Als sich die kleine jüdische Gemeinde von Hornburg 1923 auflöste, wurde die Synagogenein-

Das ländliche Barock des Torahschreins von Hornburg wird heute beherbergt von der ehemaligen Kirche des Paulinenklosters, das als jüdisches Museum von Braunschweig dient.

richtung für das Museum gekauft. Die kleine Synagoge ist ein schönes Beispiel für den ländlichen Barockstil des 18. Jahrhunderts. Der geschnitzte Torah-Schrein ist mit Früchten, Blumen, Kronen und Arabesken verziert. Die vier Bilder, die neben der kleinen bemalten Kuppel zu sehen sind, stellen die Bundeslade, das Tabernakel, die Menorah und den Schaubrot-Tisch dar. In der Mitte des Raumes, unter der Kuppel, steht die Bimah. Die Synagogeneinrichtung steht in der ehemaligen Kirche des Paulinenklosters, das vor einigen Jahren zu einem Museum umgebaut wurde. Sogar während der Nazizeit war diese Synagoge ausgestellt, und erst 1945 wurde sie zerlegt und im Keller versteckt. Erst 1987 wurde sie als Teil des Jüdischen Museums im Braunschweiger Landesmuseum wieder ausgestellt. Die alten, dunklen Holzwände der Synagoge kontrastieren mit den klassizistischen weissen Mauern und Bögen der Klosterkirche. Fotografien der Synagoge, die ihren Zustand im Jahr 1923 zeigen, schmücken die Wände des Saales und vermitteln dem Betrachter ein Gefühl für die Erhabenheit dieser ehrwürdigen, alten Stätte der Andacht und des Gebets.

Ausser der Synagoge und der Sammlung jüdischer Gegenstände zeigt das Museum auch Dokumente und Objekte betreffend die Verfolgung der Juden durch die Nazis, über Konzentrationslager und über das Leben der Juden in Deutschland nach 1945. Es gibt auch öfters Sonderausstellungen zu jüdischen Themen. Das Jüdische Museum befindet sich in Hinter Ägidien und ist täglich von 10 bis 17 Uhr und Donnerstag von 10 bis 20 Uhr geöffnet.

Im Dom zu St. Blasien in der Innenstadt kann man einen fast fünf Meter hohen, siebenarmigen Kerzenleuchter aus Bronze sehen, eine Kopie des Leuchters, den Heinrich der Löwe, Herzog von Bayern und Sachsen, in Jerusalem gesehen hatte. Er ist ein Geschenk des Herzogs, der 1173, nach seiner Rückkehr aus dem Heiligen Land, auch den Dom erbauen liess. Der Dom ist täglich von 10 bis 13 Uhr und 15 bis 17 Uhr geöffnet. Während der Messen, Samstag 12 Uhr, Sonntag 10 Uhr ist er für touristische Besuche geschlossen.

Die Synagoge wurde 1875 erbaut, 1938 zerstört, 1940 geschleift und an ihrer Stelle ein Bunker gebaut. An diesem Bunker, Ecke Steinstrasse und Alte Knochenhauerstrasse, ist heute eine Erinnerungstafel angebracht. Das jüdische Gemeindezentrum, mit seinem Gebetsraum für 70 Personen, liegt gleich daneben, Steinstrasse 4.

Es gibt zwei jüdische Friedhöfe in Braunschweig. Der ältere ist aus dem frühen 19. Jahrhundert und liegt in der Hamburgerstrasse 71, nördlich vom Stadtzentrum. Wenn man ihn besuchen will, muss man sich abends mit Dr. Piero Zamperoni, Fasanenstrasse 30, Tel. (0531) 33 86 96 in Verbindung setzen.

Der zweite Friedhof ist aus dem späten 19. Jahrhundert. Es gibt dort ein Denkmal für die Opfer des Naziterrors. Der Friedhof, in der Helmstedterstrasse 40, ist verschlossen, der Schlüssel im Friedhofsamt erhältlich.

Sehenswert ist der schon erwähnte Dom zu St. Blasien, ein hervorragendes Beispiel romanischer Architektur. Im Dom befindet sich das Grab des Gründers, Herzog Heinrich des Löwen. Vor dem Dom steht die bronzene Statue eines

Löwen aus dem Jahre 1166, ebenfalls von Heinrich dem Löwen gestiftet. Sehenswert ist auch der Altstadtmarkt mit dem alten Rathaus, sowie das Herzog-Anton-Ulrich-Museum mit seinen reichhaltigen Sammlungen von Kunst und Kunstgewerbe.

CELLE

liegt rund 40 km nordöstlich von Hannover an den Bundesstrassen 3, 214 und 191.

* Synagoge aus dem Jahre 1740
* Friedhof aus dem Jahre 1682

Im späten 17. Jahrhundert siedelten sich die ersten Juden in Blumlage an, das damals ein Dorf war und heute ein Teil von Celle ist. Georg, Kurfürst von Hannover und König von England, erteilte 1740 den Juden die Erlaubnis, eine Synagoge zu errichten. Bis dahin war die Schule auch als Gebetsraum verwendet worden. Die barocke Synagoge ist teilweise als Fachwerkbau errichtet, typisch für ihre Zeit und ihre Region, und liegt im Hinterhof der ehemaligen Schule.

In der Reichskristallnacht 1938 verhinderte die lokale Feuerwehr ihre Zerstörung durch den Hinweis auf die Gefährdung der anschliessenden Häuser und Fabriken. Also wurden nur die Fenster, die Einrichtung und die Bücher zerstört. Die Torah wurde gerettet und in einem Museum versteckt. Die Synagoge wurde 1945 von chassidischen Überlebenden aus dem nahegelegenen KZ Bergen-Belsen renoviert. Aus dieser Zeit sind die einfache Bimah und die Stufen zum Torahschrein, aus alten Brettern von zer-

Die Bimah im nüchternen, von der Not geborenen Stil der frühen Fünfziger steht in spannendem Gegensatz zur barocken Pracht des Torahschreins der kleinen Synagoge von Celle.

Der geöffnete Torahschrein der Synagoge von Celle aus dem 18. Jahrhundert.

bombten Häusern gefertigt, noch erhalten. Der barocke Torahschrein mit den drei vergoldeten Kronen und den exquisiten Schnitzereien steht dazu im krassen Gegensatz. Neben dem Eingang steht ein kleiner gemauerter Pfeiler, eine Sammelbüchse aus dem Jahr 1740, errichtet als Erinnerung an Rabbi Josuah Feifelsohn Cohen von seinem Sohn Aron. Bei einem Besuch der Synagoge lohnt sich auch die Besichtigung der sehr interessanten Fachwerk-Aussenseite.

Die Synagoge ist heute eine der ältesten in Deutschland und eine der wenigen verbliebenen Synagogen, die von KZ-Überlebenden nach ihrer Befreiung eingerichtet und verwendet wurden. Schulklassen aus Niedersachsen, die im Rahmen ihres Geschichtsunterrichts Bergen-Belsen besuchen, besuchen meist auch die Synagoge. Ein kleines Museum befindet sich im ehemaligen Schulgebäude. Im Kreise 24 ist die Adresse der Synagoge, sie steht im Hinterhof, geöffnet ist sie von Montag bis Freitag 15 bis 17 Uhr oder nach Vereinbarung mit Tel. 23031. Bei einem Besuch kann Beharrlichkeit günstig sein, da die Aufsichtsperson über Achtzig ist und manchmal nur nach mehrmaligem Läuten öffnet.

Reich geschmückte Grabsteine aus dem 18. Jahrhundert sind im Friedhof aus dem Jahr 1682 zu sehen. Der Friedhof liegt auf einem Hügel mit Blick auf die Stadt, jenseits der Aller bei Am Berge 15. Er ist versperrt, die Mauer allerdings so niedrig, das man leicht hineinsieht. Um den Friedhof besuchen zu können, muss man sich mit dem Landesverband der Jüdischen Gemeinden (Haeckelstrasse 10, Hannover 1) in Verbindung setzen, um eine schriftliche Erlaubnis zu erhalten. Mit diesem Schreiben ist der Schlüssel im Stadtarchiv, Prinzengarten 2, 3100 Celle, wochentags zwischen 8 und 10 Uhr, zu erhalten.

Sehenswert ist auch das alte Schloss, in verschiedenen Stilrichtungen, von Gotik bis Barock, wo sich auch das älteste Schlosstheater Deutschlands befindet, sowie das Rathaus im Renaissance-Stil und die malerischen alten Häuser im Fachwerkbau im alten Stadtkern.

Die kleine Synagoge der Dransfelder Juden aus dem Jahr 1810 wurde nach dem Ende der Naziherrschaft eine katholische Kirche und später Teil einer Tischlerwerkstatt. Eine Gedenktafel nèben dem Eingang erinnert an die jüdische Gemeinde von Dransfeld.

DRANSFELD

liegt rund 120 km südlich von Hannover, oder rund 40 km nordöstlich von Kassel an der Bundesstrasse 3, westlich von Göttingen.

* Ehemalige Synagoge aus dem Jahre 1810
* Friedhof aus der Zeit vor 1850

Die Synagoge in Dransfeld, Gerlandstrasse 7, wurde 1810 erbaut. Nach dem Krieg wurde daraus eine katholische Kapelle. Heute ist sie die Werkstatt eines Tischlers. Wie bei vielen ländlichen deutschen Synagogen liegt an der Ostmauer eine vorspringende Apsis, in der innen der Torahschrein stand. An der Vorderfront des Gebäudes ist eine Gedenktafel angebracht.

Der Friedhof ist wahrscheinlich aus der Zeit vor 1850. Um hinzukommen, fährt man die Bundesstrasse 3 in Richtung Münden, und biegt dann in die schmale Asphaltstrasse ein, die rund 500 Meter nach der Stadtgrenze linker Hand bergauf führt. Man kommt zu einem Holzhaus, wo man ebenfalls links in die durch den Wald führende Strasse abbiegt. Nach 200 Meter kommt man zum Friedhof, am Waldrand, mit Blick über Dransfeld.

Vier Reihen massiver liegender Grabplatten mit hebräischen Inschriften, äusserst ungewöhnlich für aschkenazische Friedhöfe, sind hier zu sehen, ebenso 50 weitere, stehende Grabsteine aus dem 20. Jahrhundert, die offenbar beschädigt waren und repariert wurden.

GÖTTINGEN

liegt rund 50 km nordöstlich von Kassel und rund 130 km südlich von Hannover, an der A 7.

* Jüdische Sammlung im Stadtmuseum
* Sammlung hebräischer Schriften
* Denkmäler
* Friedhof aus dem 17. Jahrhundert

Es wird angenommen, dass Juden schon lange in Göttingen lebten, bevor sie 1289 erstmals erwähnt wurden. Die Verfolgungen in der Zeit der schwarzen Pest, 1349, zerstörten die jüdische Gemeinde, aber bereits 1370 kehrten Juden wieder nach Göttingen zurück. Diesmal wurden die Vereinbarungen zu ihrem Schutz mit den städtischen Behörden und nicht mit dem weit entfernten Kaiser getroffen. Die südöstliche Ecke der Stadtbefestigungen wurden ihnen zur Erhaltung und Verteidigung übergeben. 1455 wurden sie wieder vertrieben, kamen 1533 zurück, wurden 1796 erneut vertrieben und kamen 1808 wieder zurück. Diesmal hatten sie, wenn auch nur kurze Zeit, bessere Lebensbedingungen unter dem Schutz der französischen Besatzer, die ihnen die Gleichberechtigung brachten. Mit der Rückkehr der Hannoveranischen Herrscher war diese kurze Periode zu Ende und sie wurden aufs neue vertrieben, bis 1848 die Juden auch in Göttingen, wie im grössten Teil Deutschlands, die Gleichberechtigung erhielten.

Göttingen ist seit langem eine wichtige Universitätsstadt. Heinrich Heine und viele andere Juden studierten hier. Jüdische Professoren, die erst relativ spät an der Universität zugelassen wurden, trugen durch zwei Nobelpreisträger, Max Born und James Franck, viel zum Ruhme der Universität Göttingen bei.

Im Göttinger Stadtmuseum, Ritterplan 12, sind zwei jüdische Dauer-Ausstellungen zu sehen. Die eine, im ersten Stock in Zimmer 38, zeigt den Aufstieg der Nazis und das Schicksal der jüdischen Gemeinde Göttingens. Im zweiten Stock gibt es zwei Ausstellungen. In einer sind jüdische religiöse Gegenstände, wie Torah-Schilder, Torah-Wimpel, Shofar, Beschneidungsinstrumente, Seder-Teller, Trauringe, eine Menorah, Besamim-Büchsen und Sabbat- und Chanukka-Leuchter zu sehen. Das Thema der anderen Ausstellung ist die Geschichte der Juden in Niedersachsen. Das Museum ist Dienstag bis Freitag von 10 bis 17 Uhr, Samstag und Sonntag von 10 bis 13 Uhr geöffnet. Es finden auch Führungen statt.

Das Denkmal für die von den Nazis vernichtete jüdische Gemeinde und die Synagoge von Göttingen besteht aus einer Pyramide, die aus Davidsternen gebildet wurde.

In der Niedersächsischen Staats- und Universitätsbibliothek, Prinzenstrasse 1, befindet sich eine Sammlung hebräischer Schriften und rabbinischer Literatur. Die Bibliothek ist Montag bis Freitag von 10 bis 13 Uhr und von 14 bis 17 Uhr und Samstag von 10 bis 12 Uhr geöffnet.

Im Friedhof, in der Groner Landstrasse, stehen Grabsteine aus der Mitte des 17. Jahrhunderts, sowie ein Denkmal für die ehemalige jüdische Gemeinde. Ist der Friedhof versperrt, kann man den Schlüssel in der Blumenhandlung Preissler, Groner Landstrasse 31, holen.

Ein beeindruckendes Denkmal für die 1938 von den Nazis zerstörten Synagoge und für die Opfer der Naziherrschaft steht an der Ecke Obere Maschstrasse und Untere Maschstrasse. Das Denkmal besteht aus Gruppen von Davidsternen, die zu einer Pyramide geformt sind.

Sehenswert sind auch die malerischen Häuser der Altstadt im Fachwerksbau, sowie das auf dem modernen Marktplatz stehende alte Rathaus aus dem 15. Jahrhundert.

GRONAU

liegt 30 km südlich von Hannover an der Leine östlich der Bundesstrasse 3.

* Ehemaliger Synagogen-Komplex aus dem frühen 18. Jahrhundert
* Friedhof aus dem Jahr 1758

Der ehemalige Synagogen-Komplex, erbaut nach dem grossen Feuer des Jahres 1703, blieb 1938 unzerstört. In dem schmalen, als Fachwerksbau errichteten Gebäude, befand sich ein Gebetsraum mit zwei Frauengalerien, eine jüdische Schule und die Wohnung des Lehrers. Nach 1938 wurde aus der Synagoge eine protestantische Kirche. Seit 1987 ist sie ein Privathaus. Die Schule und die Wohnung des Lehrers sind von der Strasse aus zu sehen. Von der Synagoge, in der Südstrasse 14, sieht man nur ein kleines Stück von einer Seitenstrasse aus.

Der Friedhof wurde um 1758 angelegt. Die meisten der 57 noch vorhandenen Grabsteine sind schon halb im Boden versunken. Einige Steine haben deutsche Inschriften, die meisten aber hebräische. Der Friedhof liegt neben Hoher Escher 3 und ist nicht verschlossen.

Zur Zeit lässt die Stadtverwaltung Erinnerungstafeln anbringen, darunter eine für die Synagoge und eine für den Friedhof, die auch beide im Stadtplan für Touristen aufscheinen.

HANNOVER

* Kestner-Museum mit kleiner Judaica-Sammlung
* Niedersächsisches Landesmuseum mit kleiner Judaica-Sammlung
* Denkmäler
* Friedhöfe

Der erste Hinweis auf Juden in Hannover stammt aus dem Jahre 1292. Die Stadt, wirtschaftlich und territorial wachsend, brauchte und schützte ihre jüdischen Geldverleiher und Finanziers bis zur Zeit der schwarzen Pest, 1350, in deren Folge sie aus der Stadt vertrieben wurden. Aber bereits 1375 wurden sie von der Stadt, die ihre Steuergelder brauchte, zur Rückkehr ermutigt. Nach 1553 kam die Gemeinde nicht mehr zur Ruhe. Anordnungen für die Vertreibung der Juden wurden erlassen, zurückgenommen, ignoriert, neuerlich erlassen, wieder zurückgenommen, u.s.w. bis ins 17. Jahrhundert. Dann stabilisierte sich das Leben der Juden in Hannover und den Wohlhabenden unter ihnen wurde sogar das Wohnen in den neuen Stadtteilen erlaubt. Synagogen wurden gebaut, eine hebräische Druckerei, kulturelle und Wohlfahrts-Einrichtungen wurden geschaffen und Hannover wurde, und blieb, ein bedeutendes religiöses Zentrum der Juden Norddeutschlands bis zur Machtergreifung durch die Nationalsozialisten.

Das Kestner-Museum besitzt eine kleine Sammlung jüdischer ritueller Gegenstände, unter anderem Gebetsbücher, Besamim-Büchsen, und einen Doppelbecher, den Becher des Gesetzes und den Becher des Segens. Leider ist wenig oder nichts davon ausgestellt. Das Museum liegt am Trammplatz 3 und ist am Dienstag, Donnerstag und Freitag von 10 bis 16 Uhr, Mittwoch von 10 bis 20 Uhr, Samstag und Sonntag von 10 bis 18 Uhr geöffnet. Es empfiehlt sich, vor einem gezielten Besuch anzufragen, ob Judaica ausgestellt sind.

Das Niedersächsische Landesmuseum besitzt ebenfalls eine kleine Sammlung von jüdischen religiösen und weltlichen Gegenständen. Das Museum liegt Am Maschpark 5 und ist von Dienstag bis Sonntag in der Zeit von 10 bis 17 Uhr und Donnerstag auch von 17 bis 19 Uhr geöffnet. Auch hier empfiehlt sich eine Anfrage.

Am Haus Rote Reihe 6, Sitz der Verwaltung der protestantischen Kirchen, ist eine Gedenktafel für die 1938 zerstörte Synagoge und am Haus Ellernstrasse 39 eine für das jüdische Spital angebracht.

Der älteste der jüdischen Friedhöfe in und um Hannover liegt "Am Judenkirchhof", nahe der Universität. Er ist aus dem 16. Jahrhundert und diente bis 1866 als Friedhof. Er hat mehr als 700 Grabsteine. Leffmann Behrens, ein Hofjude, der 1704 in seinem Haus eine Synagoge einrichtete, und einige Vorfahren Heinrich Heines sind hier begraben. Zwei "Schutzsteine", Symbol für den von Herzog Johann Friedrich 1671 garantierten Schutz, stehen am Eingang. Der Friedhof, von einer Steinmauer umgeben, ist versperrt. Man kann die Seite links neben dem Tor von aussen sehen, da der Friedhof auf einem niedrigen Hügel, dem einzigen weit und breit, liegt. Den Schlüssel bekommt man im jüdischen Gemeindezentrum, Haeckelstrasse 10, wo sich auch die neue Synagoge befindet.

Der alte jüdische Friedhof von Hannover liegt auf dem einzigen Hügel weit und breit, nahe der heutigen Universität.

Ein grosser Friedhof aus dem Jahr 1864 liegt An der Strangriede 55, nahe dem Engelbosteler Damm. Im Friedhof steht ein Denkmal mit den Namen der Hannoveranischen Juden, die im Französisch-Preussischen Krieg von 1871 und im ersten Weltkrieg gefallen waren, und eines für Moritz Simon, Gründer der Landwirtschaftsschule in Ahlem, heute ein Vorort

Hannovers. Die Schule gab Juden die Gelegenheit, einen nicht-traditionellen Beruf zu erlernen. Viele ihrer Schüler emigrierten als Siedler nach Palästina, die Schule selbst wurde in der Folge von den Nazis als Durchgangslager benützt. In der Nähe seines Grabs liegt eine lange Reihe von Cohen-Gräbern. Der Friedhof hat ein Wächterhaus und eine Zeremonienhalle. Er ist Montag bis Donnerstag von 8 bis 16, Freitag von 8 bis 15 und Sonntag von 9 bis 12 Uhr geöffnet.

Ein dritter Friedhof aus dem Jahr 1926 befindet sich in der Burgwedelerstrasse 90. Hier steht ein Denkmal für die Juden aus Hannover, die Opfer der Naziherrschaft wurden.

—-

Sehenswert sind ausserdem die Herrenhäuser-Gärten, 1666 angelegt von den Kurfürsten von Hannover (die fünfzig Jahre später auch Könige von England wurden), die Museen und die gotische Markt-Kirche. (In dieser Kirche befand sich eine Steintafel aus dem Jahr 1350, zur Erinnerung an die Vertreibung der Juden wegen Brunnenvergiftung, die allerdings seit 400 Jahren verschollen ist.)

HANNOVERANISCH MÜNDEN

liegt rund 20 km nordöstlich von Kassel oder 150 km südlich von Hannover, neben der A 7 an den Bundesstrassen 3, 80 und 496.

* Ehemaliges rituelles Bad, irgendwann zwischen 1790 und 1834 erbaut
* Ehemalige Schule (von 1796 bis 1938)
* 2 Friedhöfe

Die beiden Flüsse Fulda und Werra treffen sich hier in dieser kleinen romantischen Stadt und bilden die Weser. Im 16. Jahrhundert begannen sich Juden hier anzusiedeln. Die jüdische Gemeinde wuchs während des dreissigjährigen Krieges, beschützt vor dem Mündener Stadtrat von der kaiserlichen Armee, die von ihr mit Proviant versorgt wurde. Im 18. Jahrhundert geriet die Gemeinde wieder zwischen zwei Gegner, die französische Armee, die Zahlungen von der Stadt forderte, und die Bürger der Stadt. Diesmal auf seiten der Stadt, halfen die Juden, die geforderten Summen aufzubringen. 1933 lebten 84 Juden in Münden, mindestens 25 von ihnen wurden in Lagern der Nazis ermordet.

Im Hinterhof von „Hinter der Stadtmauer 23" stand die 1834 erbaute Synagoge.

Die ehemalige jüdische Schule von Hannoveranisch Münden verbarg früher die Synagoge vor den Blicken der Mündener. Die Synagoge wurde in den Siebzigerjahren niedergerissen, dabei wurde die alte Mikveh unter der Synagoge wiederentdeckt.

Sie entging 1938 der Brandstiftung durch ihre unmittelbare Nähe zu anderen Häusern. Beim Abriss des vergessenen und baufälligen Gebäudes 1973 entdeckte man im Keller der Synagoge ein rituelles Bad, das irgendwann zwischen 1790 und 1834 erbaut worden war. Vorne, an der Strasse, steht ein wunderschön restauriertes vierstöckiges Gebäude, in Fachwerk errichtet, das von 1796 bis 1938 eine jüdische Schule war. Am Gebäude ist eine Gedenktafel angebracht. Will man das rituelle Bad besichtigen, muss man sich an den Hauseigentümer, Herrn Schlingensiepen, wenden.

Es gibt zwei Friedhöfe. Der eine, in Heidewinkel, von 1928, hat nur mehr wenige Grabsteine und ist verschlossen. Ein zweiter, Am Vogelsangweg neben Nr. 13, wurde von 1673 bis 1928 benützt und von den Nazis geschleift. Es gibt keine Grabsteine, nur eine Gedenktafel. Für beide Friedhöfe sind die Schlüssel im Rathaus erhältlich.

Wirklich sehenswert ist die befestigte Altstadt mit ihren malerischen Fachwerksbauten, das Renaissance-Rathaus und die St. Blasii Kirche.

MACKENSEN

liegt rund 80 km südlich von Hannover, rund 80 km nördlich von Kassel und rund 20 km westlich von Einbeck.

* Ehemalige Synagoge aus dem Jahre 1800
* Friedhof aus der Zeit vor 1835

Juden siedelten sich in Mackensen wahrscheinlich um 1670, nach ihrer Vertreibung aus Hildesheim, an. Nach Zuerkennung der Bürgerrechte im Jahr 1850 verliessen viele Juden Mackensen, das als armes ländliches Gebiet zu wenig Möglichkeiten bot. Georg Steinberg, Enkel von Zvi Hirsch ben Samson, der im jüdischen Friedhof von Mackensen unter einer reich verzierten und mit der „Krone des guten Namens" geschmückten Grabplatte begraben liegt, schrieb 1899 ein Buch über seine Kindheit in Mackensen. Danach gab es kaum Konflikte zwischen Juden und Christen, alle waren arm, das Leben war hart genug, auch ohne Kampf.

Die Synagoge wurde wahrscheinlich um 1800 im ortsüblichen, ländlichen Fachwerkstil erbaut. Sie liegt nahe an einem Bach am Mühlenanger 3 und ist heute ein Privathaus ohne Spuren der einstigen Widmung. Sie wurde 1913, als die letzten Juden Mackensen verliessen, verkauft. Man erzählt heute noch, dass die Juden im sogenannten „Judenkolk", einem nahegelegenen Weiher, gebadet hätten.

Man weiss nicht, wann der Friedhof angelegt wurde, der älteste Grabstein ist jedenfalls aus dem Jahre 1835. Es gibt rund 20 aufrecht stehende Grabsteine aus dem in der Gegend vorkommenden, schwarz-roten Stein, und die oben erwähnte grossartige Grabplatte des Zvi Hirsch ben Samson. Der Friedhof liegt auf einem Hügel mit Blick auf Mackensen, die Forststrasse entlang, den zweiten Weg links.

(Abbildung siehe Region Kassel / Mackensen)

MINDEN

liegt rund 60 km westlich von Hannover, an der Weser und den Bundesstrassen 61 und 65.

* Museum mit kleiner Sammlung jüdischer ritueller Gegenstände
* Friedhof aus dem späten 19. Jahrhundert

Juden lebten in Minden seit 1270 unter dem Schutz des Bischofs. Ab dem frühen 14. Jahrhundert mussten sie sowohl an ihn wie auch an die Stadtverwaltung Steuern zahlen. Die einzige von der Stadtverwaltung erlaubte Beschäftigung war der Geldverleih. Die Gemeinde wurde im Anschluss an die Verfolgungen zur Zeit der schwarzen Pest vertrieben. Juden durften sich erst im späten 16. Jahrhundert wieder in Minden niederlassen. Trotz vieler Einschränkungen und entwürdigender Vorschriften blieb die jüdische Gemeinde dann bis zu ihrer Emanzipation im 19. Jahrhundert bestehen.

Das Mindener Museum in der Ritterstrasse 23-33 stellt eine kleine Sammlung jüdischer religiöser Gegenstände sowie einen Grabstein aus dem Jahre 1350 aus. Es ist von Dienstag bis Freitag von 10 bis 13 und von 14.30 bis 17 Uhr, Donnerstag auch von 17 bis 18.30, Samstag von 14.30 bis 17 Uhr und Sonntag von 11 bis 18 Uhr geöffnet.

Der Friedhof am Jakobsweg/Erikaweg ist aus dem späten 19. Jahrhundert. Davor wurde ein Friedhof im nahe gelegenen Porta Westfalica benützt. Dieser Friedhof, in der Kempstrasse, liegt auf einem Hügel über dem christlichen Friedhof und hat Grabsteine aus den sechziger Jahren des 19. Jahrhunderts, manche davon sehr kunstvoll, sowie viele Gedenksteine für Opfer der Nazis. Beide Friedhöfe sind offen.

In der Eingangshalle der neuen Synagoge, Kampstrasse 6, steht ein Denkmal für die Opfer des Naziterrors.

Sehenswert ist auch der imposante romanische/frühgotische Dom, sowie die riesige Schleuse und das Aquädukt (oder eher die Schiffs-Brücke), die den Mittellandkanal, einen Kanal zwischen Hannover und dem Ruhrgebiet, hier über die Weser führt.

MORINGEN

liegt rund 90 km südlich von Hannover oder 70 km nordöstlich von Kassel an der Bundesstrasse 241, nahe der A 7.

* Ehemalige Synagoge aus dem Jahre 1838
* Friedhof aus dem späten 18. Jahrhundert

Moringen ist eine kleine Stadt mit einer Burg, die 1140 von Heinrich dem Löwen erbaut wurde. Die Synagoge, jetzt ein Privathaus, wurde 1838 einstöckig als Fachwerksbau erbaut, mit zwei nebeneinander liegenden Eingängen, wahrscheinlich einem für Männer und einem für Frauen. Die Nähe zum Bach lässt vermuten, dass sich hier auch ein rituelles Bad befand. Die Adresse ist Schneehof 1.

(Abbildung siehe Region Kassel / Moringen)

Der Friedhof, aus dem späten 18. Jahrhundert, liegt an einem bewaldeten Abhang ausserhalb der Stadt. Nur ein Grabstein steht noch. Alle anderen sind zerbrochen und die Trümmer liegen herum. 34 Gräber sind mit Grabplatten bedeckt. In einer Ecke des Friedhofes sind russische Kriegsgefangene des zweiten Weltkriegs begraben. Es ist offensichtlich, dass der Friedhof öfters geschändet wurde. Er wird nicht betreut und der niedrige Holzzaun erlaubt einen ungehinderten Zugang. Um hinzukommen, fährt man „An der Mergelkuhle" entlang zur Abwasser-Kläranlage und fährt dann die Schotterstrasse nach links. Am Waldrand steht ein grosser Eichenbaum mit einer kleinen rot-weissen Markierung. Nimmt man den Weg, der hier gerade bergauf führt, kommt rechts ein Weg, der zum Friedhof führt.

MÜNSTER

liegt rund 190 km westlich von Hannover, 170 km nordwestlich von Kassel und 150 km nordöstlich von Köln an der A 1 und A 43.

* Westfälisches Landesmuseum hat kleine Sammlung jüdischer religiöser Gegenstände
* Friedhof aus dem Jahre 1811

Erst Mitte des 13. Jahrhunderts siedelten genug Juden in Münster, um eine Synagoge, einen Friedhof und ein rituelles Bad unterhalten zu können. Die Verfolgungen während der Zeit der schwarzen Pest um die Mitte des 14. Jahrhunderts brachten den Tod für einen Teil der Gemeinde und die Vertreibung für die anderen. Danach war Juden das Wohnen in Münster erst wieder im frühen 19. Jahrhundert erlaubt. Mit der Anerkennung der Bürgerrechte nahm auch die Anzahl der Juden in Münster bis in die Dreissigerjahre des 20. Jahrhunderts zu. Einige Juden aus Münster konnten emigrieren, der Grossteil allerdings wurde 1941/42 deportiert und in den Lagern der Nazis umgebracht.

Das Westfälische Landesmuseum, am Domplatz 10, stellt eine kleine Sammlung jüdischer religiöser Gegenstände aus. Das Museum ist von Dienstag bis Sonntag in der Zeit von 10 bis 18 Uhr geöffnet.

In der Kirche des Westfälischen Landeskrankenhauses, in der Friedrich-Wilhelm-Weber-Strasse 30, steht ein Denkmal für die Patienten dieses Krankenhauses, die wegen ihrer Behinderung von den Nazis ermordet wurden. Zehntausende behinderte Menschen wurden in Hadamar, Brandenburg, Hartheim und anderen Institutionen durch Vergasung, mit Injektionen oder durch Hunger umgebracht. Jüdische Patienten wurden in der Regel als erste ermordet.

Der Friedhof in der Einsteinstrasse/Forsterstrasse wurde 1811 angelegt. Rechts neben der Zeremonienhalle steht ein Grabstein aus den Jahre 1324, also von einem früheren Friedhof. Der Friedhof ist von einer hohen Mauer umgeben, aber durch das Gittertor einsehbar. Der Schlüssel ist im jüdischen Gemeindezentrum, Klosterstrasse 8/9, Montag und Dienstag von 8 bis 12 Uhr erhältlich.

Sehenswert ist ferner das gotische Rathaus, der Dom mit der „Paradies" genannten Vorhalle und das bereits erwähnte Westfälische Landesmuseum.

Im Friedhof der Zwangsarbeiter aus ganz Europa steht ein Obelisk für die hier begrabenen Juden mit Inschriften in englischer, deutscher und hebräischer Sprache.

SALZGITTER

liegt rund 50 km südöstlich von Hannover an der A 39.

* Friedhöfe und Denkmäler

In Salzgitter befanden sich die Hermann Göring Eisen- und Stahlwerke, in denen schätzungsweise 100.000 Zwangsarbeiter, auch Juden, aus ganz Europa arbeiten mussten. Es ist unbekannt, wie viele Tausende hier oder in den beiden nahe gelegenen Konzentrationslagern Bergen-Belsen und Ravensbrück starben. Der Gedenkfriedhof liegt in einem Vorort von Salzgitter, in Lebenstedt/Jammertal in der Peinerstrasse und Neissestrasse. Viele Denkmäler stehen auf dem Friedhof; für Juden, politische Gefangene, Kriegsgefangene und andere Arbeitssklaven aus Belgien, Bulgarien, Deutschland, Frankreich, Griechenland, Grossbritannien, Italien, Jugoslawien, den Niederlanden, Österreich, Polen, Rumänien, Spanien, der Tschechoslowakei, Ungarn und der UdSSR sowie für die unbekannten Toten. Leider gibt es keine entsprechenden Parkmöglichkeiten, sodass die Besucher riskant am Rand einer stark befahrenen Strasse parken müssen.

REGION KASSEL

ALSFELD

liegt rund 100 km nordöstlich von Frankfurt oder 90 km südlich von Kassel im Schwalm-Tal an der A5.

* Kleine Museums-Sammlung jüdischer Gegenstände
* Gedenktafel
* Friedhof aus der Mitte des 19. Jahrhundert

Das Ortsmuseum in Alsfeld besitzt eine kleine Sammlung ritueller jüdischer Gegenstände, darunter auch die Torah und den Torahmantel aus der Alsfelder Synagoge. Das Museum befindet sich in der Rittergasse 3-5. Öffnungszeiten sind: Montag bis Freitag 9 bis 12.30 und 14 bis 16.30; Samstag 9 bis 12 und 13 bis 16 Uhr; Sonntag 10 bis 12 und 14 bis 16.30. Es existiert zwar noch eine Strasse mit dem Namen „Judenbad", aber kein Bad mehr. Eine kleine Gedenktafel in der Lutherstrasse erinnert an die Alsfelder Synagoge, die 1938 von den Nazis zerstört wurde.

Der jüdische Friedhof, angelegt in der Mitte des 19. Jahrhunderts, liegt am Ende des christlichen Friedhofes am Reibertenröder Weg. Der Eingang von der Strasse her ist zwar versperrt, aber im Friedhof selbst ist der Zugang zum jüdischen Friedhof durch nichts behindert. Die ältesten Grabsteine stammen aus dem späten 19. Jahrhundert.

Andere Sehenswürdigkeiten: Der romantische Marktplatz mit seinen spätgotischen Häusern und dem grossen, wunderschönen, teilweise in Fachwerk erbauten Rathaus, sowie eine frühgotische Kirche, deren Innenausstattung teilweise noch original erhalten ist.

AROLSEN

liegt rund 50 km westlich von Kassel an den Bundesstrassen 450 und 252.

* Internationaler Vermisstensuchdienst

Arolsen ist der Sitz des Internationalen Vermisstensuchdienstes. Dieser wird vom Roten Kreuz betrieben und von der Bundesrepublik Deutschland bezahlt. Daten über 13,5 Millionen Menschen, die während der Naziherrschaft verfolgt oder verschleppt waren, wurden hier gesammelt, aufbereitet, aufbewahrt und ausgewertet. Das heisst: 43 Millionen Karteikarten, untergebracht in über 17 km Karteikästen, und ausserdem 90 km Mikrofilm.

Die Organisation hat seit ihrem Bestehen 6,5 Millionen Anfragen bearbeitet. Immer noch gibt es 30.000 bis 40.000 Anfragen im Jahr, jetzt hauptsächlich in Pensionsangelegenheiten und ähnlichen Dingen. Das Bürogebäude befindet sich Ecke Jahnstrasse und Grosse Allee. Das eigenartige Mahnmal im Vestibül ist eine Arbeit von Alexander Zickendraht.

Die ehemalige Synagoge, erbaut um 1750, wurde total verändert und es ist nichts geblieben, was an den ehemaligen Verwendungszweck erinnern würde. Die Adresse ist Mannelstrasse 3. Begraben wurden die Juden von Arolsen im nahegelegenen Helsen.

Weitere Sehenswürdigkeiten sind das Barock-Schloss der Fürsten von Waldeck, dessen Erbauer offensichtlich von Versailles inspiriert wurde.

DRANSFELD

liegt rund 120 km südlich von Hannover, oder rund 40 km nordöstlich von Kassel an der Bundesstrasse 3, westlich von Göttingen.

* Ehemalige Synagoge aus dem Jahre 1810
* Friedhof aus der Zeit vor 1850

Die Synagoge in Dransfeld, Gerlandstrasse 7, wurde 1810 erbaut. Nach dem Krieg wurde daraus eine katholische Kapelle. Heute ist sie die Werkstatt eines Tischlers. Wie bei vielen ländlichen deutschen Synagogen liegt an der Ostmauer eine vorspringende Apsis, in der innen der Torahschrein stand. An der Vorderfront des Gebäudes ist eine Gedenktafel angebracht.

Der Friedhof ist wahrscheinlich aus der Zeit vor 1850. Um hinzukommen, fährt man die Bundesstrasse 3 in Richtung Münden, und biegt dann in die schmale Asphaltstrasse ein, die rund 500 Meter nach der Stadtgrenze linker Hand bergauf führt. Man kommt zu einem Holzhaus, wo man ebenfalls links in die durch den Wald führende Strasse abbiegt. Nach 200 Meter kommt man zum Friedhof, am Waldrand, mit Blick über Dransfeld.

Vier Reihen massiver liegender Grabplatten mit hebräischen Inschriften, äusserst ungewöhnlich für aschkenazische Friedhöfe, sind hier zu sehen, ebenso 50 weitere, stehende Grabsteine aus dem 20. Jahrhundert, die offenbar beschädigt waren und repariert wurden.

ESCHWEGE

liegt rund 50 km östlich von Kassel an der Bundesstrasse 452 und der Werra.

* Ehemalige Synagoge aus dem Jahre 1838
* Friedhof aus der Mitte des 19. Jahrhunderts

Die heutige protestantische Kirche Ecke Schulstrasse und Vor dem Berge war bis 1938 eine Synagoge, 1838 im klassizistischen Stil erbaut.

Der Friedhof aus der Mitte des 19. Jahrhunderts liegt in der Elsa-Brandström-Strasse gleich hinter dem Parkplatz des Spitals. Den Schlüssel erhält man von Montag bis Freitag in der Zeit von 8 bis 12 und von 14 bis 16 Uhr im Stadtgartenamt, Höhenweg 1, oder in der Telefonzentrale des Rathauses Obermarkt 22. Die übrige Zeit ist er beim Portier des Spitals erhältlich.

Die Synagoge von Eschwege aus dem Jahr 1838 ist heute eine protestantische Kirche.

GÖTTINGEN

liegt rund 50 km nordöstlich von Kassel und rund 130 km südlich von Hannover, an der A 7.

* Jüdische Sammlung im Stadtmuseum
* Sammlung hebräischer Schriften
* Denkmäler
* Friedhof aus dem 17. Jahrhundert

Es wird angenommen, dass Juden schon lange in Göttingen lebten, bevor sie 1289 erstmals erwähnt wurden. Die Verfolgungen in der Zeit der schwarzen Pest, 1349, zerstörten die jüdische Gemeinde, aber bereits 1370 kehrten Juden wieder nach Göttingen zurück. Diesmal wurden die Vereinbarungen zu ihrem Schutz mit den städtischen Behörden und nicht mit dem weit entfernten Kaiser getroffen. Die südöstliche Ecke der Stadtbefestigungen wurden ihnen zur Erhaltung und Verteidigung übergeben. 1455 wurden sie wieder vertrieben, kamen 1533 zurück, wurden 1796 erneut vertrieben und kamen 1808 wieder zurück. Diesmal hatten sie, wenn auch nur kurze Zeit, bessere Lebensbedingungen unter dem Schutz der französischen Besetzer, die ihnen die Gleichberechtigung brachten. Mit der Rückkehr der Hannoveranischen Herrscher war diese kurze Periode zu Ende und sie wurden aufs neue vertrieben, bis 1848 die Juden auch in Göttingen, wie im grössten Teil Deutschlands, die Gleichberechtigung erhielten.

Göttingen ist seit langem eine wichtige Universitätsstadt. Heinrich Heine und viele andere Juden studierten hier. Jüdische Professoren, die erst relativ spät an der Universität zugelassen wurden, trugen durch zwei Nobelpreisträger, Max Born und James Franck, viel zum Ruhme der Universität Göttingen bei.

Im Göttinger Stadtmuseum, Ritterplan 12, sind zwei jüdische Dauer-Ausstellungen zu sehen. Die eine, im ersten Stock in Zimmer 38, zeigt den Aufstieg der Nazis und das Schicksal der jüdischen Gemeinde Göttingens. Im zweiten Stock gibt es zwei Ausstellungen. In einer sind jüdische religiöse Gegenstände, wie Torah-Schilder, Thora-Wimpel, Shofar. Beschneidungsinstrumente, Seder-Teller, Trauringe, eine Menorah, Besamim-Büchsen und Sabbat- und Chanukka-Leuchter zu sehen. Das Thema der anderen Ausstellung ist die Geschichte der Juden in Niedersachsen. Das Museum ist Dienstag bis Freitag von 10 bis 17 Uhr, Samstag und Sonntag von 10 bis 13 Uhr geöffnet. Es finden auch Führungen statt.

In der Niedersächsischen Staats-und Universitätsbibliothek, Prinzenstrasse 1, befindet sich eine Sammlung hebräischer Schriften und rabbinischer Literatur. Die Bibliothek ist Montag bis Freitag von 10 bis 13 Uhr und von 14 bis 17 Uhr und Samstag von 10 bis 12 Uhr geöffnet.

Im Friedhof in der Groner Landstrasse stehen Grabsteine aus der Mitte des 17. Jahrhunderts, sowie ein Denkmal für die ehemalige jüdische Gemeinde. Ist der Friedhof versperrt, kann man den Schlüssel in der Blumenhandlung Preissler, Groner Landstrasse 31, holen.

Ein beeindruckendes Denkmal für die 1938 von den Nazis zerstörten Synagoge und für die Opfer der Naziherrschaft steht an der Ecke Obere Maschstrasse und Untere Maschstrasse. Das Denkmal besteht aus Gruppen von Davidsternen, die zu einer Pyramide geformt sind. (Abbildung siehe Region Hannover, Göttingen)

Sehenswert sind auch die malerischen Häuser der Altstadt im Fachwerksbau, sowie das auf dem modernen Marktplatz stehende alte Rathaus aus dem 15. Jahrhundert.

HANNOVERANISCH MÜNDEN

liegt rund 20 km nordöstlich von Kassel oder 150 km südlich von Hannover, neben der A 7 an den Bundesstrassen 3, 80 und 496.

* Ehemaliges rituelles Bad, irgendwann zwischen 1790 und 1834 erbaut.
* Ehemalige Schule (von 1796 bis 1938)
* 2 Friedhöfe

Die beiden Flüsse Fulda und Werra treffen sich hier in dieser kleinen romantischen Stadt und bilden die Weser. Im 16. Jahrhundert begannen sich Juden hier anzusiedeln. Die jüdische Gemeinde wuchs während des dreissigjährigen Krieges, beschützt vor dem Mündener Stadtrat von der kaiserlichen Armee, die von ihr mit Proviant versorgt wurde. Im 18. Jahrhundert geriet die Gemeinde wieder zwischen zwei Gegner, die französische Armee, die Zahlungen von der Stadt forderte, und die Bürger der Stadt. Diesmal auf seiten der Stadt, halfen die Juden, die geforderten Summen aufzubringen. 1933 lebten 84 Juden in Münden, mindestens 25 von ihnen wurden in Lagern der Nazis ermordet.

Im Hinterhof von „Hinter der Stadtmauer 23" stand die 1834 erbaute Synagoge. Sie entging 1938 der Brandstiftung durch ihre unmittelbare Nähe zu anderen Häusern. Beim Abriss des vergessenen und baufälligen Gebäudes 1973 entdeckte man im Keller der Synagoge ein rituelles Bad, das irgendwann zwischen 1790 und 1834 erbaut worden war. Vorne, an der Strasse, steht ein wunderschön restauriertes vierstöckiges Gebäude, in Fachwerk errichtet, das von 1796 bis 1938 eine jüdische Schule war. Am Gebäude ist eine Gedenktafel angebracht. Will man das rituelle Bad besichtigen, muss man sich an den Hauseigentümer, Herrn Schlingensiepen, wenden.

(Abbildung der Schule siehe Region Hannover, Hann. Münden)

Es gibt zwei Friedhöfe. Der eine, in Heidewinkel, von 1928, hat nur mehr wenige Grabsteine und ist verschlossen. Ein zweiter, Am Vogelsangweg neben Nr. 13, wurde von 1673 bis 1928 benützt und von den Nazis geschleift. Es gibt keine Grabsteine, nur eine Gedenktafel. Für beide Friedhöfe sind die Schlüssel im Rathaus erhältlich.

Wirklich sehenswert ist die befestigte Altstadt mit ihren malerischen Fachwerksbauten, das Renaissance-Rathaus und die St. Blasii Kirche.

HOFGEISMAR

liegt rund 25 km nördlich von Kassel, an der Bundesstrasse 83.

* Stadtmuseum mit kleiner Sammlung jüdischer religiöser Gegenstände
* Friedhof aus dem Jahre 1695

Das Stadtmuseum am Petriplatz 2 verfügt über eine Sammlung jüdischer ritueller Gegenstände aus dem Raum Hessen, die sehr sehenswert ist. Das Museum ist am Montag, Dienstag und Donnerstag von 10 bis 12 Uhr, Mittwoch von 15 bis 18 Uhr, Freitag von 17 bis 21 Uhr und Sonntag von 11 bis 13 und von 15 bis 18 Uhr geöffnet.

Der Friedhof liegt am Schanzenweg, auf der rechten Seite ungefähr 100 Meter bergauf von der Otto-Hahn-Strasse. Der Friedhof stammt aus dem Jahre 1695. Es sind noch einige Grabsteine aus dem 18. Jahrhundert zu sehen. Das letzte Grab eines Juden aus Hofgeismar ist aus dem Jahr 1935. In den Jahren 1946-1947 begrub man hier staatenlose Juden, die in dem nahegelegenen Flüchtlingslager gestorben waren. 1945 versammelten sich hier Überlebende aus den KZ's, begruben ein Stück Seife und stellten einen Grabstein mit folgender hebräischer Inschrift auf: „Zur ewigen Erinnerung. Hier liegt ein Stück Seife beerdigt, gemacht aus dem Fett von 6 Millionen unserer Brüder, den Söhnen Israels, die von den Nazis zwischen 1940 und 1945 gemartert wurden, für die Heiligkeit des Allmächtigen Namens. Mögen ihre Seelen eingebunden sein in den Bund des ewigen Lebens."

KASSEL

* Stadtmuseum mit kleiner Ausstellung jüdischer ritueller Gegenstände
* Schloss Wilhelmshöhe mit Gemälden aus dem 17. Jahrhundert, jüdische Themen aus dem alten Testament darstellend
* Friedhof aus dem frühen 17. Jahrhundert

Wahrscheinlich siedelten sich schon im 12. oder 13. Jahrhundert Juden in Kassel an. Das erste Dokument, das auf Juden Bezug nimmt, stammt jedenfalls aus dem Jahre 1293 und betrifft jüdischen Grundbesitz. Die jüdische Gemeinde wurde durch die schwarze Pest und die wütenden Verfolgungen im Zusammenhang damit stark reduziert. Ende des 14. Jahrhunderts gab es aber bereits wieder eine wohlorganisierte Gemeinde mit Synagoge und Friedhof. Die Juden wurden dann 1524 und während des dreissigjährigen Krieges erneut vertrieben und durften sich erst einige Jahre danach, mit vielen Einschränkungen, wieder ansiedeln. Einer kurzen Zeit der Gleichberechtigung 1808, befohlen durch die französischen Besatzer, folgte ein Rückschritt in restriktive Gesetzgebung und erst 1866 die volle Emanzipation. Von da an wuchs die Gemeinde rasch, Juden aus anderen Regionen Deutschlands zogen nach Kassel, und 1933 lebten 2.300 Juden in Kassel.

Das Stadtmuseum, Ecke Ständeplatz und Wilhelmstrasse, zeigt in der Eingangshalle eine kleine Sammlung jüdischer ritueller Gegenstände. Eine Vergrösserung der Ausstellung ist im Gespräch. Das Museum ist Dienstag bis Freitag 10 bis 17 Uhr und Samstag und Sonntag von 10 bis 13 Uhr geöffnet.

Die Gemäldegalerie im Schloss Wilhelmshöhe zeigt im Rahmen ihrer grossartigen Kunstsammlung Gemälde aus dem 17. Jahrhundert, Themen aus dem Alten Testament darstellend, von Rembrandt, Victors, Horst, Jordaens, de Grebber, Wolffort und Pepijn. Das Museum ist Dienstag bis Sonntag von 10 bis 17 Uhr geöffnet.

Der jüdische Friedhof stammt aus dem frühen 17. Jahrhundert. Die Grabsteine dieses Friedhofs zeigen die unterschiedlichsten Stilrichtungen. An einem Ende steht ein Denkmal für die im ersten Weltkrieg gefallenen jüdischen Soldaten und in der Mitte eines für die Kasseler Juden, die von den Nazis ermordet wurden. Der Friedhof, Fasanenweg 2-4, gegenüber dem christlichen Friedhof Bettenhausen, hat ein Wächterhaus, in dem auch der Verwalter lebt. Man betritt den Friedhof durch ein kleines Gittertor in der Steinmauer, auf der auch der Name des Verwalters, Lehmann, steht.

Sehenswert ist das Schloss Wilhelmshöhe mit seinem wundervollen Park, der Herkules-Statue und dem romantischen Löwenburger Wald, wie auch das Stadtzentrum mit seinem Gemisch aus alten und neuen Häusern.

BAD LAASPHE

liegt etwa 140 km nördlich von Frankfurt und etwa 130 km südwestlich von Kassel, an der Bundesstrasse 62, nahe der Bundesstrasse 253.

* Ehemalige Synagoge von vor 1756
* Friedhof aus dem Jahr 1751

Erstmals werden Juden in Laasphe im Jahre 1640 erwähnt. Allerdings erliessen die Wittgensteins, Herren von Laasphe, bereits im Jahre 1573 Judenordnungen. Möglicherweise gab es 1682 bereits eine Synagoge, jedenfalls wird in einem Dokument aus dem Jahre 1750 ein Rabbiner erwähnt. Dokumentarisch erwiesen ist das Vorhandensein einer Synagoge erst im Jahre 1756, wahrscheinlich wurde sie 1750 direkt an der Stadtmauer, in der nordwestlichen Ecke der Stadt, erbaut. Das Gebäude der alten Synagoge steht noch in der Mauergasse 44. Das Innere der Synagoge wurde 1938 völlig zerstört und in der Folge wurde das Gebäude als Schmiedewerkstatt verwendet. Es gibt keine Gedenktafel.

Graf Wittgenstein stiftete 1751 das Grundstück für den jüdischen Friedhof, der auch heute noch vorhanden ist.

MACKENSEN

liegt rund 80 km südlich von Hannover, rund 80 km nördlich von Kassel und rund 20 km westlich von Einbeck.

* Ehemalige Synagoge aus dem Jahre 1800
* Friedhof aus der Zeit vor 1835

Juden siedelten sich in Mackensen wahrscheinlich um 1670, nach ihrer Vertreibung aus Hildesheim, an. Nach Zuerkennung der Bürgerrechte im Jahr 1850 verliessen viele Juden Mackensen, das als armes ländliches Gebiet zu wenig Möglichkeiten bot. Georg Steinberg, Enkel von Zvi Hirsch ben Samson, der im jüdischen Friedhof von Mackensen unter einer reich verzierten und mit der „Krone des guten Namens“ geschmückten Grabplatte begraben liegt, schrieb 1899 ein Buch über seine Kindheit in Mackensen. Danach gab es kaum Konflikte zwischen Juden und Christen, alle waren arm, das Leben war hart genug, auch ohne Kampf.

Die Synagoge wurde wahrscheinlich um 1800 im ortsüblichen, ländlichen Fachwerkstil erbaut. Sie liegt nahe an einem Bach am Mühlenanger 3 und ist heute ein Privathaus ohne Spuren der einstigen Widmung. Sie wurde 1913, als die letzten Juden Mackensen verliessen, verkauft. Man erzählt heute noch, dass die Juden im sogenannten „Judenkolk“, einem nahegelegenen Weiher, gebadet hätten.

Man weiss nicht, wann der Friedhof angelegt wurde, der älteste Grabstein ist jedenfalls aus dem Jahre 1835. Es gibt rund 20 aufrecht stehende Grabsteine aus dem in der Gegend vorkommenden, schwarz-roten Stein, und die oben erwähnte grossartige Grabplatte des Zvi Hirsch ben Samson. Der Friedhof liegt auf einem Hügel mit Blick auf Mackensen, die Forststrasse entlang, den zweiten Weg links.

MORINGEN

liegt rund 90 km südlich von Hannover oder 70 km nordöstlich von Kassel an der Bundesstrasse 241, nahe der A 7.

Die prächtige Grabplatte des Zvi Hirsch ben Samson aus dem Jahr 1835 auf dem kleinen Friedhof von Mackensen.

* Ehemalige Synagoge aus dem Jahre 1838
* Friedhof aus dem späten 18. Jahrhundert

Moringen ist eine kleine Stadt mit einer Burg, die 1140 von Heinrich dem Löwen erbaut wurde. Die Synagoge, jetzt ein Privathaus, wurde 1838 einstöckig als Fachwerksbau erbaut, mit zwei nebeneinander liegenden Eingängen, wahrscheinlich einem für Männer und einem für Frauen. Die Nähe zum Bach lässt vermuten, dass sich hier auch ein rituelles Bad befand. Die Adresse ist Schneehof 1.

Der Friedhof, aus dem späten 18. Jahrhundert, liegt an einem bewaldeten Abhang ausserhalb der Stadt. Nur ein Grabstein steht noch. Alle anderen sind zerbrochen und die Trümmer liegen herum. 34 Gräber sind mit Grabplatten bedeckt. In einer Ecke des Friedhofes sind russische Kriegsgefangene des zweiten Weltkriegs begraben. Es ist offensichtlich, dass der Friedhof öfters geschändet wurde. Er wird nicht betreut und der niedrige Holzzaun erlaubt einen ungehinderten Zugang. Um hinzukommen, fährt man „An der Mergelkuhle" entlang zur Abwasser-Kläranlage und fährt dann die Schotterstrasse nach links. Am Waldrand steht ein grosser Eichenbaum mit einer kleinen rot-weissen Markierung. Nimmt man den Weg, der hier gerade bergauf führt, kommt rechts ein Weg, der zum Friedhof führt.

MÜNSTER

liegt rund 190 km westlich von Hannover, 170 km nordwestlich von Kassel und 150 km nordöstlich von Köln an der A 1 und A 43.

Die ehemalige Synagoge von Moringen, heute ein Privathaus, zeigt noch Spuren ihrer ehemaligen Bestimmung: Zwei Eingänge (für Männer und Frauen), ein breites Mauerfeld der Ostwand, wo früher die Torahnische lag, daneben vielleicht der Eingang zur ehemaligen Mikveh.

* Westfälisches Landesmuseum hat kleine Sammlung jüdischer religiöser Gegenstände
* Friedhof aus dem Jahre 1811

Erst Mitte des 13. Jahrhunderts siedelten genug Juden in Münster, um eine Synagoge, einen Friedhof und ein rituelles Bad unterhalten zu können. Die Verfolgungen während der Zeit der schwarzen Pest um die Mitte des 14. Jahrhunderts brachten den Tod für einen Teil der Gemeinde und die Vertreibung für die anderen. Danach war Juden das Wohnen in Münster erst wieder im frühen 19. Jahrhundert erlaubt. Mit der Anerkennung der Bürgerrechte nahm auch die Anzahl der Juden in Münster bis in die Dreissigerjahre des 20. Jahrhunderts zu. Einige Juden aus Münster konnten emigrieren, der Grossteil allerdings wurde 1941/42 deportiert und in den Lagern der Nazis umgebracht.

Das Westfälische Landesmuseum, am Domplatz 10, stellt eine kleine Sammlung jüdischer religiöser Gegenstände aus. Das Museum ist von Dienstag bis Sonntag in der Zeit von 10 bis 18 Uhr geöffnet.

In der Kirche des Westfälischen Landeskrankenhauses, in der Friedrich-Wilhelm-Weber-Strasse 30, steht ein Denkmal für die Patienten dieses Krankenhauses, die wegen ihrer Behinderung von den Nazis ermordet wurden. Zehntausende behinderte Menschen wurden in Hadamar, Brandenburg, Hartheim und anderen Institutionen durch Vergasung, mit Injektionen oder durch Hunger umgebracht. Jüdische Patienten wurden in der Regel als Erste ermordet.

Der Friedhof in der Einsteinstrasse/Forsterstrasse wurde 1811 angelegt. Rechts neben der Zeremonienhalle steht ein Grabstein aus den Jahre 1324, also von einem früheren Friedhof. Der Friedhof ist von einer hohen Mauer umgeben, aber durch das Gittertor einsehbar. Der Schlüssel ist im jüdischen Gemeindezentrum, Klosterstrasse 8/9, Montag und Dienstag von 8 bis 12 Uhr erhältlich.

Sehenswert ist ferner das gotische Rathaus, der Dom mit der "Paradies" genannten Vorhalle und das bereits erwähnte Westfälische Landesmuseum.

SONTRA

liegt etwa 40 km südöstlich von Kassel, in der Nähe der Bundesstrasse 27.

* Ehemalige Synagoge aus dem Jahr 1721
* Schule vom Anfang des 20. Jahrhunderts
* Zwei Friedhöfe

Juden werden in Sontra erstmals 1367 erwähnt. Allerdings konnte erst 1539 eine Gemeinde gegründet werden, nachdem Graf Philipp von Hessen Schutzbriefe für Juden ausgegeben hatten, die die geforderten Gebühren zahlen konnten und sich der neu erlassenen Judenordnung unterwerfen wollten.

Mitte des 17. Jahrhunderts erhielt die Gemeinde von Sontra Verstärkung durch Juden, die aus grösseren Städten Hessens ausgewiesen worden waren. Die Anzahl der Gemeindemitglieder hielt sich dann bei etwa siebzig, bis den hessischen Juden 1821 die Bürgerrechte gewährt wurden. Bis dahin durften die Juden von Sontra nicht nur die selben Steuern und Abgaben zahlen wie ihre christlichen Mitbürger, sondern auch Zuzugsgebühren, jährliche Erneuerungsgebühren, Auszugsgebühren, Gebühren für die Erhaltung der hessischen Münze, Beiträge zur gräflichen Jagd und Beerdigungsgebühren.

Es gab Spannungen zwischen Juden und Christen in Sontra. Das ist belegt durch die Strafen, die die Juden für Sonntagsarbeit, Verkaufen ohne Konzession, Reiten eines Pferdes am Karfreitag in der Nähe einer Kirche und ähnliche Vergehen zahlen mussten. Im allgemeinen lebten die beiden Gemeinden aber in Frieden miteinander. 1861 wurde ein Turnverein in Sontra gegründet (Turnvereine waren im allgemeinen sehr deutschnational, sehr fremdenfeindlich, sehr anti-katholisch und besonders judenfeindlich) - in Sontra wurde ein Jude Vorsitzender des Turnvereins. Noch in den Dreissigerjahren liess es sich der örtliche Anführer der Nazis nicht nehmen, wöchentlich mit einer nicht ganz arischen Gruppe Karten zu spielen. Aber all das änderte nichts am Schicksal der Juden von Sontra - mehrere jüdische Wohnungen wurden in der Reichskristallnacht zerstört, und von den 76 Juden, die 1933 in Sontra lebten, wurden mindestens 13 in deutschen Lagern umgebracht.

1721 bauten die Juden von Sontra eine Schule, die später in eine Synagoge umgewandelt wurde; damit konnte ein Verbot, Synagogen zu errichten, umgangen werden. Die Synagoge wurde 1938 nicht zerstört, später in ein Privathaus umgewandelt und steht in der Fuldaer Strasse 10. Ein kleines und einfaches rituelles Bad wurde vor kurzem in Niederstadt 1 gefunden, aber es ist ebenfalls Teil eines Privathauses und kann nicht besichtigt werden. Zu Anfang des 20. Jahrhunderts wurde in der Schulgasse 2 eine neue Schule gebaut. Auch diese Schule hat die Nazijahre überstanden und ist ebenfalls heute ein Privathaus.

Ein jüdischer Friedhof wurde 1710 angelegt und 1859 vergrössert. Dieser Friedhof liegt über dem Heinrich-Schneider-Stadion. Um zum Friedhof zu kommen, geht man entweder über den Sportplatz, am Klubhaus vorüber, einen sehr steilen Pfad durch den Wald hinauf und biegt nach rechts in einen ebenen Waldweg ab; oder man geht zum anderen Ende der Pestalozzistrasse und nimmt dort nach etwa 300 Meter den Waldweg nach rechts. Der Friedhof liegt an einem steilen Hang und hat etwa 150 Steine. Der Friedhof ist abgeschlossen, aber der Schlüssel ist im Rathaus erhältlich. Ein kleiner Friedhof aus dem Jahr 1921 liegt heute auf dem Gelände der nahegelegenen Schule. Dieser Friedhof wurde durch die Nazis fast völlig zerstört. Nur sieben Steine existieren noch.

STADTALLENDORF

liegt rund 80 km südwestlich von Kassel und rund 110 km nördlich von Frankfurt an der Bundesstrasse 454.

* Ehemalige Synagoge aus der Zeit vor 1850
* Friedhof
* Gedenkstätte für das Arbeitslager Münchmühle

Das Gebäude der ehemaligen Synagoge, vor 1850 als Fachwerkbau in der Mittelstrasse 16 errichtet, ist heute ein Wohnhaus. Nur mehr die zwei Eingangstüren, eine zu ebener Erde und eine in halber Höhe zum ersten Stock, erinnern den Fachmann an die einstige Verwendung.

Am Friedhof, am Läuserweg, steht ein Denkmal für die Opfer des Naziterrors, errichtet 1985, und eines für 123 russische Kriegsgefangene, die hier begraben sind.

Ausserhalb der Stadt, im ehemaligen Arbeitslager Münchmühle, einer Aussenstelle des KZ's Buchenwald, steht ein Denkmal für tausend jüdische Frauen aus Ungarn, die in der Allendorfer Munitionsfabrik arbeiten mussten. Das Denkmal wurde 1988 in den Überresten der ehemaligen Lagerküche und des ehemaligen Waschraumes errichtet und ist mit einem Zaun und Stacheldraht umgeben. Man fährt die Bundesstrasse 454 nach der Stadtallendorfer Ausfahrt nach Westen und kommt so zum Wegweiser „Gedenkstätte Münchmühle".

VOLKMARSEN

liegt rund 30 km nordwestlich von Kassel neben der A 44 an der Twiste.

* Ehemalige Synagoge aus dem frühen 19. Jahrhundert
* Denkmal für den jüdischen Friedhof

Ein sehr schönes Denkmal für die Juden aus Volkmarsen wurde auf ihrem ehemaligen Friedhof errichtet. Während der Naziherrschaft wurde dieser Friedhof geschleift, die Grabsteine zertrümmert und beim Strassenbau verwendet. Nach 1945 wurde aus wieder aufgefundenen Fragmenten eine Stele für die jüdischen Opfer errichtet und mit einer niedrigen Steinmauer, ebenfalls aus Grabstein-Stücken bestehend, umgeben. Man kann noch Teile von hebräischen Inschriften, von Verzierungen, Kohen-Händen, anderen Symbolen, Namen und Daten erkennen.

Die Synagoge aus dem frühen 19. Jahrhundert, als für ländliche Gebiete Hessens typischer Fachwerkbau errichtet, blieb unbeschädigt und ist heute ein Privathaus. Sie liegt im Hinterhof des Hauses Baustrasse 11, das möglicherweise einst die jüdische Schule war, aber umgebaut wurde und keine besonderen Merkmale mehr aufweist. Wenn man weitergeht bis zu Popenteich Nr. 13, kann man die nicht renovierte, aber veränderte ehemalige Synagoge im Hinterhof sehen.

Das Denkmal für die vernichtete jüdische Gemeinde von Volkmarsen und ihren Friedhof wurde aus Grabsteinfragmenten gemauert.

REGION KÖLN

AACHEN

liegt ungefähr 70 km westlich von Köln, zwischen der A 4 und der A 44 nahe der belgischen Grenze.

* Gedenkstätten
* Internationales Museum für Journalismus
* Friedhof aus dem 18 Jahrhundert

Die erste Erwähnung von Juden in Aachen klingt wie eine Sage. Der Jude Isaak, sprachkundig und reiseerfahren, begleitete zwei fränkische Adelige, Gesandte Karl des Grossen, des Königs der Franken. Sie wurden im Jahr 797 ausgesandt, um den Kalifen Harun al-Rashid in Baghdad zu besuchen. Karl der Grosse war zu dieser Zeit Herrscher über weite Teile Westeuropas und wurde 800 in Rom zum Römischen Kaiser gekrönt. Isaak kam nach vier Jahre als einziger Überlebender der Gesandtschaft an den Hof Karl des Grossen zurück. Aber nicht nur das - es gelang ihm auch, das Geschenk des Kalifen, einen Elefanten namens Abulabaz, mitzubringen. Niemand weiss, wie es Isaak gelang, den Elefanten von Baghdad nach Aachen zu bringen, aber es gelang!

Obwohl aus solchen Geschichten und aus Hofakten die Anwesenheit einiger Juden am Hofe Karl des Grossen hervorgeht, wurde erst im Jahre 820 eine jüdische Gemeinde in Aachen gegründet. Allerdings existierte diese jüdische Gemeinde dann fast ununterbrochen (ausgenommen ungefähr 10 Jahre nach einer Vertreibung im Jahre 1629) vom Anfang des Ersten bis zum „Dritten Reich". Etwa 700 Aachner Juden emigrierten während der Nazi-Herrschaft, fast tausend wurden in den Konzentrationslagern der Nazis ermordet.

Heute erinnert nur mehr wenig an die lange Geschichte der Juden in Aachen. Die Judengasse stammt wahrscheinlich aus dem neunten Jahrhundert. Sie liegt an einem Teil der alten römischen Mauer, die einst auch die kaiserliche Residenz umgab. Aber alles, was von den Juden blieb, ist der Name der Strasse. An Aachens Synagoge, 1862 erbaut und im November 1938 von den Nazis zerstört, erinnert heute ein Denkmal am Synagogenplatz. Eine neue Synagoge und ein Gemeindezentrum wurden im Jahre 1957 in der nahegelegenen Oppenhoffallee 50 gebaut.

Ein Denkmal für Paul Julius Reuter, geboren als Israel Beer Josaphat in Kassel und Begründer der Reuter-Nachrichtenagentur, befindet sich in der Pontstrasse 117. Reuter begann seine Nachrichtenagentur hier im Jahre 1849, und zwar mit Brieftauben. Weiter unten in der Pontstrasse, auf Nummer 13, befindet sich das Internationale Museum des Journalismus mit einer Sammlung von über 100.000 Publikationen, darunter auch alten jüdischen Zeitungen in verschiedenen Sprachen. Das Museum ist Dienstag bis Freitag von 9.30 bis 13 Uhr und 14.30 bis 17 Uhr, Samstag von 9.30 bis 13 Uhr geöffnet, Sonntag und Montag geschlossen.

Der jüdische Friedhof, gegründet im Jahre 1781, liegt in der Lütticherstrasse 39. Hier befindet sich auch eine Gedenktafel für die Aachener Juden, die Opfer der Nazis wurden. Der älteste Grabstein des

Friedhofes steht in der Nähe der Strassenmauer und ist aus dem Jahre 1820. Hohe, alte Bäume werfen hier ihren Schatten über Reihen von alten grauen Grabsteinen, die alle gleich hoch sind und eng beieinander stehen. Erst der neuere Teil des Friedhofes hat Familiengräber, Marmoreinfassungen und figurale Ornamente. Der Friedhof hat ein Wärterhaus und kann täglich, ausser an Samstagen und jüdischen Feiertagen, bis Einbruch der Dunkelheit besucht werden.

An anderen Sehenswürdigkeiten sind zu erwähnen: Die Palatinische Kapelle, von Karl dem Grossen im byzantinischem Stil erbaut, enthält seinen Altar, seinen Thron, seinen hölzernen Sarg und Reliquien; der gotische Dom mit seinen eindrucksvollen Schätzen; viele gotische und barocke Häuser. Dreissig Deutsche Könige (und Römische Kaiser) wurden hier zwischen 936 und 1531 gekrönt, dann wurde Frankfurt die Krönungsstadt.

AHRWEILER

(Teil von Bad Neuenahr-Ahrweiler)
ist eine kleine Stadt ungefähr 60 km südlich von Köln, neben der A 61 und an der Bundesstrasse 267.

* Ehemalige Synagoge aus den Jahre 1895
* Friedhof aus dem Jahre 1867

Dokumente lassen die Existenz einer jüdischen Gemeinde in Ahrweiler bereits im Jahre 1248 vermuten. Diese Gemeinde wurde aber im Jahre 1348 während der Verfolgungen anlässlich der Schwarzen Pest ausgerottet. Die nachfolgende Gemeinde wurde dann in lokalen Kriegen um 1400 ebenfalls zerstört. Noch eine nachfolgende Gemeinde löste sich um 1700 auf, diesmal aus ökonomischen Gründen. Erst im Jahre 1850 haben sich dann wieder Juden in Ahrweiler angesiedelt.

Im Jahre 1895 erbaute die kleine jüdische Gemeinde eine Synagoge im neoromanischen Stil mit maurischem Anklängen aus dem vulkanischem Gestein der Gegend. Die Synagoge wurde 1938 von den Nazis verwüstet und später an einen Gastwirt verkauft. 1945 befahlen US-Offiziere der Stadtverwaltung, die Synagoge für die jüdischen Soldaten der US-Armee und die einzige überlebende Jüdin der Stadt wiederherzustellen. Da sich aber keine neue jüdische Gemeinde in Ahrweiler bildete, wurde die Synagoge nochmals verkauft und dann als Lagerhalle verwendet. 1981 wurde, nach Überwindung vieler Schwierigkeiten, das Gebäude von einer Ahrweiler Bürgerinitiative gekauft, restauriert und als Erinnerungsstätte und Dokumentationsarchiv eta-

Die Gesetztafeln zieren nach wie vor den Giebel der ehemaligen Synagoge von Ahrweiler.

bliert. Die ehemalige Synagoge steht in der Altenbaustrasse 12 a, gegenüber dem Ahrgau-Museum. Den Schlüssel erhält man von Herrn Warnecke, einem protestantischen Pfarrer, erreichbar in der Peter-Develich-Strasse 12. Herr Warnecke war wesentlich an der Rettung des Synagogengebäudes beteiligt und schrieb auch eine Broschüre über ihre Geschichte und die der jüdischen Gemeinde von Ahrweiler.

Der kleine jüdische Friedhof aus dem Jahr 1867 liegt in der Schützenstrasse. Der Schlüssel ist bei der Familie, die dem Haupteingang gegenüber wohnt, deponiert.

Andere Sehenswürdigkeiten sind die mittelalterlichen Befestigungsanlagen und Fachwerkhäuser von Ahrweiler und das Bad und die heissen Quellen von Bad Neuenahr.

ANDERNACH

liegt zwischen dem Rhein und der Bundesstrasse 9, rund 80 km südöstlich von Köln.

* Rituelles Bad aus dem 14. Jahrhundert
* Friedhof aus dem Jahre 1888

Dokumente im Archiv der Stadt Köln lassen vermuten, dass am Ende des 12. Jahrhunderts bereits Juden in Andernach lebten. Wie überall im Rheinland wurden auch in Andernach die Juden immer wieder vertrieben und nach unterschiedlichen Zeiträumen ihre Ansiedlung wieder zugelassen. Ein Berg, ein Hügel, eine Strasse und auch ein Festungsturm in Andernach trugen das Präfix „Juden", was vermuten lässt, dass es zur Zeit der Namensgebung eine grössere jüdische Gemeinde in Andernach gegeben haben muss. Heute existiert aus dieser Zeit nur mehr das rituelle Bad unter dem alten Rathaus.

Gotische Spitzbogen zeichnen das bemerkenswerte rituelle Bad von Andernach aus.

Schiefer war das Material, aus dem im 14. Jahrhundert das rituelle Bad von Andernach im frühgotischen Stil erbaut wurde, 11 Meter unter dem jetzigen alten Rathaus, von dem man glaubt, dass es einmal die Synagoge der jüdischen Gemeinde Andernachs war. Auch hier in Andernach wurden die Juden für den „Schwarzen Tod" verantwortlich gemacht und wahrscheinlich um 1350 umgebracht oder vertrieben. Nach dem Ende dieser Gemeinde wurde das rituelle Bad zum Lagern von Salz verwendet und die Synagoge zum Rathaus umgebaut.

Das rituelle Bad unter dem alten Rathaus erinnert an einen viereckigen, versunkenen Festungsturm. Die einst klaren gotischen Linien sind durch plumpe Zubauten und einen von der Decke herabhängenden Lüftungskanal wesentlich beeinträchtigt. Der Eingang ist hinter einer besonders niedrigen Türe in der Vorhalle des alten Rathauses versteckt. Jedes der drei Stockwerke des Bades hat eine eigene, gewölbte Decke, eine Art der Architektur, die in später in Deutschland erbauten rituellen Bädern nicht mehr vorkommt. Die Besichtigung ist Montag bis Freitag in der Zeit von 9-16 Uhr möglich. Den Schlüssel erhält man im neuen Rathaus, ein paar Meter weiter in der Läufstrasse.

Der kleine, gepflegte Friedhof aus den Jahre 1888 ist Teil des christlichen Friedhofes der Stadt Andernach in der Koblenzerstrasse.

Andere Sehenswürdigkeiten sind: eine Pfarrkirche aus dem 13. Jahrhundert, Befestigungsanlagen mit einer Burgruine und viele gut erhaltene alte Gebäude.

Die grosse, wie ein in die Erde hineingebauter Turm konstruierte Mikveh von Andernach diente nach der Vertreibung der Juden als Salzmagazin.

BONN

ehemalige Hauptstadt der Bundesrepublik Deutschland, liegt rund 30 km südlich von Köln, zwischen der A 565 und dem Rhein.

* Denkmäler
* Friedhöfe

Ausser einigen Friedhöfen und einigen Denkmälern ist nichts geblieben von hunderten von Jahren jüdischen Lebens in Bonn. Der erste Kreuzzug 1096 brachte der jüdischen Gemeinde Bonns ein schreckliches Martyrium, ebenso die Verfolgungen während des zweiten Kreuzzuges 1146. Ephraim ben Jacob von Bonn, zur Zeit des zweiten Kreuzzugs 13 Jahre alt, hinterliess später detaillierte Aufzeichnungen darüber. Dasselbe wiederholte sich 1288, und nochmals zur Zeit der Schwarzen Pest. Der Erzbischof von Köln begnadigte die Rädelsführer der Plünderung und des Gemetzels unter der Bedingung, dass alle Schulden, die diese bei ihren jüdischen Opfern hatten, an ihn bezahlt wurden.

Im späteren 14. Jahrhundert siedelten sich wieder Juden in Bonn an und begannen erneut die Kassen der diversen Obrigkeiten mit ihren Steuern zu füllen. Aus Köln flüchteten viele Juden während der Verfolgung im Jahr 1426 nach Bonn und vergrösserten die Bonner Gemeinde. Diese lebte dann in relativer Ruhe bis 1578, als Königin Elisabeth von England eine protestantische Armee nach Deutschland schickte. Diese plünderte, raubte, mordete und nahm Geiseln, für die sie von der jüdischen Gemeinde hohe Summen erpresste. Dann kam der dreissigjährige Krieg, unter dem Juden und Nichtjuden in ganz Europa gleichermassen zu leiden hatten. Historische Dokumente belegen, dass während dieser Zeit die Juden ihren protestantischen Landsleuten halfen, indem sie ihre Wertgegenstände im Ghetto versteckten, als eine katholische Armee im Anmarsch war. Der Dank blieb aus, eine Flut von neuen Repressionen, Einschränkungen und diskriminierende Massnahmen kam nach dem Kriegsende auf die jüdische Gemeinde zu.

Im 18. Jahrhundert waren es Erdbeben und Überschwemmungen, die Leid und Angst über die Bevölkerung brachten. Aber das Ende des Jahrhunderts brachte die französische Revolution, die für die Juden die Gleichberechtigung brachte. Die Mauern der Ghettos fielen. Unter diesen Umständen wuchs und gedieh die Gemeinde bis zum Beginn des Dritten Reiches. An die 400 Bonner Juden wurden in Vernichtungslagern umgebracht, alle Synagogen wurden zerstört.

Es gibt einige jüdische Friedhöfe im Bonner Gebiet, einer davon aus der Mitte des 17. Jahrhunderts. Er liegt in Schwarzrheindorf, einem Vorort von Bonn. Wenn man die Bergheimerstrasse in Richtung Norden fährt, nach dem kleinen Bach links abbiegt, dann bei der Kläranlage das Auto abstellt und rund 500 Meter am Rheindamm entlanggeht, ist man beim Friedhof. Der Friedhof ist gross, schattig durch die alten, grossen Bäume, sehr malerisch mit seinen langen Reihen alter Grabsteine, die deutlich die lokalen stilistischen Veränderungen zeigen, von Barock zu Rokoko bis zum Klassizismus. Am Kopf der Treppe, die zum Friedhof führt, steht ein Denkmal für die Opfer der Nazis. Der ältere Teil des Friedhofes ist dicht mit Efeu überwachsen, der älteste Stein ist aus dem Jahre 1656 und südwestlich, dicht an der Einfriedung, liegt eine Gruppe von Kohen-Gräbern. Der Friedhof ist nicht verschlossen.

Der alte, von Efeu überwachsene jüdische Friedhof von Schwarzrheindorf liegt direkt am Rheinufer.

Im Aussenbezirk Endenich liegt ein weiterer Friedhof, in der Hainstrasse 78, aus der Mitte des 19. Jahrhunderts, ganz in der Nähe des Christlichen Friedhofs. Den Schlüssel erhält man in der Friedhofsverwaltung und diese befindet sich am Poppelsdorfer Friedhof, Stationsweg, (Herr Helfer). Ein anderer alter Friedhof aus dem Jahr 1730 befindet sich in der Ännchenstrasse, am nördlichen Hang des Burghügels der Godesburg in Bad Godesburg, ist ständig zugänglich, wie auch der Friedhof „Am Burgfriedhof" aus dem Jahr 1895, der ganz in der Nähe liegt. Der Friedhof Römerstrasse/Augustusring ist von Sonntag bis Freitag in der Zeit von 10 bis 17 Uhr geöffnet.

Im Bonner Stadtgebiet sind einige Denkmäler für die Opfer des Naziterrors und für die zerstörten Synagogen zu finden. Eine neue Synagoge steht in der Tempelstrasse, in der Nähe der Adenauerallee.

Das Regierungsviertel, ein romanisches Münster, Beethovens Geburtshaus und eine bemerkenswerte zweistöckige romanische Kirche in Schwarzrheindorf sind wert, gesehen zu werden.

COESFELD

liegt rund 150 km nördlich von Köln, nahe der niederländischen Grenze, an den Bundesstrassen 67 und 474.

* Ehemalige Synagoge aus dem Jahre 1750
* zwei Friedhöfe

Obwohl ein Schutzbrief des Bischofs von Münster für einen Coesfelder Juden aus dem Jahre 1323 existiert, nimmt man an, dass erst 1624 eine jüdische Gemeinde gegründet wurde. Der Einfluss des Hofjuden Abraham Isaac ermöglichte 1678 den Ankauf eines Geländes für einen Friedhof. Ein einziger Grabstein aus dem 19. Jahrhundert und eine Gedenktafel sind alles, was von diesem Friedhof blieb. Das Grundstück, heute ein kleiner Park, liegt zwischen Süring Tor und dem Twentturm, gegenüber Gerichtsring 7.

Ein zweiter Friedhof wurde 1896 in der Osterwicker Strasse 75 angelegt. Ein Gedenkstein für die Opfer des Naziterrors steht dort. Wenn geschlossen, ist der Schlüssel im Nebenhaus, Nr. 77, erhältlich.

Ungefähr 1750 wurde eine Synagoge erbaut. Sie wurde 1938 zwar verwüstet, aber nicht vollständig zerstört. Heute ist sie eine protestantische Kirche. Eine Gedenktafel befindet sich an der Vorderseite. Die Adresse ist Webergasse 9 (hinter Webergasse 7).

DÜSSELDORF

liegt am Rande des grössten Industriegebiets Deutschlands, des Ruhrgebiets, rund 50 km nördlich von Köln am Rhein. Die A 46, A 52, und die A 59 führen nach Düsseldorf.

* Denkmäler
* Gemälde jüdischer Künstler im Stadtmuseum
* Friedhof aus dem späten 19. Jahrhundert

Düsseldorf ist eine historisch wichtige Stadt. Erst war sie die Residenzstadt der Herzoge von Berg, und später die Residenzstadt der einflussreichen Kurfürsten der Pfalz. 1418 siedelten sich Juden in Düsseldorf an, aber Vertreibungen und Einschränkungen verhinderten ein Anwachsen der Gemeinde, bis im 19. Jahrhundert die Emanzipation Erleichterungen brachte und einige Düsseldorfer Juden zu wichtigen Kaufleuten und Bankiers wurden.

Die Reichskristallnacht 1938 hatte für die jüdische Gemeinde Düsseldorfs besonders schwerwiegende Folgen, weil vom Rath, der Diplomat, der von dem Juden Herschel Grynszpan in Paris erschossen wurde, ein Düsseldorfer Bürger war. Die Synagoge aus dem Jahre 1905 und noch zwei kleinere orthodoxe Synagogen, sowie die Zeremonienhalle in der Ulmenstrasse wurde zerstört. Mehr als die Hälfte der jüdischen Einwohner, über 2.000 im Jahre 1939, wurden 1941-42 deportiert. Nur 58 überlebten und kehrten nach 1945 zurück. Eine neue Synagoge wurde 1958 in der Zietenstrasse 50 erbaut.

Es gibt viele Denkmäler in Düsseldorf, die Einwohner und Besucher an die Vergangenheit und an die jüdischen Bürger der Stadt erinnern. Der grosse deutsche Dichter Heinrich Heine wurde hier 1797 geboren. So umstritten, wie er im Leben war, ist er auch jetzt noch, im Tode. Trotz starker Opposition und Uneinigkeit wurden ihm in Düsseldorf Denkmäler gesetzt. Im nördlichen Teil des Hofgarten steht ein solches Denkmal, eine Arbeit von Maillol, und ein modernes Denkmal steht am Schwanenmarkt. An dem Haus, das heute anstelle seines Geburtshauses in der Bolkerstrasse 53 steht, ist eine Erinnerungstafel angebracht. Es gibt einen Heinrich Heine Platz und die Hauptstrasse des Einkaufsviertels heisst Heinrich Heine Allee. Aber der beste Beweis für seine Popularität sind wohl die vielen nach ihm benannten Restaurants und Gaststätten.

An der Ecke Kasernenstrasse und Siegfried-Klein-Strasse steht ein Denkmal für die 1938 zerstörte Synagoge. Siegfried Klein, nach dem die Strasse benannt ist, war ein Düsseldorfer Rabbiner, der in Auschwitz ermordet wurde. Gegenüber diesem Denkmal, am Haus Kasernenstrasse 40, erinnert eine kleine Tafel an Luise Dumont und Gustav Lindemann, Gründer des Düsseldorfer Schauspielhauses. Von 1905 bis 1932 waren sie dessen Leiter und Mentoren. Die von ihnen angelegten Archive befinden sich jetzt im Theatermuseum in der Jägerhofstrasse.

Das Stadtmuseum in der Bäckerstrasse 7-9 stellt Werke jüdischer Düsseldorfer Künstler aus und dokumentiert deren Schicksal während der Nazizeit. Auch Zeichnungen jüdischer Düsseldorfer Kinder sind zu sehen. Das Museum ist Dienstag, Donnerstag, Freitag und Sonntag von 11 bis 17 Uhr, Mittwoch von 11 bis 20 Uhr und Samstag von 13 bis 17 Uhr geöffnet. Auch das Kunstmuseum, Ehrenhof 5, stellt Werke jüdischer Künstler aus dem 19. und 20. Jahrhundert aus. Dieses Museum ist von Dienstag bis Sonntag 11 bis 18 Uhr geöffnet.

Ein Denkmal kennzeichnet die Stelle, wo einst die von den Nazis zerstörte neoromanische Hauptsynagoge der Düsseldorfer Juden stand.

Der Friedhof in der Ulmenstrasse 236-187 wurde im späten 19. Jahrhundert angelegt und liegt inmitten des christlichen Friedhofes. Im Friedhof steht ein Denkmal für die jüdischen Gefallenen des Ersten Weltkrieges, eines für die Opfer des Naziterrors sowie für Rabbiner Klein und andere mit ihm umgekommene Mitglieder des Düsseldorfer Synagogen-Rates. Der Friedhof ist zu folgenden Zeiten geöffnet: Montag bis Donnerstag 9 bis 18 Uhr, Freitag 9 bis 16.30 und Sonntag 9 bis 17.30 während der Zeit vom 1. April bis 30. September. In den Monaten Oktober bis März wird der Friedhof um 90 Minuten früher geschlossen.

Sehenswert ist auch noch die Königsallee, Spitzname Kö, mit ihren Luxusgeschäften; die Lambertus-Kirche mit ihrem schiefen Turm und der Markt mit den vielen Museen in der nächsten Umgebung.

ESSEN

liegt mitten im Haupt-Industriegebiet Deutschlands, im Ruhrgebiet, rund 70 km nördlich von Köln an der A 430 und der A 52.

* Ehemalige Synagoge aus dem Jahre 1913, mit Ausstellung und Denkmal
* Fast tausend Jahre alter siebenarmiger Leuchter im Essener Münster
* Friedhöfe

Juden siedelten sich zuerst im 13. Jahrhundert in Essen an, aber die Gemeinde blieb bis zur Mitte des 19. Jahrhunderts klein und bedeutungslos. Erst dann, als zugleich mit dem Wachsen der Stahlindustrie viele Beschränkungen für die Juden fielen und diese am Aufschwung partizipieren konnten, wuchs die Gemeinde sehr rasch und zählte 1930 fünftausend Mitglieder.

Die Synagoge, eine der grössten und schönsten in ganz Deutschland, wurde im Jahre 1913 eingeweiht und 1938, in der Reichskristallnacht, durch Feuer fast zerstört. An den Mauerresten wurden 1949 zwei Tafeln angebracht, die an die Ausrottung der Juden durch die Nazis mit folgenden Inschriften erinnern. „Dieses Haus, die ehemalige Synagoge der jüdischen Gemeinde, ist ein stummer Zeuge eines furchtbaren Geschehens, das wiedergutzumachen uns allen aufgetragen ist". Die Inschrift der zweiten Tafel lautete: „Mehr als 2.500 Juden der Stadt Essen mussten in den Jahren 1933 - 1945 ihr Leben lassen". Die Formulierung wurde stark kritisiert und 1981 durch folgen-

Die im Jahr 1913 erbaute Synagoge von Essen galt als eine der schönsten modernen Synagogen Deutschlands.

den Text ersetzt: „Zum Gedenken an die über 2.500 Juden der Stadt Essen, die in den Jahren 1939 - 1945 vom Nazi-Regime ermordet wurden". Heute ist die neu renovierte ehemalige Synagoge, Steeler Strasse 29, eine Erinnerungsstätte mit einem Dokumentationszentrum und einer Ausstellung „Stationen des jüdischen Lebens in Essen". Öffnungszeiten sind: Dienstag bis Sonntag 10 bis 18 Uhr.

Eine neue Synagoge wurde 1959 in der Sedanstrasse 46 erbaut. Im jüdischen Gemeindezentrum an derselben Adresse kann man einen Besuch vereinbaren.

Im Essener Münster, einer alten, ehrwürdigen Kirche aus dem 9. Jahrhundert, steht eine fast zwei Meter hohe Menorah aus Bronze, fast tausend Jahre alt.

In und rund um Essen gibt es einige jüdische Friedhöfe. Der neueste, der Parkfriedhof in der Plantenbergstrasse (einer Seitenstrasse der Steeler Strasse) wird auch heute noch benützt. Ein zweiter Friedhof aus dem frühen 19. Jahrhundert lag in der Lazarettstrasse, das Grundstück wurde 1940-41 für einen Bunkerbau benutzt. 34 der alten Grabsteine wurden in den Parkfriedhof gebracht. Dort steht heute auch ein Denkmal für den Friedhof in der Lazarettstrasse.

Ganz in der Nähe, Hiltrops Kamp gegenüber Nr 4, liegt ebenfalls ein kleiner Friedhof aus dem frühen 19. Jahrhundert. Der Friedhof mit seinen vielen alten Bäumen liegt einige Meter unter Strassenniveau. Von einer Abfahrt, die zu einer Garage führt, ist der Friedhof gut einzusehen. Der Schlüssel ist im Grünflächenamt, bei Herrn Mücke, wochentags von 7 bis 15.30 zu bekommen.

Der kleine, isolierte Friedhof in Werden, heute ein Vorort von Essen, liegt am Pastoratsberg mitten im Wald. Er wurde um 1700 angelegt, aber offenbar sind keine Grabsteine aus der Zeit vor 1850 mehr vorhanden. Eine Allee aus wunderschönen alten Buchen bildet den Mittelweg, und der Boden des Friedhofs ist dicht mit Efeu bedeckt. In Werden, „An der Stadtmauer", beginnt ein mit einem auf der Spitze stehenden Quadrat markierter Wanderweg, der direkt zum Friedhof führt, oder man fährt Klemensborn hinauf, folgt den Wegweisern zum Restaurant La Buvette einige hundert Meter, und findet dann den Friedhof im Wald rechts neben der Strasse. Der Friedhof ist durch das ihn umgebende Maschengitter gut einzusehen. Auch dieser Schlüssel ist im Grünflächenamt, wochentags von 7 bis 15.30, bei Herrn Mücke zu erhalten.

Essen ist eine alte Stadt, wurde aber durch die Industrialisierung im 19. Jahrhundert und die Bombardierungen im zweiten Weltkrieg völlig verändert. Sehenswert ist noch das Münster, weiter oben bereits erwähnt, und seine Schatzkammer im Bischofspalast; das Museum Folkwang mit seinen Kunstschätzen aus dem 19. und 20. Jahrhundert, und die Krupp-Sammlungen.

HAGEN

liegt rund 70 km nordöstlich von Köln, zwischen der A 1 und der A 45.

* Ehemalige Synagoge aus dem Jahre 1859
* 2 Friedhöfe

Juden siedelten sich erstmals im frühen 18. Jahrhundert in Hagen an. Die Gemeinde, deren Mitglieder sich in der Hauptsache mit Textilien beschäftigten, wuchs während des 19. Jahrhunderts. Die Synagoge wurde 1859 in einem eher ungewöhnlichen Neo-Renaissance-Stil im Vorort Hohenlimburg erbaut. 1938 von der SA schwer beschädigt, anschliessend als Fabriksgebäude genutzt, war sie 1980 fast eine Ruine. Eine Gruppe Hagener Bürger ergriff die Initiative, sammelte Geld von Stadt, Staat und Privatpersonen, renovierte das Gebäude und richtete ein Gedenk-und Dokumentations-Zentrum ein. Die Adresse der ehemaligen Synagoge ist: Jahnstrasse neben Nr. 46. Der Schlüssel ist im Rathaus erhältlich. Die neue, 1960 eingeweihte Hagener Synagoge und das Gemeindezentrum liegen in der Potthofstrasse 16.

Es gibt zwei jüdische Friedhöfe in Hagen. Einer davon liegt im Vorort Eilpe in der Hohle-Strasse, Ecke Strassburgerstrasse. Am unteren Ende stehen Grabsteine, die man vom alten Friedhof in der Böhmerstrasse hierher brachte. Der Friedhof kann zu den üblichen Zeiten besucht werden. Der zweite Friedhof, Ecke Wiedenhofstrasse und Heidestrasse, liegt auf einem Hügel, mit Blick auf Elsey. Auf der rechten Seite steht eine Reihe alter Grabsteine und am oberen Ende steht ein Denkmal für die zahlreichen hier begrabenen russischen Kriegsgefangenen. Der Schlüssel ist im Städtischen Bauhof in der Elseyer Strasse 71 zu bekommen.

Hagen ist eine Industriestadt. Die einzige Sehenswürdigkeit neben den über die Stadt verteilten Planetenbahnen im Masstab 1 zu 1 Milliarde ist das Westfälische Freiluft-Museum technischer Kulturdenkmale.

Die kleine Synagoge von Hohenlimburg wurde in einem unüblichen Neo-Renaissancestil erbaut und in den Achtzigerjahren liebevoll restauriert.

KOBLENZ

liegt rund 90 km südöstlich von Köln, oder 120 km westlich von Frankfurt, am Zusammenfluss von Rhein und Mosel und zwischen der A 48 und der A 61.

* Ausstellung zur Geschichte der Koblenzer Juden
* Friedhof aus dem Jahre 1850

Dass Juden bereits im 12. Jahrhundert fest in Koblenz etabliert waren, geht aus einigen Dokumenten aus dieser Zeit hervor, die das Einkommen von Juden betreffen. Um 1160 beschreibt der jüdische Weltreisende Benjamin von Tudela auch die grosse jüdische Gemeinde von Koblenz. Im Jahre 1345 wurde ein Jude zum Steuerpächter ernannt (Steuerpächter waren Vorgänger der späteren Hofjuden). Während der Verfolgungen zur Zeit der schwarzen Pest 1349 wurden fast alle Koblenzer Juden durch die Geissler umgebracht, aber bald bildete sich wieder eine neue jüdische Gemeinde. Dokumente über die periodisch wiederkehrende Beschlagnahme und den Verkauf jüdischen Eigentums zu Gunsten des Erzbischofs von Trier, der von 1352 an auch Herr von Koblenz war, beweisen das. Während des 16. Jahrhunderts wurden die Juden zweimal aus Koblenz vertrieben und erst im 18. Jahrhundert stabilisierten sich die Umstände etwas, die Gemeinde wurde grösser und hatte um 1900 sechshundert Mitglieder.

Es ist fast nichts geblieben, was an die lange Geschichte der Koblenzer Juden erinnert. Am Haus Florinsmarkt 13 befindet sich eine Erinnerungstafel für die 1938 zerstörte Synagoge und im ersten Stock desselben Hauses ist eine Ausstellung zur Geschichte der Juden von Koblenz zu besichtigen. Diese ist Montag, Dienstag, Donnerstag und Freitag von 14 bis 18 Uhr geöffnet. Der Bibliothekar der Stadtbibliothek, im selben Haus, hilft bei Problemen mit Auskünften.

In der katholischen Liebfrauenkirche, ganz in der Nähe, steht im Kirchenschiff rechts neben dem Altar ein jüdischer Grabstein mit gotischen Ornamenten. Dieser Grabstein der Hanna, Tochter des Jehuda, aus dem Jahr 1149 wurde bei der Renovierung des Chors der Liebfrauenkirche entdeckt, er war dort als Baumaterial verwendet worden. Da dieser Chor aus dem frühen 15. Jahrhundert stammt, kann angenommen werden, dass der Grabstein von dem im Jahr 1349 anlässlich der Vernichtung der jüdischen Gemeinde enteigneten Friedhof stammt, der als billiger Steinbruch diente.

Ein Denkmal für die Koblenzer Juden, die von den Nazis ermordet wurden, steht am jüdischen Friedhof (aus dem Jahr 1850), in der Schlachthofstrasse 5, neben der neuen Synagoge. Entlang des Hauptweges stehen einige sehr alte und eine Reihe zerbrochener Grabsteine. In der Moselweisser Strasse gibt es einen zweiten Eingang. Der Friedhof ist Sonntag bis Freitag von 8.30 bis 17 Uhr geöffnet.

Die Romanische Kirche St. Castor, das Mittelrheinmuseum und die Festung Ehrenbreitstein am rechten Rheinufer sind weitere Sehenswürdigkeiten von Koblenz.

KÖLN

* Reste einer Synagoge aus dem 11. Jahrhundert
* Reste eines rituellen Bades aus dem 12. Jahrhundert
* Ausstellung von jüdischen religiösen und weltlichen Gegenständen im Stadtmuseum
* Synagoge aus dem späten 19. Jahrhundert
* Denkmäler
* Friedhöfe

Juden gibt es in Köln, oder Colonia Agrippina, seit der Gründung der Stadt durch die Römer. Ein erhalten gebliebener Erlass des römischen Kaisers Constantin widerrief im Jahre 321 einen früheren, verlorengegangenen Erlass, der Juden aus Colonia von der Tätigkeit in der Kurie, dem Stadtrat, befreite. Da das Eintreiben von Steuern für den Kaiser Bestandteil dieser Tätigkeit war und die nicht eingetriebenen Steuern aus der Tasche der unfähigen Eintreiber zu bezahlen waren, war die Befreiung von dieser Pflicht sehr begehrt und ihr Verlust wahrscheinlich sehr kostspielig für die Juden von Colonia. Dieser Erlass ist der erste schriftliche Hinweis zur Anwesenheit von Juden im heutigen Deutschland.

In Jahre 881 zerstörten plündernde Normannen Köln und damit auch dessen alte jüdische Gemeinde. Es gibt Anzeichen dafür, dass sich im 10. Jahrhundert wieder eine jüdische Gemeinde bildete, aber Dokumente über ihre Existenz gibt es erst wieder aus dem 11. Jahrhundert. Da wird in einem solchen Bezug genommen auf einen jüdischen Friedhof, der bereits als alt bezeichnet wird. Dieser Friedhof, der 1922 teilweise wieder freigelegt wurde, wurde bis zum 15. Jahrhundert benützt. Die Bombardierung Kölns im zweiten Weltkrieg brachte weitere Beweise für die Anwesenheit von Juden im mittelalterlichen Köln ans Tageslicht. Südlich des alten Rathauses, in der Judengasse, wurden einige Reste der alten Judenstadt freigelegt.

Während des Mittelalters war Köln eine wichtige Stadt. Es gab hier eine grosse jüdische Gemeinde und die bedeutenden Märkte von Köln brachten Juden aus dem ganzen Rheinland hierher. Vermutlich hatte die Gemeinde zur Zeit des ersten Kreuzzuges, 1096, etwa tausend Mitglieder, von denen die meisten von den Kreuzrittern ermordet wurden. Versuche des Erzbischofs, seine Juden zu retten, waren erfolglos. Während des zweiten Kreuzzuges, 1146-47, konnte Erzbischof Arnold die meisten der unter seiner Patronanz stehenden Juden Kölns retten, indem er sie in der Wolkenburg versteckte. Nach 1252 wurde den Juden von den diversen Erzbischöfen weiter Schutz und Rechte gewährt, für die die jüdische Gemeinde bezahlen musste. Einer der Herrscher über Köln, Erzbischof Engelbert der Zweite, liess 1266 das den Juden gewährte Privileg in Stein meisseln und den Stein in die Mauer des Doms einmauern, wo er noch heute, im nördlichen Kirchenschiff, rechts neben dem Eingang zur Sakramentskapelle zu sehen ist. Folgendes wurde, unter anderem, den Juden zugesagt: Dass sie nicht mehr Maut bezahlen mussten, als die Christen; die Austreibung christlicher Geldverleiher; das Recht auf einen Friedhof, unbeschränkte Anzahl der Beerdigungen; und Verbot von Hinrichtungen im Friedhofsareal.

Die Regelmässigkeit, mit der diese Privilegien bestätigt und erneuert wurden, täuscht eine Sicherheit vor, die es nicht gab. Die Judenmörder zur Zeit der schwarzen Pest überfielen die jüdische Gemeinde und töteten fast alle, die es nicht vorzogen, durch eigene Hand zu sterben. Die neue Gemeinde, die sich 1372 bildete, hatte hart zu kämpfen, um für die ihnen gewährten Rechte zu bezahlen. Nach der Vertreibung dieser Gemeinde im Jahre 1424 war das jüdische Leben im mittelalterlichen Köln zu Ende. Manche der Vertriebenen konnten sich im nahen Deutz niederlassen. Bis ins 19. Jahrhundert war Juden der Aufenthalt in Köln untersagt.

Mit der Zuerkennung der Bürgerrechte im Jahr 1856 gab es bald wieder eine rasch wachsende jüdische Gemeinde und im Jahre 1933 lebten etwa 20.000 Juden in Köln. Antisemitismus und Übergriffe gegen Juden nahmen von da an mit dem raschen Erstarken der Nationalsozialistischen Partei immer mehr zu. Bis 1939 hatten 40 % der jüdischen Bevölkerung Köln verlassen, dafür wanderten Juden aus kleineren Städten, die hier Schutz suchten, zu. Mehr als 11.000 Juden wurden ab 1941 aus Köln verschleppt und umgebracht. Nach 1945 gab es wieder eine kleine jüdische Gemeinde in Köln.

Fundamente, Mauerreste und die Stiege eines aus dem 12. Jahrhundert stammenden rituellen Bades, sowie Mauerreste und Säulen einer Synagoge aus dem 11. Jahrhundert wurden nach dem 2. Weltkrieg vor dem alten Rathaus, in der Judengasse, gefunden. Sie wurden in den letzten Jahren restauriert und können besichtigt werden. Den Schlüssel erhält man zu den folgenden Zeiten beim Portier des alten Rathauses: Montag bis

Unter der Erde liegt dieses romanische Fenster, das zum rituellen Bad der mittelalterlichen Judengasse gehörte.

Nur mehr eine Säule und ein paar Mauerreste bestehen von der mittelalterlichen Synagoge der Kölner Juden.

Donnerstag von 8 bis 17 Uhr, Freitag von 8 bis 16 Uhr, Samstag von 10 bis 16 Uhr und Sonntag von 11 bis 13 Uhr.

Die grosse, neo-romanische Synagoge in der Roonstrasse Nr. 50 wurde 1899 erbaut, 1938 niedergebrannt und 1959 wiederhergestellt. In diesem imposanten Gebäudekomplex befindet sich auch das jüdische Gemeindezentrum von Köln.

Das Stadtmuseum von Köln stellt eine Sammlung von jüdischen rituellen und weltlichen Gegenständen aus. Viele von ihnen wurden von Deutschen, die diese Gegenstände für ihre jüdischen Freunde in der Zeit der Naziherrschaft in ihren Wohnungen, in Kirchen und auf Friedhöfen versteckt gehalten hatten, dem Museum übergeben. Einige der ausgestellten Gegenstände stammen aus dem 15. Jahrhundert. Das Museum liegt in der Zeughausstrasse 1-3 und ist Dienstag bis Sonntag von 10 bis 17 Uhr und Donnerstag von 10 bis 20 Uhr geöffnet.

Der grosse Friedhof Ecke Venloer Strasse/Militärring aus dem Jahr 1918 ist typisch für grossstädtische Friedhöfe aus dieser Zeit, egal ob jüdisch oder christlich, in ganz Deutschland. Er wurde von Gartenarchitekten gestaltet, die Gräber sind nicht einheitlich nach Osten oder Süden orientiert und es gibt für ländliche jüdische Friedhöfe untypische Familiengräber, Mausoleen und Gräber mit Steineinfassungen. Nur die hebräischen Inschriften und die Davidsterne, sowie das Fehlen von Kreuzen unterscheiden diesen jüdischen Friedhof von christlichen Friedhöfen aus der selben Zeit. Als 1922 der mittelalterliche Friedhof am Bonntor wiederentdeckt wurde, wurden die noch vorhandenen Grabsteine hierher gebracht, wo sie jetzt in einer Mauer in der Nähe der Mitte des rückwärtigen

Die grosse neoromanische Synagoge von Köln wurde 1938 beschädigt, aber nicht vernichtet.

Teils des Friedhofes zu sehen sind. Manche dieser Grabsteine aus dem 13. und 14. Jahrhundert wurden später dazu verwendet, eine Wendeltreppe in einem Befestigungsturm der Stadtmauer zu bauen. Auch diese Fragmente sind in die Mauer eingelassen.

Drei Denkmäler stehen auf diesem Friedhof, eines für die gefallenen jüdischen Soldaten des ersten Weltkrieges, eines für die 11.000 von den Nazis ermordeten Kölner Juden und eines für die Torahrollen, die 1938 hier versteckt und 1978 wieder entdeckt und feierlich begraben wurden. Der Friedhof ist vom 1 Mai bis 30 September von 8 bis 18 Uhr und den Rest des Jahres von 8 bis 17 Uhr geöffnet.

Der Friedhof in Deutz, am Judenkirchhofsweg, aus dem Jahre 1699 liegt im Schatten alter grosser Bäume, ist gut erhalten und kann Montag bis Freitag von 8 bis 15 Uhr besucht werden.

Im dritten Stock der Zentralbibliothek, Joseph-Haubrich-Hof Nr. 1 ist die Bibliothek Germania Judaica untergebracht, geöffnet zu folgenden Zeiten: Dienstag und Donnerstag von 11.30 bis 20 Uhr, Mittwoch und Freitag von 9 bis 18 Uhr und Samstag von 10 bis 15 Uhr.

Aus einem Teil des ehemaligen Gestapohauses am Appellhofplatz 23-25 wurde eine Gedenkstätte und ein Schauplatz für Ausstellungen. An den Wänden der Kerkerzellen im Keller, wo die Gefangenen von der Gestapo verhört, gefoltert und umgebracht wurden, sind noch die in die Wände geritzten Inschriften zu sehen, die die Häftlinge hier hinterlassen haben. Besuchszeiten sind: Dienstag bis Sonntag von 10 bis 17 Uhr. Jeden ersten Samstag im Monat findet um 14 Uhr eine

Auf dem neuen Friedhof von Köln sind mittelalterliche Grabsteine, die nach der Vertreibung der Juden als Baumaterial für die Befestigung und als Stufen für eine Wendeltreppe verwendet wurden, in die Mauern einer kleinen Halle eingemauert.

Führung statt. Man kann, wenn das Tor geschlossen ist, an der Glocke unter der kleinen Tafel „Gedenkstätte" läuten.

Über ganz Köln verstreut gibt es weitere Orte der Erinnerung. Gedenktafeln für die 1938 zerstörten Synagogen gibt es in der Glockengasse/Offenbachplatz (nach dem Komponisten Jacques Offenbach, dessen Vater Kantor in Köln war, benannt), in der St. Apern-Strasse/Helenenstrasse, am Reischplatz Nr. 6 in Deutz, in der Körnerstrasse in Ehrenfeld und an der Mülheimer Freiheit 78 in Mülheim. In Müngersdorf am Walter-Binder-Weg ist ein Denkmal für das ehemalige Sammellager. Ein Denkmal für sieben von der Gestapo ermordete Gefangene steht im Hansaring-Park, ein Teil davon ist eine Plastik von Mari Andriessen und stellt eine Mutter mit ihrem toten Kind dar.

Sehenswert sind auch noch: der herrliche gotische Dom, an dem die Kölner 600 Jahre bauten, die reichhaltigen Sammlungen des Römisch-Germanischen Museums, die Kunstsammlung im Wallraf-Richartz Museum und viele alte Kirchen und Häuser in und um das Stadtzentrum, noch einige Museen und das bereits erwähnte alte Rathaus.

LAUFERSWEILER

liegt rund 130 km westlich von Frankfurt, 140 km südlich von Köln, im Hunsrück, rund 5 km östlich der Stelle, wo sich Bundesstrasse 50 und 327 treffen.

* Ehemalige Synagoge aus dem Jahre 1910

Die Synagoge, 1910 erbaut, wurde 1938 zwar verwüstet, aber nicht völlig zerstört. Sie ist die heute die einzige erhalten gebliebene Synagoge im Rhein-Hunsrück Gebiet. Die Synagoge wurde vor kurzer Zeit renoviert, geplant ist eine Gedenkstätte mit einer Ausstellung über jüdisches Leben in der Region.

LIMBURG

liegt rund 80 km nordwestlich von Frankfurt und 110 km südöstlich von Köln, an der A 3.

* Häuser und 2 rituelle Bäder im Judenviertel aus dem 13. Jahrhundert
* Ehemalige gotische Kapelle (Synagoge 1867-1903)
* Friedhof aus dem frühen 19. Jahrhundert

Limburg ist eine mittelalterliche Stadt, am Hang eines steilen Hügels an der Lahn. Vor einigen Jahren wurde dort ein einfaches romanisches rituelles Bad entdeckt. Im Zuge der Ausgrabungs- und Renovierungsarbeiten kam ein noch älteres Bad zum Vorschein, worauf man das erste, wegen Einsturzgefahr, vorübergehend mit Sand zuschütten musste, um an dem zweiten Bad und den alten Häusern darüber arbeiten zu können. Diese Häuser sind heute die ältesten Fachwerk-Häuser in Deutschland, sie wurden im Jahre 1289 erbaut und waren wahrscheinlich Eigentum der Limburger Juden, die ihre rituellen Bäder im Keller der Häuser einrichteten. Zur Zeit ist das Areal, Römer 2/4/6, für die Öffentlichkeit nicht zugänglich. Bis 1992 sollen die Renovierungsarbeiten abgeschlossen sein. Öffnungszeiten sind noch nicht bekannt.

Ganz in der Nähe, in In der Erbach, steht eine gotische Kapelle. Diese wurde 1867 von der jüdischen Gemeinde vom Limburger Kloster gekauft und zu einer Synagoge umgebaut. Als 1903 die neue Synagoge, Schiede 27, fertig war, wurde die Kapelle an die protestantische Gemeinde verkauft und ist seither eine Kirche.

Schiede 27 steht jetzt ein Denkmal für die 1903 erbaute und 1938 zerstörte Synagoge. Am Friedhof in der Beethovenstrasse, er ist aus dem frühen 19. Jahrhundert, steht ein Denkmal für die jüdische Gemeinde von Limburg.

Der prachtvolle romanisch-gotische St. Georgs-Dom, hoch über der Stadt auf einem Fels stehend, mit seinen Schätzen, sowie die alte Stadt mit den schönen Fachwerkhäusern sind wirklich sehenswert.

MÜNSTER

liegt rund 190 km westlich von Hannover, 170 km nordwestlich von Kassel und 150 km nordöstlich von Köln an der A 1 und A 43.

* Westfälisches Landesmuseum hat kleine Sammlung jüdischer religiöser Gegenstände
* Friedhof aus dem Jahre 1811

Erst Mitte des 13. Jahrhunderts siedelten genug Juden in Münster, um eine Synagoge, einen Friedhof und ein rituelles Bad unterhalten zu können. Die Verfolgungen während der Zeit der schwarzen Pest um die Mitte des 14. Jahrhunderts brachten den Tod für einen Teil der Gemeinde und die Vertreibung für die anderen. Danach war Juden das Wohnen in Münster erst wieder im frühen 19. Jahrhundert erlaubt. Mit der Anerkennung der Bürgerrechte nahm auch die Anzahl der Juden in Münster bis in die Dreissigerjahre des 20. Jahrhunderts zu. Einige Juden aus Münster konnten emigrieren, der Grossteil allerdings wurde 1941/42 deportiert und in den Lagern der Nazis umgebracht.

Das Westfälische Landesmuseum, am Domplatz 10, stellt eine kleine Sammlung jüdischer religiöser Gegenstände aus. Das Museum ist von Dienstag bis Sonntag in der Zeit von 10 bis 18 Uhr geöffnet.

In der Kirche des Westfälischen Landeskrankenhauses, in der Friedrich-Wilhelm-Weber-Strasse 30, steht ein Denkmal für die Patienten dieses Krankenhauses, die wegen ihrer Behinderung von den Nazis ermordet wurden. Zehntausende behinderte Menschen wurden in Hadamar, Brandenburg, Hartheim und anderen Institutionen durch Vergasung, mit Injektionen oder durch Hunger umgebracht. Jüdische Patienten wurden in der Regel als erste ermordet.

Der Friedhof in der Einsteinstrasse/Forsterstrasse wurde 1811 angelegt. Rechts neben der Zeremonienhalle steht ein Grabstein aus den Jahre 1324, also von einem früheren Friedhof. Der Friedhof ist von einer hohen Mauer umgeben, aber durch das Gittertor einsehbar. Der Schlüssel ist im jüdischen Gemeindezentrum, Klosterstrasse 8/9, Montag und Dienstag von 8 bis 12 Uhr erhältlich.

Sehenswert ist ferner das gotische Rathaus, der Dom mit der „Paradies" genannten Vorhalle und das bereits erwähnte Westfälische Landesmuseum.

POLCH

liegt rund 140 km westlich von Frankfurt oder rund 110 km südlich von Köln, etwas abseits der A 48.

* Ehemalige Synagoge aus dem Jahre 1877

Die Synagoge, 1877 erbaut, wurde 1938 durch Brandstiftung beschädigt, jedoch nicht zerstört. Sie wurde restauriert und wird für Ausstellungen verwendet. Sie ist sehr klein und einfach und wurde, wie die anderen Häuser in der Nachbarschaft, aus dem hier vorkommenden vulkanischem Stein erbaut. Der angedeutete neo-gotische Stil ist etwas ungewöhnlich, da man im 19. Jahrhundert Synagogen allgemein im neo-romanischem oder später im maurischen Stil erbaute, während der neo-gotische Stil im allgemeinen Kirchen vorbehalten blieb.

Die ehemalige Synagoge liegt in der Ostergasse 11 und kann in den Monaten Juli und August von Dienstag bis Sonntag in der Zeit von 14.30 bis 17 Uhr besucht werden. Zu anderen Zeiten kann man den Schlüssel aus dem Rathaus holen. 1988 war geplant, aus der ehemaligen Synagoge eine Gedenkstätte für die aus Polch stammenden Opfer des Naziterrors zu machen.

Ländlich-einfach, im konservativen neoromanischen Stil mit kleinen Anleihen von der Gotik, hat die kleine Synagoge von Polch das tausendjährige Reich überstanden.

Neo-romanisch, mit Anklängen an die Treppengiebel der Gotik, steht die ehemalige Synagoge von Saffig in einer Seitengasse.

SAFFIG

liegt etwa 80 km südöstlich von Köln und 10 km südlich von Andernach nahe der A 61.

* Ehemalige Synagoge aus dem 19. Jahrhundert
* Friedhof zwischen Saffig und Miesenheim

Die Synagoge aus dem späten 19. Jahrhundert wurde 1938 stark beschädigt, aber nicht zerstört. Nach dem Krieg wurde das Gebäude als Geräteschuppen verwendet. 1984 wurde die ehemalige Synagoge unter Denkmalschutz gestellt, im Jahr darauf bildete sich eine Bürgerinitiative, die die Renovierung der Synagoge bewerkstelligte. Die Synagoge wurde aus vulkanischem Gestein gebaut, über dem Eingang ist ein Fenster mit einem Davidsstern und eine hebräische Inschrift angebracht. Die ehemalige Synagoge am Klöppelsberg 12 kann besichtigt werden, der Schlüssel ist bei Frau Windheuser, von-der-Leyenstrasse 26, zu bekommen.

An der Strasse nach Miesenheim liegt ein kleiner Friedhof mit etwa 80 Grabsteinen, der den Gemeinden von Saffig, Miesenheim und Plaidt diente.

STOMMELN

liegt rund 20 km nordwestlich von Köln, an der Bundesstrasse 59.

* Ehemalige Synagoge aus dem Jahre 1882
* Friedhof aus dem späten 19. Jahrhundert

Die kleine Synagoge, 1882 erbaut, wurde vor 1938 an einen Bauern verkauft, der sie als Scheune verwendete. Die Stadt Pulheim hat sie restauriert und ein Kulturzentrum mit Gedenkstätte daraus gemacht. Die ehemalige Synagoge liegt im Hinterhof des Hauses Hauptstrasse 85. Die Frauengalerie und die Torah-Nische sind noch vorhanden. Um die Synagoge zu besichtigen, muss man sich mit der Kultur-Abteilung im Rathaus von Pulheim, rund 5 km Richtung Köln an der Bundesstrasse 59, in Verbindung setzen. Die Kulturabteilung ist Montag bis Donnerstag von 8 bis 17 und Freitag von 8 bis 12 Uhr geöffnet.

Der Friedhof in Stommeln, aus dem späten 19. Jahrhundert, liegt in der Nagelschmidstrasse, gegenüber von Nr. 15. Von der Durchfahrtsstrasse führt ein Fussweg in Richtung Mühlenweg, der zum Friedhof führt. Dieser ist klein, gut gepflegt und umgeben von modernen Einfamilienhäusern. Nur einige wenige Grabsteine sind noch erhalten geblieben.

Die ehemalige Synagoge von Stommeln steht in einem Hinterhof, überdauerte die Nazizeit als Scheune und dient heute als Ausstellungs- und Konzertraum.

TRIER

liegt 200 km westlich von Frankfurt oder 180 km südlich von Köln, nahe der Grenze zu Luxemburg, an der A 1/48 und den Bundesstrassen 51, 52, 268.

* Rheinisches Landesmuseum mit jüdischen Grabsteinen aus dem Mittelalter und kleiner Sammlung jüdischer Gegenstände
* Mittelalterliche jüdische Häuser
* Stadtarchiv mit einer Dokumenten-Sammlung über Juden aus Trier
* Karl Marx-Museum
* Dom- und Diözesanmuseum mit einer Statue der Besiegten Synagoge aus dem 13. Jahrhundert
* Friedhöfe

Archäologische Funde aus der antiken römischen Stadt Trier beweisen, dass es hier bereits im 4. oder 5. Jahrhundert Juden gegeben hat. Man fand eine Lampe aus Ton und Siegel aus Blei mit Abbildungen der Menorah, des siebenarmigen Leuchters. Schriftliche Dokumente, die den Tod von Erzbischof Eberhard, der versuchte die Juden gewaltsam zu taufen, betreffen, belegen das Vorhandensein einer jüdischen Gemeinde im Jahr 1066. Es wird berichtet, dass der Erzbischof am Altar starb, als er das Taufwasser, mit dem die Juden gewaltsam getauft werden sollten, weihte. Die Juden wurden in diesem Zusammenhang der Zauberei (durch die Vernichtung einer getauften Wachsfigur des Erzbischofs) beschuldigt.

1096 wurden die Juden in Trier durch die Kreuzritter gezwungen, sich entweder taufen zu lassen, Selbstmord zu begehen, oder von den Kreuzrittern ermordet zu werden. Den zwangsgetauften Juden wurde im Jahr darauf die Rückkehr zu ihrer früheren Religion gestattet. Die Gemeinde, in der Hauptsache als Händler, Geldverleiher, Apotheker und Ärzte tätig, gedieh im 13. Jahrhundert. Gegen Bezahlung von hohen Steuern, wurde vom Erzbischof jährlich dem „Judenbischof", dem Parnas der jüdischen Gemeinde, ein vom Erzbischof getragener Mantel als Zeichen des gewährten Schutzes übergeben. Ausser diesen Schutzgeldern hatten die Juden noch eine zusätzliche Münzsteuer von 12,5 %, etwa vier kg Silber, zu bezahlen. Dazu kam noch ein jährlicher Beitrag von etwa zwölf kg Pfeffer, der damals tatsächlich sein Gewicht in Gold wert war.

Das 14. Jahrhundert begann sehr vielversprechend für die Juden in Trier, da einem von ihnen die Verwaltung der Finanzen des Erzbischof Balduin anvertraut wurde. Zu dieser Zeit bestand die Gemeinde aus 50 Familien, rund 300 Personen. Sie besassen zwei Synagogen, ein Gemeindezentrum, ein rituelles Bad, einen Friedhof und die Häuser in denen sie lebten. Die Verfolgungen im Jahr 1349, während der Zeit der schwarzen Pest, brachten das Ende dieser Gemeinde. Nur einige wenige Juden lebten danach in Trier und auch diese wurden 1419 vertrieben.

Einigen Juden erlaubte man im 16. Jahrhundert wieder, sich in Trier anzusiedeln. Aber der Dreissigjährige Krieg und die Invasion der Franzosen im 17. Jahrhundert waren für die gesamte Bevölkerung eine sehr schwierige Zeit. Im 18. Jahrhundert wurde die politische Lage etwas besser, dafür nahm die Armut stark zu. Mit der Ankunft der Truppen der neuen französischen Republik im späten 18. Jahrhundert gab es für die jüdische Gemeinde die vollen Bürgerrechte. Allerdings verloren sie diese nach der Niederlage Napoleons und erlangten sie erst 1871 wieder. 1933 lebten 800 Juden in Trier, 400 davon gingen ins Exil, die meisten anderen wurden deportiert und kamen in den KZ's um.

Von dieser langen Geschichte des Trierer Judentums ist - ausser dem weitverbreiteten Familiennamen Dreyfuss, abgeleitet vom französischen Namen für Trier, Treves - herzlich wenig erhalten geblieben. Im Rheinischen Landesmuseum sind eine römische Lampe und Bleisiegel mit siebenarmigen Leuchtern, mittelalterliche jüdische Grabsteine und eine kleine Sammlung religiöser und Gebrauchsgegenstände ausgestellt. Das Museum liegt in der Ostallee 44 und ist Montag bis Freitag von 9.30 bis 16 Uhr,

Samstag von 9.30 bis 14 Uhr und Sonntag von 9 bis 13 Uhr geöffnet.

Im mittelalterlichen Judenviertel stehen noch einige der alten jüdischen Häuser, allerdings seit 600 Jahren nicht mehr von Juden bewohnt. Zum mittelalterlichen Judenviertel gehörte die Judengasse, Stockstrasse, Stockplatz und Jacobsgasse. Ein Tor, ehemals ein Eingang ins Judenviertel, ist Ecke Judengasse und Hauptplatz erhalten und das Haus Judengasse Nr. 2, gleich links hinter dem Tor, stammt aus dem Jahre 1311 und wird für das älteste noch existierende jüdische Haus in Deutschland gehalten.

Das Stadtarchiv, Weberbachstrasse 25, besitzt eine Sammlung von Dokumenten zur Geschichte der Juden in Trier bis zur Vernichtung der jüdischen Gemeinde durch die Nazis auf Mikrofilm. Das Archiv ist Montag bis Freitag von 10 bis 17 Uhr und Samstag von 9 bis 12 Uhr geöffnet.

An der Stelle, wo einst die Trierer Synagoge aus dem Jahre 1859 stand, steht heute ein Denkmal. Die Synagoge wurde 1938 verwüstet und 1944 von Bomben völlig zerstört. Das Denkmal steht Ecke Metzelstrasse und Zuckerbergstrasse, gegenüber „An der alten Synagoge". Eine neue Synagoge, 1957 erbaut, liegt in der Kaiserstrasse/Hindenburgstrasse. Gottesdienste werden Freitag um 19 Uhr gehalten. Eine Erinnerungstafel für die im ersten Weltkrieg gefallenen jüdischen Soldaten aus Trier konnte aus den Ruinen der Zuckerberg-Synagoge gerettet werden und ist hier zu sehen.

Karl Marx, wohl der bekannteste Sohn Triers, wurde 1818 in dem Haus Brückenstrasse 10 geboren. Sein Vater, ein Rechtsanwalt aus einer alten Rabbiner-Familie, trat kurz nach der Geburt seines Sohnes, wohl um seine Zukunft zu sichern, zum Christentum über. Das Haus ist heute ein Museum und Montag von 13 bis 18 Uhr, Dienstag bis Sonntag 10 bis 13 und 15 bis 18 Uhr geöffnet.

Das sehr grosse und sehr reiche Dom- und Diözesanmuseum stellt Statuen der Triumphierenden Kirche und der Besiegten Synagoge aus dem 13. Jahrhundert aus. Sie stammen von der Westfassade der Liebfrauenkirche. Das Museum ist Montag bis Samstag von 9 bis 13 und von 14 bis 17 Uhr und Sonn- und Feiertag von 13 bis 17 Uhr geöffnet.

Der jüdische Friedhof Weidegasse 11, Ecke Gilbertstrasse, stammt aus der Mitte des 17. Jahrhunderts und wurde bis 1922 benützt. Er ist versperrt und von ei-

Mit verbundenen Augen, zerbrochenem Zepter und den kraftlosen Fingern entgleitenden Gesetzestafeln steht die Besiegte Synagoge von der Liebfrauenkirche da. Der unbekannte gotische Meister hat sie noch mit grossem Respekt behandelt.

ner hohen Mauer umgeben. Den Schlüssel kann man bei Herrn Schwebel (Tel. 30 633) erhalten. 1920 wurde ein neuer jüdischer Friedhof eingeweiht. Er ist Teil des neuen Städtischen Friedhofes und liegt beim Eingang Herzogenbuscherstrasse rechts. Es gibt zwei Denkmäler für die Juden von Trier, die durch die Nazis ums Leben kamen.

Sehenswert ist auch noch: die Porta Nigra, einst ein Tor der römischen Festungsanlage, heute das bedeutendste Wahrzeichen für die Anwesenheit der Römer in Deutschland; der teils römische, teils romanische Dom mit seinen reichen Schätzen und dem bereits erwähnten Dom- und Diözesanmuseum ganz in der Nähe; die römischen Bäder und die römische Basilika, beides einst Teil eines Palastes, der von Konstantin dem Grossen erbaut wurde; die frühgotische Liebfrauenkirche, und vieles andere.

UNNA

liegt rund 100 km nordöstlich von Köln, zwischen der A 1 und der A 44, an der Bundesstrasse 1 und 233.

* Ehemalige Synagoge aus dem Jahre 1851
* Hellweg Museum besitzt kleine Sammlung jüdischer Gegenstände
* Friedhof aus den Jahre 1854

Juden lebten von 1304 bis 1943 in Unna. Das Gebäude in der Klostergasse Nr. 43, ehemals auch Synagoge, hat eine bewegte Vergangenheit. 1468 als Klosterkapelle im gotischen Stil erbaut, wurde es nach einem Brand im 17. Jahrhundert wiederhergestellt und bis 1848 von der katholischen Gemeinde verwendet. 1851 wurde es in eine Synagoge umgewandelt und 1938 verwüstet. Heute befindet sich in dem Gebäude, das 1957 wieder aufgebaut wurde, eine Druckerei. In der schmalen Sackgasse hinter dem Gebäude, wo auch noch ein Bogenfenster zu sehen ist, ist eine Gedenktafel angebracht.

Das Hellweg Museum zeigt eine kleine Sammlung hauptsächlich religiöser jüdischer Gegenstände, darunter Teile einer Torah-Rolle, Torah-Zeiger, eine Purim-Rassel, Seder-Teller, Kiddush-Becher, den Deckel einer Etrog-Büchse mit einer Szene des Laubhüttenfests, ein Misrach-Bild mit menschlichen Gestalten und einem Löwen, die das Wort misrach (Osten) formen, sowie ein Shochet-Messer. Das Museum liegt in der Mauerstrasse 8 und ist Dienstag bis Freitag von 10 bis 12.30 und 15 bis 17 Uhr, Samstag von 11 bis 13 und Sonntag von 11 bis 13 und von 15 bis 17 Uhr geöffnet.

Der Friedhof aus dem Jahre 1854 befindet sich an der Ecke Massener Strasse/ Beethovenring. 1985 wurde ausserhalb des Friedhofs ein Gedenkstein für die Juden von Unna aufgestellt. Der Schlüssel ist bei Herrn Meyer, Massener Strasse 57, zu bekommen.

WITTLICH

liegt rund 130 km südlich von Köln oder 170 km westlich von Frankfurt, an der A 48 und den Bundesstrassen 49 und 50.

* Ehemalige Synagoge aus dem Jahre 1910

Juden siedelten sich erstmals, von Erzbischof Balduin von Trier dazu ermutigt, um 1300 in Wittlich an. Die Verfolgungen anlässlich der Schwarzen Pest im Jahr

1349 scheinen für sämtliche Mitglieder dieser ersten Gemeinde den Tod bedeutet zu haben. Erst im 17. Jahrhundert siedelten sich wieder Juden in grösserer Zahl in Wittlich an und bis in die Dreissigerjahre des 20. Jahrhunderts erlebten sie zusammen mit der christlichen Bevölkerung Wittlichs Krieg, Armut und auch gute Zeiten.

Die Synagoge, 1910 erbaut, wurde 1938 zwar verwüstet, aber dank des Eingreifens des Bürgermeisters von Wittlich, der die Polizei gegen die SA stellte, nicht völlig zerstört. Während des Krieges wurde sie als Lager für französische Kriegsgefangene benützt, bevor sie dann, nachdem sie 30 Jahre leer gestanden hatte, 1976 renoviert wurde. Sie war in einer grosszügigen Mischung von Art Nouveau und neo-romanischem, an der Synagoge von Worms orientierten Stil erbaut worden und ist ziemlich gross. Im Inneren ist die Synagoge durch Kuppeln und Bogen, die die Frauengalerie tragen, und durch die typische Jugendstil-Ornamentik der Wandmalerei gekennzeichnet. Heute befindet sich in der ehemaligen Synagoge ein Kultur- und Ausstellungszentrum. Die steinerne Umrahmung der ehemaligen Torahnische steht jetzt ausserhalb der Synagoge, links vom Eingang. Das Gebäude liegt in der Himmeroder Strasse 44. Grosse Hinweistafeln mit der Aufschrift „Synagoge“, in der Stadt verteilt, erleichtern dem Besucher das Auffinden des Gebäudes. Wenn Ausstellungen stattfinden, ist die ehemalige Synagoge täglich von 14 bis 18 Uhr geöffnet. Eine Gedenktafel für die Opfer der Verfolgungen durch die Nazis ist am Gebäude angebracht.

Die grosse und moderne ehemalige Synagoge von Wittlich dient heute als Ausstellungs- und Konzertraum.

REGION FRANKFURT

ALSENZ

ist ein kleines Bauerndorf etwa 80 km südwestlich von Frankfurt. Es liegt an der Bundesstrasse 48, rund 15 km südlich von Bad Kreuznach.

* Ehemalige Synagoge aus dem Jahre 1776
* Friedhof aus dem frühen 18. Jahrhundert

Die ehemalige Synagoge, erbaut 1776, steht hinter dem Haus Kirchberg Nr. 1. Sie wurde 1932 von der sich auflösenden jüdischen Gemeinde verkauft und wechselte seither einigemale den Besitzer. Der jetzige Besitzer hat das Gebäude umgebaut und verwendet die ehemalige Synagoge als Privat-Ausstellungs-Galerie. Es gibt keine Gedenktafel. Das Gebäude mit seinen schmalen hohen Fenstern ist sehr schön, im Inneren ist noch die Nische für den Torahschrein erhalten, obwohl dieser selbst sich in Speyer, im Historischen Museum der Pfalz, befindet. Oberhalb der Nische sind noch Reste der alten, dekorativen Wandmalerei zu sehen. Die Decke ist dunkelblau und mit Sternen verziert. An der Aussenwand, über dem Eingang, ist die hebräische Inschrift noch in ihren Umrissen zu erkennen: „Dies ist das Tor des Herrn, durch das die Gerechten eintreten werden". Einer der Vorbesitzer hat den misslungenen Versuch unternommen, die Inschrift mit dem Meissel zu entfernen.

Der Friedhof, möglicherweise aus dem frühen 18. Jahrhundert stammend, liegt

Die ehemalige Synagoge von Alsenz ist heute Teil eines Privathauses. Die fast zerstörte Inschrift auf dem Umschlag dieses Buches befindet sich über dem Eingang zur Synagoge.

am Fusse eines sehr steilen Hügels oberhalb des Ortes, wo sich die Berg-Strasse und Am Goldgraben kreuzen. Der Friedhof ist terrassenförmig angelegt, die Grabsteine sind fast alle weiss, und alle stehen noch. Die alten Steine allerdings sind schon sehr durch Witterungseinflüsse beschädigt und die Inschriften sind zum Teil verwittert und unleserlich.

ALSFELD

liegt rund 100 km nordöstlich von Frankfurt oder 90 km südlich von Kassel im Schwalm-Tal an der A5.

* Kleine Museums-Sammlung jüdischer Gegenstände
* Gedenktafel
* Friedhof aus der Mitte des 19. Jahrhundert

Das Ortsmuseum in Alsfeld besitzt eine kleine Sammlung ritueller jüdischer Gegenstände, darunter auch die Torah und den Thoramantel aus der Alsfelder Synagoge. Das Museum befindet sich in der Rittergasse 3-5. Öffnungszeiten sind: Montag bis Freitag 9 bis 12.30 und 14 bis 16.30; Samstag 9 bis 12 und 13 bis 16 Uhr; Sonntag 10 bis 12 und 14 bis 16.30. Es existiert zwar noch eine Strasse mit dem Namen „Judenbad", aber kein Bad mehr. Eine kleine Gedenktafel in der Lutherstrasse erinnert an die Alsfelder Synagoge, die 1938 von den Nazis zerstört wurde.

Der jüdische Friedhof, angelegt in der Mitte des 19. Jahrhunderts, liegt am Ende des christlichen Friedhofes am Reibertenröder Weg. Der Eingang von der Strasse her ist zwar versperrt, aber im Friedhof selbst ist der Zugang zum jüdischen Friedhof durch nichts behindert. Die ältesten Grabsteine stammen aus dem späten 19. Jahrhundert.

Andere Sehenswürdigkeiten: Der romantische Marktplatz mit seinen spätgotischen Häusern und dem grossen, wunderschönen, teilweise in Fachwerk erbauten Rathaus, sowie eine frühgotische Kirche, deren Innenausstattung teilweise noch original erhalten ist.

ASCHAFFENBURG

liegt am Main, ungefähr 50 km südöstlich von Frankfurt, und an der A 3.

* Gedenkstätte
* Dokumentationszentrum und Ausstellung im ehemaligen Hause des Rabbiners
* Friedhof von 1719

Die ersten Hinweise auf Juden in Aschaffenburg stammen aus dem Jahre 1147. In der Mitte des 14 Jahrhunderts, als in Europa die Pest wütete, wurden auch die Juden in Aschaffenburg, wie in ganz Deutschland, verfolgt und vertrieben. Im Jahre 1359 durften sich Juden wieder in Aschaffenburg ansiedeln, und die Gemeinde wuchs in den folgenden Jahrhunderten langsam.

Am heutigen Wolfsthalplatz wurde 1698 eine Synagoge erbaut. Diese Synagoge wurde 1893 neu errichtet und 1938 von der SA zerstört. In dem kleinen Park am Wolfsthalplatz gibt heute es ein Denkmal für die jüdischen Opfer des Naziterrors und für die zerstörte Synagoge. Das Haus des Rabbiners steht noch auf dem Wolfsthalplatz. Es ist jetzt ein Dokumentationszentrum und eine Ausstellung über die Aschaffenburger Juden darin untergebracht. Die Ausstellung besteht hauptsächlich aus Fotografien und Plakaten, die Aschaffenburger Juden und ihr Schicksal darstellend, sowie einigen religiösen Gegenständen. Die Ausstellung kann am Mittwoch von 10-12, am Donnerstag von 16-18 Uhr und jeden ersten Sonntag im Monat von 10-12 besichtigt werden. Im selben Haus befindet sich auch ein Gebetsraum für die heute bestehende kleine jüdische Gemeinde.

Der Wolfsthalplatz wurde nach Otto Wolfsthal, einem Aschaffenburger Bankier und Philanthropen, benannt.
Er selbst, seine Frau und fünf seiner engsten Freunde, alle zwischen 60 und 70,

begingen in der Nacht vor ihrer Deportation nach Theresienstadt Selbstmord. Ihre Gräber und ein Gedenkstein können am Schweinheimer Friedhof besucht werden.

Dieser Friedhof, angelegt im Jahre 1719, liegt ausserhalb der Stadt am Hang eines grossen Hügels in der Nähe Schweinheims mit Aussicht auf Aschaffenburg. Acht andere Gemeinden in der Umgebung benützten ebenfalls diesen Friedhof. Von der Stadt zum Friedhof war es wohl ein Fussmarsch von zwei Stunden oder mehr. Der Friedhof ist von einer hohen Steinmauer umgeben und versperrt, der Schlüssel ist in der Stadtgärtnerei in der Grossostheimerstrasse 201 erhältlich. Nur durch das Gittertor ist ein Stück des Friedhofes zu sehen. Die Grabsteine, meistens aus rotem Sandstein und gut erhalten, stehen im Schatten von grossen alten Bäumen, die Gräber nach Osten ausgerichtet.

Den Friedhof erreicht man, indem man die Unterhainstrasse in westlicher Richtung entlangfährt bis zu einem Weg, der mit einem „R" gekennzeichnet ist und links neben einer kleinen Eisenbahnbrücke abbiegt. Rechts von der Strasse steht eine hohe Stützmauer und an der Abzweigung steht eine Baumgruppe und ein Kruzifix. Nun fährt man die schmale Asphaltstrasse ungefähr zwei km entlang durch die Felder, bis sie steil bergauf führt, und dann sieht man rechter Hand die Friedhofsmauer.

Ein zweiter Friedhof wurde im späten 19. Jahrhundert angelegt. Er ist Teil des Altstadtfriedhofes nahe der Innenstadt. Dort befindet sich ein Denkmal für die im ersten Weltkrieg gefallenen jüdischen Soldaten, ein Wächterhäuschen und eine Zeremonienhalle. Auch dieser Friedhof ist geschlossen, der Schlüssel ist aber in der Kapelle des Christlichen Friedhofes zu bekommen.

Zu besichtigen ist noch: das riesige Renaissance-Schloss Johannisburg, die romanisch-gotische Stiftskirche St. Peter und Alexander mit Bildern von Grünewald und Cranach dem Älteren und einem romanischen Kreuzgang.

AUERBACH

liegt etwa 50 km südlich von Frankfurt an der Bundesstrasse 3, nahe der Bundesstrasse 47 und neben der A 5.

* Synagoge aus dem Jahr 1779
* Friedhof aus dem Jahr 1615 im nahen Alsbach

Wahrscheinlich haben sich im 17. Jahrhundert die ersten Juden in Auerbach angesiedelt. Die Gemeinde wuchs langsam und konnte sich lange Zeit keine eigene Synagoge leisten, sondern besuchte die Synagoge im nahegelegenen, wenn auch kurmainzischen Bensheim (Auerbach lag in Hessen-Darmstadt). Erst 1779 konnte eine eigene Synagoge erbaut werden. Der Auszug aus der Bensheimer Synagoge ging nicht ohne langwierige Streitereien um den dort entstehenden Gebührenausfall ab, sogar die Bücher der Auerbacher Juden wurden vom Bensheimer Synagogenvorstand beschlagnahmt.

Von der Mitte des 19. Jahrhunderts bis zum ersten Weltkrieg verlor die Gemeinde von Auerbach ständig an Mitgliedern, vor allem die jungen Männer und Frauen emigrierten oder zogen in grössere Städte mit besseren Möglichkeiten. 1915 war die Auerbacher Gemeinde so klein, dass die für den Gottesdienst nötigen 10 Männer nicht mehr verlässlich zusammengebracht werden konnten und damit der Gottesdienst am Sabbath gefährdet war. Der Nachbargemeinde in Zwingenberg ging es ähnlich, so dass sich die beiden Gemeinden zusammentaten und das neuere Bethaus in Zwingenberg benutzten. 1934 verkaufte der letzte Vorsitzende der Synagogengemeinde das Gebäude an einen Nachbarn, der es für die Reparatur von Landmaschinen verwendete. In der Reichskristallnacht konnte der neue Eigentümer die Zerstörung des Gebäudes verhindern. Die Werkstätte wurde bis 1972 weiterbetrieben, dann wurde das Grundstück der Gemeinde verkauft. Die Synagoge tauchte nach dem Abriss der vor ihr liegenden Schule (mit rituellem Bad) aus der Vergessenheit auf. Die Gemeinde renovierte in den folgenden Jahren das Gebäude.

Die Decke der Synagoge wurde so wiederhergestellt, wie sie zur Zeit der Erbauung ausgesehen hat: ein hellblauer Himmel mit regelmässig gesetzten goldenen Sternen. Die beiden Frauengalerien konnten nur teilweise rekonstruiert werden, da keine Fotos oder Zeichnungen aus der Zeit vor 1934 mehr existieren und die obere Galerie durch den Umbau zur Werkstatt zerstört wurde. Hinter der Frauengalerie wurden in einer kleinen Genisah Gebetsbücher aus dem 18. Jahrhundert gefunden. Die Torahnische ist noch vorhanden, der Torahschrein fehlt. Auch die Bimah wurde nicht rekonstruiert. Das Gebäude dient heute religiösen und kulturellen Veranstaltungen. Es liegt in der Bachgasse, etwas von der Strasse zurückgesetzt.

Im nahegelegenen Alsbach liegt der Friedhof, wo 29 Gemeinden der Umgebung, darunter auch die Gemeinde von Auerbach, ihre Toten bestatteten. Der Friedhof wurde im Jahr 1615 angelegt und hat über 2000 Grabsteine. Wie auf den Friedhöfen ländlicher, eher konservativer Gemeinden üblich, sind die Grabsteine aus rötlichem Sandstein alle etwa gleich hoch und schlicht gehalten; es gibt keine Familiengräber und die einzigen Verzierungen der Grabsteine sind Symbole für die Abstammung oder die Stellung des Toten: die segnenden Hände für die Toten aus dem Stamme Cohen, die Kanne der Leviten, das Beschneidungsbesteck des Mohel. Wie üblich, tauchen erst spät im 19. Jahrhundert deutsche Inschriften auf.

———

Andere Sehenswürdigkeiten sind der sehr eindrucksvolle Fürstenlager-Park aus dem 18. Jahrhundert und das Schloss hoch über der Rheinebene.

DARMSTADT

liegt etwa 30 km südlich von Frankfurt, an der A 5 und der A 67.

* Denkmäler
* Pessach-Haggadah aus dem 14. oder 15. Jahrhundert
* Friedhof aus dem Jahr 1680

Wahrscheinlich erst im 16. Jahrhundert begannen sich Juden in Darmstadt niederzulassen. Sie waren nicht nur der sehr strengen hessischen Judenordnung unterworfen, sondern mussten auch regelmässig Predigten christlicher Missionare über sich ergehen lassen. Nach der Emanzipation im 19. Jahrhundert begann die jüdische Gemeinde rasch zu wachsen. 1933 lebten etwa 3.000 Juden in Darmstadt. Heute existiert in Darmstadt wieder eine kleine jüdische Gemeinde.

Denkmäler für die 1938 zerstörten Synagogen sind Ecke Bleichstrasse/Grafenstrasse, in der Friedrichstrasse auf dem Spitalsgelände und in Eberstadt nahe der Modaubrücke zu sehen.

In der Handschriftenabteilung der Hessischen Landesbibliothek im Schloss wird die hochgeschätzte Darmstädter Pessach-Haggadah aus dem späten 14. oder frühen 15. Jahrhundert aufbewahrt. Sie enthält 15 ganzseitige Miniaturen und 11 Seiten mit Buchmalereien. Im Hessischen Landesmuseum ist der Grabstein des Abraham, Sohn des Rabbi Gerson, aus dem Jahr 1260 zu sehen. Er steht zusammen mit vielen anderen Grabsteinen in einem Innenhof. Das Museum ist Dienstag bis Sonntag von 10 bis 17 Uhr und Mittwoch von 7 bis 21 Uhr geöffnet.

Die neue Synagoge wurde 1987/88 als Geschenk der Stadt und mit Hilfe von Spenden Darmstädter Bürger in der Wilhelm-Glässing-Strasse gebaut.

Der Friedhof am Steinbergweg stammt etwa aus dem Jahr 1680. Der älteste erhaltene Stein ist mit 1714 datiert. Im Friedhof steht ein Denkmal für die jüdischen Gefallenen des ersten Weltkriegs, neben dem Portal sind zwei Gedenktafeln für die Opfer der Nazis angebracht. Der Friedhof ist versperrt, der Schlüssel im Gemeindezentrum Osannstrasse 11 erhältlich.

Andere Sehenswürdigkeiten von Darmstadt sind auch das bereits erwähnte Landesmuseum mit seiner wunderbaren Sammlung von Glasfenstern und Jugendstil-Objekten, sowie die Jugendstil-Häuser auf der Mathildenhöhe.

FRANKFURT

* Jüdisches Museum und Archive
* Jüdische Schule Philantropin
* zwei rituelle Bäder (eines aus dem Jahr 1462) und Fundamente des alten Ghettos
* Synagoge aus dem Jahre 1910
* Bibliothek
* Denkmäler
* Friedhöfe

Frankfurt, eine freie Reichsstadt, lag an einer wichtigen Furt durch den Main-Fluss. Ab dem 16. Jahrhundert wurden hier die Deutschen Könige und Römischen Kaiser durch die Kurfürsten gewählt und im Dom gekrönt. Geldverleih, einer der wenigen Berufe, die Juden erlaubt waren, wurde in diesen Zeiten sehr wichtig. Die Kandidaten für die Krone des Heiligen Römischen Reiches, deren Kassen meistens leer waren, brauchten Geld, um die Kurfürsten von sich zu überzeugen. Frankfurt ist noch heute das Finanzzentrum Deutschlands.

Die Entwicklung der jüdischen Gemeinde Frankfurts vollzog sich parallel zur Entwicklung Frankfurts selbst. Die ältesten Dokumente, in denen jüdische Händler erwähnt werden, sind aus dem Jahre 1074. In Frankfurt angesiedelt allerdings dürften sich Juden erst nach 1150 haben. Die alte jüdische Siedlung, immer wieder zerstört, lag direkt vor dem kaiserlichen Palast, an dem Platz, an dem später der Dom erbaut wurde. Die Juden waren Kammerknechte des Kaisers und standen unter seinem durch Steuern erkauften, häufig aber unzureichenden, Schutz.

Im Jahre 1460 beschloss die Ratsversammlung von Frankfurt die Entfernung der Juden aus der Nähe des Domes und den Bau einer Judengasse. Die jüdische Gemeinde, die sich vergeblich gegen die Umsiedelung wehrte, nannte die Judengasse in der Folge „Neues Ägypten". Gebaut wurde die Judengasse, die später die berühmteste solche Einrichtung in Europa wurde, für 180 Juden. Sie wurde niemals vergrössert und beherbergte letztendlich 3.500 Menschen. Es war den Juden verboten, höher als vier Stockwerke zu bauen, der Platzmangel war katastrophal und jeder Zentimeter wurde als Wohnraum genutzt. Als Beispiel: Das schmalste Haus in der Judengasse war 1,67 Meter breit und 24 Meter lang, mit jeweils einem Fenster an jedem Ende. Alle Räume im Inneren des Hauses waren natürlich völlig im Dunkeln.

Eines der bemerkenswertesten Häuser, erbaut 1712, wurde ab 1720 von der Familie Rothschild und der Familie Schiff gemeinsam bewohnt. (Dieses Rothschild-Haus sollte nicht mit dem Rothschild-Palais aus dem späten 19. Jahrhundert verwechselt werden, das heute noch steht). Das Rothschildhaus, im zweiten Weltkrieg durch Bomben zerstört wie der Grossteil der Frankfurter Innenstadt, beherbergte 60-70 Personen in vier Stockwerken und mit einer Breite von rund 10 Meter. Über einem Tor befand sich ein rotes Schild, aber der Familienname Rothschild existierte bereits vorher. Hier begann Mayer Amschel Rothschild (mit Ehefrau Gütele, den 18 Kindern und der oben erwähnten Familie Schiff) seine Bankgeschäfte.

Frankfurt wurde im 16. Jahrhundert ein wichtiges religiöses Zentrum für die Juden. Die Bewegung, die Reform und Anpassung des Judentums zum Ziel hatte, wurde im 18. Jahrhundert immer stärker, und mit Beginn des 19. Jahrhunderts, als die Napoleonischen Reformen die Mauern der Judengasse niederrissen und den Juden Bürgerrechte brachten, gründeten die Reformer das Philantropin, eine sehr moderne Schule in der Hebelstrasse 17, wo sehr viel Arbeit für die Reform geleistet wurde. Der Streit zwischen Konservativen und Reformern veranlasste Rabbi Samson Raphael Hirsch im späten 19. Jahrhundert die Israelitische Religionsgesellschaft zu gründen, in der sich bald viele orthodoxen Juden Europas vereinigten.

Wenig ist geblieben vom historischen jüdischen Frankfurt. Was der Fortschritt zu Anfang des 20. Jahrhunderts nicht zerstörte, das zerstörten die Nazis und die Bomben. Das wenige, das über jüdisches Leben im Mittelalter Auskunft gibt, findet man in Grabsteinen des aus dem 13. Jahrhundert stammenden Friedhofes in der Battonstrasse und in zwei erst kürzlich entdeckten rituellen Bädern.

Vor einiger Zeit wurden bei Erdaushebungen für ein neues Gebäude am Börneplatz Reste der ehemaligen Judengasse gefunden, darunter auch ein rituelles Bad aus dem Jahre 1462. Über diesen Fund wurde viel debattiert, bis man zu folgenden Beschluss kam: fünf mittelalterliche jüdische Häuser, das rituelle Bad und ein Brunnen sollten bis 1990 renoviert und der Öffentlichkeit zugänglich gemacht werden. Seither hat man noch ein zweites rituelles Bad ausgegraben.

Diese Funde sollen ein Bestandteil des jüdischem Museums, das 1988 eröffnet wurde, werden, und, sozusagen als Aussenstelle, zu besichtigen sein. Das jüdische Museum stellt religiöse und Gebrauchsgegenstände aus, die aus dem alten Museum, das 1922 gegründet wurde, und aus den 1938 zerstörten Synagogen gerettet werden konnten. Ausstellungsobjekte erhält das Museum auch von deutschen oder ehemals deutschen Juden und deren Nachkommen in aller Welt. Der Hauptteil der Ausstellung befindet sich im Rothschild-Palais, Untermainkai 35, direkt am Main. Eine grosse Anzahl von Dokumenten, das Leben der deutschen Juden im 19. und 20. Jahrhundert betreffend, sind ebenfalls hier ausgestellt. Das Museum ist von Dienstag bis Sonntag in der Zeit von 10 bis 17 Uhr und am Mittwoch auch von 17 bis 20 Uhr geöffnet.

Dieser reichbestickte Torahschrein-Vorhang im Frankfurter Jüdischen Museum ist einer der wenigen, die die Nazizeit überdauert haben.

Das jüdische Archiv, welches dem Museum einverleibt wurde, sammelte tausende alte Fotografien von Synagogen in Deutschland, Österreich, in der Tschechoslowakei und Polen, sowie Dokumente über die Geschichte der deutschen Juden. Für Familien mit Vorfahren aus Frankfurt wird ein Katalog erstellt, mit Namen, Geburts- und Todesdatum, Beruf und, wenn vorhanden, Fotografien. Um Informationen zu erhalten, oder um der Sammlung Materialien zur Verfügung zu stellen, schreibt man an: Jüdisches Museum, Untermainkai 35, Frankfurt.

Die Westend-Synagoge in der Freiherr-von-Stein-Strasse wurde 1910 erbaut, 1938 niedergebrannt, 1948 wiederaufgebaut und im Jahre 1950 neu geweiht. Eine neue Grundschule wurde 1986 im jüdischen Gemeindezentrum Ecke Westendstrasse und Savignystrasse gegründet.

Eine Ausstellung zur Geschichte der bedeutenden Philantropin-Schule befindet sich Hebelstrasse 15-19 und ist Montag bis Freitag von 8 bis 21 Uhr und Sonntag von 9 bis 13 Uhr geöffnet.

Der aus dem 13. Jahrhundert stammende und 1829 geschlossene Frankfurter Friedhof wird in einem Buch aus dem Jahre 1933 wegen seiner 7.000 Grabsteine aus rotem Sandstein, die damals noch standen, und weiteren 20.000, die bereits in der Erde versunken waren, erwähnt. Dem Verwalter des Kunsthistorischen Museums, der, um die Steine zu retten, mit deren historischen Wert argumentierte, ist es zu danken, dass von den vielen Tausenden wenigstens einige Hundert

Nur mehr wenige Steine stehen auf dem mittelalterlichen Friedhof der Frankfurter Juden, die meisten wurden von den Nazis abtransportiert.

erhalten blieben. Die meisten wurden von den Nazis zerstört oder weggebracht.

An einem Ende des Friedhofes stehen noch einige der alten Grabsteine unter den grossen alten Bäumen, während andere, im Wald und auf Schutthalden gefunden und in den Friedhof zurückgebracht, in der Friedhofsmitte aufgeschichtet liegen. Einige der Grabsteine aus dem 13. Jahrhundert wurden bei einer Renovierung des Doms, für dessen Bau man sie verwendet hatte, gefunden und ebenfalls zurückgebracht. Unter den Gräbern befindet sich auch das von Pincas Horowitz, „Gesicht der Erlösung" genannt, der 1782 Moses Mendelssohn wegen seiner Übersetzung der Torah in die deutsche Sprache angriff. Durch das Gittertor in der Battonstrasse kann man den Friedhof sehen, die bessere Sicht hat man aber, wenn man rechts herum um den Friedhof bis zur Rechneigrabenstrasse 2-8 geht. Hier ist die Friedhofsmauer nicht so hoch. Der Schlüssel, sollte man den Friedhof betreten wollen, ist im jüdischen Gemeindezentrum, Westendstrasse 43, erhältlich.

Auf dem Areal des Städtischen Friedhofes in der Rat-Beil-Strasse befinden sich noch zwei jüdische Friedhöfe. Der ältere ist aus dem Jahre 1828. Er ist verschlossen, aber es gibt eine Klingel zum Verwalter. Dieser kann hebräisch lesen und verfügt über ein alphabetisches Grabregister. (Sollte der Verwalter nicht anwesend sein, ist der Schlüssel auch im Blumengeschäft gegenüber zu haben.) Ausser Grabsteinen aus dem letzten Jahrhundert, sowohl von orthodoxen als auch von Reform-Juden, gibt es Gedenksteine für die Opfer der Nazis und viele Steine, auf denen nur ein Name, ein Datum und das Wort „beerdigt" steht. Es sind die Grabsteine der fast 700 Frankfurter Juden, die während der Nazizeit Selbstmord verübten.

Der neuere Teil, bei der Eckenheimer Landstrasse, wird noch benützt. Die Grabsteine hier sind aus diesem Jahrhundert. Hier stehen viele Gedenksteine, einerseits für die Opfer der deutschen Vernichtungslager, andererseits für ehemalige Frankfurter Juden, die fern der alten Heimat starben und in Israel oder sonstwo begraben sind. Informationen über weitere jüdische Friedhöfe in Frankfurt sind im jüdischen Gemeindezentrum, Westendstrasse 43, erhältlich.

Die Stadt- und Universitätsbibliothek verfügt über eine grosse Sammlung jüdischer und hebräischer Literatur und über viel Literatur aus dem Exil, sowie über Bilder berühmter jüdischer Schriftsteller. Adresse ist: Bockenheimer Warte.

Eine Reihe von Denkmälern für die jüdischen Opfer der Nazis und für ihre zerstörten Synagogen liegen verstreut über ganz Frankfurt, so am Börneplatz, in der Friedberger Anlage 5-6, hinter der Paulskirche in der Berliner Strasse, in Rödelheim und in Höchst. Am Geburtshaus der Anne Frank, Ganghoferstrasse 24, ist eine Gedenktafel angebracht.

Diese niedrigen Steine, die nicht das Todesdatum, sondern die Aufschrift "Beerdigt" tragen, kennzeichnen die Gräber der Juden, die sich während der Nazizeit in Frankfurt das Leben nahmen.

Weitere Sehenswürdigkeiten sind: Das Viertel um den Römer, das alte Rathaus von Frankfurt, eng verbunden mit den Wahlen und Krönungen Deutscher Könige und Römischer Kaiser in der Zeit von 1562 bis 1806 (im zweiten Weltkrieg zerstört, wieder aufgebaut, ist dieses Viertel heute von grossen Bank-Palästen eingekreist, was zu dem Spitznamen „Mainhattan" führte); der gotische Dom, das Museumsviertel am Main, und die Paulskirche, eine Kirche im klassizistischen Stil, wo 1848 die revolutionäre erste deutsche Nationalversammlung tagte, versagte und 1849 unverrichteter Dinge heimgeschickt wurde.

FRIEDBERG

liegt rund 30 km nördlich von Frankfurt, an den Bundesstrassen 3 und 455, nahe der A 5.

* Rituelles Bad aus dem 13. Jahrhundert

Von allen erhaltenen rituellen Bädern in Deutschland ist das gotische Bad aus dem 13. Jahrhundert in Friedberg wohl das schönste, bestimmt aber das tiefste. Eine Gedenktafel für den Erbauer aus dem Jahr 1260 an der tiefsten Stelle des Bades, im „lebenden Wasser", legt Zeugnis ab für die mittelalterliche jüdische Gemeinde von Friedberg.

Durch einen gotischen Spitzbogen über einem dunklen Eingang geht es über fünf Treppen aus alten Steinstufen, 72 insgesamt, in 25 Meter Tiefe hinunter. Vorbei an Reihen gotischer Bogen geht man in dieses unglaubliche unterirdische Bad, das seine Erbauer in unvorstellbar harter Arbeit dem Boden aus hartem Basaltstein abgerungen haben. Wenn man von oben in die dunkle Tiefe sieht, hat man den Eindruck, als ob der Mond, tief unten im Wasser, ein helles Licht verbreiten würde. Eine achteckige Öffnung in der Kuppel, ehemals die einzige Quelle des Tageslichts, und ihre Reflexion im Wasser des rituellen Bades lassen diesen Eindruck entstehen.

In der Eingangshalle zum Bad hängt eine Tafel mit den Namen und den Fotografien der Friedberger Juden, die im ersten Weltkrieg als deutsche Soldaten ihr Leben liessen. Eine Fotografie zeigt Karl Neuhof, wie er 1915 einen Orden von Kaiser Wilhelm den Zweiten bekommt. Darunter ein kurzer Hinweis, dass Karl Neuhof 1943 von deutschen Nazis ermordet wurde. Ein kleines steinernes Denkmal erinnert an einen anderen, berühmteren Friedberger Juden, Ernst (später Sir Er-

25 Meter unter der Erde spiegelt sich die Glaskuppel im lebenden Wasser des rituellen Bades von Friedberg.

nest) Oppenheimer, der in Südafrika zu Ruhm und Reichtum kam. Auch der Opfer des Nazi-Regimes und der 1938 zerstörten Synagoge wird hier gedacht. Das Bad liegt in der Judengasse 20 und ist Dienstag bis Freitag von 9 bis 12 und 14 bis 17 Uhr, Samstag von 9 bis 12 und Sonntag von 10 bis 12 Uhr geöffnet.

Im Wetterau Museum ist ein jüdischer Grabstein aus dem 14. Jahrhundert und ein Abdruck der Steintafel für den Stifter des rituellen Bades ausgestellt. Das Museum ist in der Haagstrasse 16 und ist Dienstag bis Freitag von 9 bis 12 und von 14 bis 17 Uhr, Samstag von 9 bis 12 und Sonntag von 10 bis 17 Uhr geöffnet. Sehenswert ist noch die Stadtkirche, von den selben gotischen Baumeistern erbaut, die auch das rituelle Bad errichtet haben, sowie die ehemals kaiserliche Festung mit einem Kern mittelalterlicher Bürgerhäuser.

GELNHAUSEN

liegt rund 50 km östlich von Frankfurt, an der A 66 und an der Bundesstrasse 43.

* Ehemalige Synagoge aus dem Jahr 1734 und Ausstellung
* Friedhof aus dem Jahr 1616

Die erste Erwähnung von Juden in Gelnhausen im Jahr 1241 betrifft die Steuern, die sie dem Kaiser einerseits und dem Wetterauer Städtebund anderseits zu

Die gotischen Bögen und Säulen des grandiosen Bades von Friedberg wurden von den Baumeistern der bemerkenswerten Stadtkirche errichtet.

entrichten hatten. Die gesamte jüdische Gemeinde wurde 1349 während der Verfolgungen zur Zeit der schwarzen Pest auf dem Scheiterhaufen verbrannt. Eine neue Gemeinde siedelte sich 1361 an und wurde 1576 vertrieben. 1599 siedelten sich erneut Juden in Gelnhausen an. Im 18. Jahrhundert wuchs die Gemeinde durch die Zuwanderung von Frankfurter Juden, deren Judengasse abgebrannt war, stark an. 1833 erhielten die Gelnhauser Juden die vollen Bürgerrechte. Ab der Mitte des 19. Jahrhunderts begann die Zahl der Gelnhauser Juden durch Emigration und durch Abwanderung in grössere Städte zu sinken, in den Dreissigerjahren wurde die Abwanderungsbewegung sehr stark und 1938 hatte die jüdische Gemeinde bereits aufgehört zu existieren. Mehr als 50 aus Gelnhausen stammende Juden wurden von den Nazis verschleppt und ermordet.

Gelnhausens Synagoge wurde 1601 auf den Grundmauern einer älteren Synagoge neu errichtet. Der Chuppah-Stein, der bis 1938 an der Aussenmauer zu sehen war, stammte aus dieser Zeit. Im Dreissigjährigen Krieg wurde die Synagoge zerstört, 1656 wieder aufgebaut (zwei steinerne Almosenkassen blieben erhalten), 1734 umgebaut und 1834 renoviert. Sie wurde Anfang 1938 verkauft und diente als Lagerhalle. Jetzt befindet sich in dem Gebäude der ehemaligen Synagoge ein Kulturzentrum. Eine Kopie des alten Chuppah-Steines befindet sich an der Aussenmauer (die Inschrift ist eine Abkürzung von „Die Stimme der Seligkeit, die Stimme der Freude, die Stimme des

Schon kurz nach der Gründung von Gelnhausen durch Kaiser Friedrich Barbarossa stand an derselben Stelle die erste Synagoge.

Bräutigams, die Stimme der Braut"). Der alte Torah-Schrein, einer der wenigen barocken Torah-Schreine, die es in Deutschland noch gibt, blieb erhalten. In der Eingangshalle ist eine kleine Ausstellung über die ehemalige Gelnhauser jüdische Gemeinde zu sehen.

Ein sehr ungewöhnliches Denkmal, drei ineinander verschlungene Ringe in einem offenem Tor aus Bronze, steht auf dem kleinen Platz vor der Synagoge. Die Inschrift ist ein Zitat in drei verschiedenen Sprachen, Hebräisch, Deutsch und Arabisch, aus „Nathan der Weise", einem Schauspiel aus dem 18. Jahrhundert von G. E. Lessing. In diesem Stück treffen sich drei Männer in Jerusalem, ein katholischer Ritter, der Sultan Saladin und der reiche Jude Nathan. Saladin fragt Nathan, welche der drei Religionen die wahre sei; Nathan erzählt ihm eine alte Sage, von einem Ring, im Besitz einer königlichen Familie, der die Kraft hatte, seinen Träger „beliebt bei Gott und Menschen" zu machen, und der von Generation zu Generation weitervererbt wurde. Einer der Könige hatte aber drei Söhne, also liess er von dem Ring noch zwei Kopien machen und gab jedem der Söhne einen der Ringe. Die Söhne wollten herausfinden, welcher der echte war, und gingen vor den Richter. Dieser, ein weiser alter Jude, erklärte, dass alle drei Ringe - Symbole für die monotheistischen Religionen Judentum, Christentum und Islam - die selbe Kraft besässen, wenn nur ihre Besitzer so handelten, dass sie Gott und den Menschen wohlgefällig wären. Dieses Schauspiel ist ein für seine Zeit ungewöhnlicher Appell an menschliche und religiöse Toleranz und wird auch heute noch viel gespielt. Die Synagoge ist in der Brentanostrasse 10, ehemals Judengasse. Den Schlüssel bekommt man im Stadtarchiv, im Rathaus am Obermarkt, oder man schliesst sich der Stadtführung an, die jeden Sonntag von Mai bis September stattfindet (Treffpunkt 14.30 vor dem Rathaus), und in deren Rahmen auch die Synagoge besucht wird.

Der alte jüdische Friedhof liegt In Escher, hinter dem Schifftor. Die 836 Grabsteine, der älteste von 1616, sind fast alle aus rosa Sandstein. Im hinteren Teil des Friedhofs stehen einige Grabsteine aus dem 19. Jahrhundert, aber die meisten Steine scheinen aus dem 17. und 18. Jahrhundert zu sein. Die niedrige Steinmauer erlaubt einen guten Einblick in den versperrten Friedhof. Den Schlüssel erhält man im Stadtarchiv, im Rathaus am Obermarkt.

Sehenswert ist auch noch: Die romanische Marien-Kirche aus den 13. Jahrhundert mit dem spätgotischen Altar; die Ruine des von Kaiser Wilhelm Barbarossa 1170 erbauten romanischen Palastes und die befestigte, malerische Altstadt.

GROSSKROTZENBURG

liegt rund 30 km östlich von Frankfurt, nahe der A 45 und an der Bundesstrasse 8.

* Ehemalige Synagoge aus dem Jahre 1826
* Friedhof um 1700

Die ehemalige Synagoge, 1826 erbaut und zweimal vergrössert, wurde 1938 verwüstet, aber nicht völlig zerstört. Bis 1974 wurde sie als protestantische Kirche verwendet und von da an für Versammlungen und Ausstellungen des Grosskrotzenburger Aquarien-Clubs. Besichtigen kann man sie jeden Sonntag zwischen 10 und 13 Uhr. Es gibt Pläne, die Synagoge zu restaurieren und eine Kultur- und Gedenkstätte daraus zu machen. Das Gebäude, aus dem örtlichen Sandstein errichtet, ist klein, mit hohen gewölbten Fenstern an der Nord- und Südseite; an der Westseite sind noch die Konturen von drei kleinen Fenstern und drei Türen zu sehen. Die Synagoge war ehemals Teil eines Komplexes, zu dem auch eine Schule, ein rituelles Bad und eine Zeremonienhalle gehörten. An der Strassenseite der ehemaligen Synagoge, Steingasse 10, ist die alte Hausnummer, 50 1/2, sowie eine Erinnerungstafel zu sehen. Die Schule, in der Steingasse 12, zur gleichen Zeit wie die Synagoge erbaut, ist heute ein Wohnhaus. Das rituelle Bad, das gleich neben der Schule war, sowie die Zeremonienhalle daneben wurden niedergerissen.

Der Friedhof, der ungefähr um 1700 angelegt wurde, liegt ausserhalb des Ortes.

Die bescheidene ehemalige Synagoge von Grosskrotzenburg war einst Bestandteil eines ansehnlichen Komplexes, bestehend aus Synagoge, Schule, rituellem Bad und Leichenhalle.

Wenn man den Waitzweg in Richtung Wald fährt, kurz vor dem Wald links abbiegt und diesem leider schlechten Weg bis zum Waldrand folgt, kommt man zu einem wieder nach links abbiegenden Weg, der zum Friedhof führt. Der Friedhof ist umgeben von einer Mauer aus rotem Sandstein, derselbe Sandstein, aus dem auch die meisten Grabsteine sind, von denen die meisten noch stehen. Der Friedhof ist verschlossen. Den Schlüssel erhält man im Rathaus.

GRÜNSTADT

liegt rund 90 km südwestlich von Frankfurt, an der Bundesstrasse 271 neben der A 6.

* Ehemalige Synagoge aus dem Jahre 1790
* Friedhof aus dem Jahre 1745

Das Gebäude der ehemaligen Synagoge aus dem Jahre 1790 steht Ecke Poststrasse und Östlicher Graben. 1938 wurde das Innere der Synagoge völlig zerstört und die religiösen Gegenstände vernichtet, lediglich das Gebäude selbst blieb erhalten. Dieses ist heute hellgrün gestrichen und hat drei kleine runde Fenster über den fünf Bogenfenster. Ein Geschäft für Teppiche, Tapeten und Vorhänge ist darin untergebracht. Gedenktafel gibt es keine.

Der Friedhof, ungefähr 1745 angelegt, liegt im östlich der Stadt abseits der Obersülzerstrasse. Man nimmt die erste Abzweigung links gleich nach der Stadtgrenze und dann die zweite rechts. Der Friedhof liegt in der Baumgruppe hinter der Fabrik. Die meisten Grabsteine sind aus dem 18. und 19. Jahrhundert und scheinen gut erhalten.

HEIDELBERG

liegt rund 100 km südlich von Frankfurt und rund 120 km nördlich von Stuttgart am Neckar, an der A 656 und neben der A 5.

* Eine grosse Sammlung hebräischer Manuskripte in der Universitäts-Bibliothek
* Universität für jüdische Studien
* Friedhöfe

In Heidelberg werden Juden erstmals im Jahre 1275 erwähnt. Es ist nicht wahrscheinlich, dass die Judenverfolgungen im Gefolge der schwarzen Pest auch in Heidelberg, wie sonst überall in Deutschland, stattfanden. Dokumente deuten jedenfalls darauf hin, dass zur Zeit der Verfolgungen jüdische Flüchtlinge aus dem Rheinland in Heidelberg aufgenommen wurden. Aber Juden und Christen fielen gleichermassen der Seuche zum Opfer und die jüdische Gemeinde erlosch. Die neue Gemeinde, 1357 gegründet, wurde schon 1391 wieder vertrieben. Ihr gesamtes Eigentum, die Häuser, die Synagoge, das rituelle Bad, der Friedhof und sämtliche Schriften, wurden Eigentum der Universität. Mitte des 17. Jahrhunderts kam die Familie Oppenheimer nach Heidelberg. Joseph Suess Oppenheimer, später einer der einflussreichsten Hofjuden, wurde hier 1698 geboren. Die Kriege mit den Franzosen in den Jahren um 1690, die Hep-Hep-Verfolgung 1819 und die Revolution 1848 brachten jeweils schwere Zeiten für die jüdische Gemeinde. Von den 1.100 1938 in Heidelberg lebenden Juden wurden von den Nationalsozialisten 450 deportiert und umgebracht.

Die Bibliothek der Heidelberger Universität, Plöck 107-109, besitzt eine grosse Sammlung hebräischer Bücher und Schriftstücke, darunter schriftliche Verträge zwischen Juden und den herrschenden Fürsten aus dem 12. Jahrhundert. Ebenso wird die Manessische Liederhandschrift hier aufbewahrt, eine Liedersammlung aus dem 14. Jahrhundert mit 137 Miniatur-Bildern von Minnesängern, darunter dem jüdischen Minnesänger Süsskind von Trimberg. Die Bibliothek ist Montag bis Freitag von 8.30 bis 15.30 geöffnet.

Die neue, 1988 erbaute, Synagoge liegt in der Blumenstrasse. Die Universität für jüdische Studien, die einzige ihrer Art in ganz Deutschland, liegt in der Friedrichstrasse 9.

An der Ecke Grosse Mantelstrasse/Lauerstrasse, gleich neben dem Alten Synagogenplatz, steht eine Erinnerungstafel für die 1938 zerstörte Synagoge. Der alte Friedhof, aus dem frühen 18. Jahrhundert, liegt in der Klingenteichstrasse, gegenüber von Nr. 20. Er ist versperrt und von aussen ist nichts zu sehen. Den Schlüssel erhält man entweder im Rathaus oder in der Universität für jüdische Studien in der Friedrichstrasse 9, Montag bis Freitag von 9 bis 17 Uhr.

Der Bergfriedhof in der Rohrbacherstrasse stammt aus der Mitte des 19. Jahrhunderts und ist Teil des Städtischen Friedhofs. Hier steht ein Denkmal für die von den Nazis ermordeten Heidelberger Juden. Die Öffnungszeiten sind die gleichen wie die des Städtischen Friedhofes.

Zu besichtigen gäbe es noch: die Ruine des Renaissance-Schlosses der pfälzischen Kurfürsten (1693 von den Franzosen niedergebrannt), das Kurpfälzische Museum mit seiner reichen Kunstsammlung, die zum Grossteil barocke alte

Stadt, mit ihren alten Kirchen, romantischen Gässchen und den vielen Studenten, die die Stadt beleben. Die Aussicht, die man von der alten Brücke oder dem Philosophenweg (am rechten Ufer des Neckar) aus auf die Stadt hat, ist zu Recht berühmt.

HEMSBACH

liegt rund 70 km südlich von Frankfurt an der A 5 und der Bundesstrasse 3.

* Ehemalige Synagoge mit rituellem Bad und kleinem Museum
* Friedhof aus dem Jahre 1674

Es ist wahrscheinlich, dass bereits im 14. Jahrhundert eine jüdische Gemeinde in Hemsbach existierte. Dokumentarisch erwähnt wird eine solche allerdings erst 1661. Der Synagogen-Komplex, 1845 in rotem Sandstein erbaut, umfasst die Synagoge, eine Schule, ein rituelles Bad und die Wohnung des Lehrers, alles sorgfältig restauriert. Über dem Eingang zur Synagoge steht folgende Inschrift in Hebräisch: „Welches Gebet und welche Verehrung auch immer von irgendeinem dargebracht wird, der die Krankheit seines Herzens kennt und seine Hände gegen dieses Haus ausstreckt, das höre Du im Himmel, Deiner Wohnung, und vergib, und hilf". Die Frauengalerie im Inneren wird von zwei Reihen von Säulen getragen. Die farbenfrohe Decke wurde in den dekorativen Mustern des 19. Jahrhunderts renoviert.

Die ehemalige Synagoge und jüdische Schule von Hemsbach dient heute nach aufwendiger Renovierung als Veranstaltungsraum und Bibliothek.

Die ehemalige Schule ist jetzt ein Leseraum. Dieser ist jeden Werktag von 9 bis 12 Uhr, und Dienstag und Donnerstag zusätzlich von 14 bis 16 Uhr geöffnet. Die Schlüssel für Synagoge und rituelles Bad sind im Leseraum während der Öffnungszeiten erhältlich. Gegenüber von Synagoge und Schule ist das kleine Museum und das Bad. Im Museum ist eine kleine Sammlung jüdischer ritueller Gegenstände und eine Gedenktafel aus keramischen Fliesen mit den Namen der 29 von den Nazis verschleppten und umgebrachten Hemsbacher Juden zu sehen. Der ganze Komplex ist vom Hinterhof des Hauses Mittelgasse 16, sowie von der anderen Seite, gegenüber Bachgasse 26, zu erreichen.

Der Friedhof stammt aus dem Jahre 1674, er ist gross und liegt in einem dunklen Wald am Berghang, mit einigen Grabsteinen aus dem frühen 18. Jahrhundert. Der Friedhof ist versperrt, aber einige der Steine sind von der Strasse aus zu sehen. Den Schlüssel erhält man im Rathaus oder von Herrn Ehret, Oberer Mühlweg 9, der Friedhof selbst liegt Oberer Mühlweg 50.

Das liebevoll restaurierte Innere der ehemaligen Synagoge von Hemsbach diente bis vor wenigen Jahren noch als Behelfsunterkunft.

Das kleine rituelle Bad von Hemsbach ist heute Teil eines Museums.

KITZINGEN

liegt rund 90 km nordwestlich von Nürnberg und rund 130 km südöstlich von Frankfurt, am Main und der Bundesstrasse 8.

* Ehemalige Synagoge aus dem Jahre 1883

Eine jüdische Gemeinde in Kitzingen wird 1147 erstmals erwähnt, existierte aber schon vorher. Die Gemeinde wurde immer wieder durch Verfolgungen beeinträchtigt, erstmals 1243 nach einer Ritualmordbeschuldigung, dann durch die Rindfleisch-Massaker 1298 und die Armleder-Verfolgungen 1336, bis letztlich die schwarze Pest, mit den damit verbundenen Judenverfolgungen, das Ende für die Gemeinde brachte. Eine neue Gemeinde bildete sich bald nachher in Kitzingen, und konnte sich trotz immer wiederkehrenden Verfolgungen und Androhungen von Vertreibungen halten, bis sie 1798 tatsächlich vertrieben wurde. Erst nachdem die Juden in der Mitte des 19. Jahrhunderts die Bürgerrechte erhalten hatten, wuchs langsam eine neue Gemeinde heran und baute sich 1883 eine neue Synagoge. Das Gebäude der alten Synagoge aus dem 16. Jahrhundert war zwar noch erhalten, gehörte aber natürlich nicht mehr der neuen jüdischen Gemeinde, sondern war ein Wohnhaus und wurde 1945 von Bomben zerstört. Die neue Synagoge wurde 1938 verwüstet. Fast 100 Juden aus Kitzingen wurden in KZ's umgebracht.

Das Gebäude der Synagoge wurde nach 1938 als Zwangsarbeiterlager, später als Fabrik, Lagerhalle und Proberaum verwendet, bevor es renoviert und in ein Kulturzentrum umgewandelt wurde. An dem Gebäude in der Landwehrstrasse 1 ist eine Erinnerungstafel angebracht. Von der ehemaligen Schule blieb ebenfalls das Gebäude in der Landwehrstrasse 23 erhalten.

KLEINKROTZENBURG

liegt rund 30 km östlich von Frankfurt, am Main, gegenüber von Grosskrotzenburg und neben der A 3.

* Ehemalige Synagoge aus dem Jahre 1913

Die Synagoge in dem kleinen Ort wurde 1913 in einem gemilderten Jugendstil erbaut. Sie wurde 1938 durch Brandstiftung verwüstet, wurde Gemeindebesitz und als Abstellraum und Schlosserei des städtischen Bauhofs verwendet. Das Gebäude wird derzeit renoviert und in ein Kulturzentrum umgewandelt.

Der Friedhof wurde wahrscheinlich in der Mitte des 18. Jahrhunderts angelegt.

KOBLENZ

liegt rund 90 km südöstlich von Köln, oder 120 km westlich von Frankfurt, am Zusammenfluss von Rhein und Mosel und zwischen der A 48 und der A 61.

* Ausstellung zur Geschichte der Koblenzer Juden
* Friedhof aus dem Jahre 1850

Dass Juden bereits im 12. Jahrhundert fest in Koblenz etabliert waren, geht aus einigen Dokumenten aus dieser Zeit hervor, die das Einkommen von Juden betreffen. Um 1160 beschreibt der jüdische Weltreisende Benjamin von Tudela auch die grosse jüdische Gemeinde von Koblenz. Im Jahre 1345 wurde ein Jude zum Steuerpächter ernannt (Steuerpächter waren Vorgänger der späteren Hofjuden). Während der Verfolgungen zur Zeit der schwarzen Pest 1349 wurden fast alle Koblenzer Juden durch die Geissler umgebracht, aber bald bildete sich wieder eine neue jüdische Gemeinde. Dokumente über die periodisch wiederkehrende Beschlagnahme und den Verkauf jüdischen Eigentums zu Gunsten des Erzbischofs von Trier, der von 1352 an auch Herr von Koblenz war, beweisen das. Während des 16. Jahrhunderts wurden die Juden zweimal aus Koblenz vertrieben und erst im 18. Jahrhundert stabilisierten sich die Umstände etwas, die Gemeinde wurde grösser und hatte um 1900 sechshundert Mitglieder.

Es ist fast nichts geblieben, was an die lange Geschichte der Koblenzer Juden erinnert. Am Haus Florinsmarkt 13 befindet sich eine Erinnerungstafel für die 1938 zerstörte Synagoge und im ersten Stock desselben Hauses ist eine Ausstellung zur Geschichte der Juden von Koblenz zu besichtigen. Diese ist Montag, Dienstag, Donnerstag und Freitag von 14 bis 18 Uhr geöffnet. Der Bibliothekar der Stadtbibliothek, im selben Haus, hilft bei Problemen mit Auskünften.

In der katholischen Liebfrauenkirche, ganz in der Nähe, steht im Kirchenschiff rechts neben dem Altar ein jüdischer Grabstein mit gotischen Ornamenten. Dieser Grabstein der Hanna, Tochter des Jehuda, aus dem Jahr 1149 wurde bei der Renovierung des Chors der Liebfrauenkirche entdeckt, er war dort als Baumaterial verwendet worden. Da dieser Chor aus dem frühen 15. Jahrhundert stammt, kann angenommen werden, dass der Grabstein von dem im Jahr 1349 anlässlich der Vernichtung der jüdischen Gemeinde enteigneten Friedhof stammt, der als billiger Steinbruch diente.

Ein Denkmal für die Koblenzer Juden, die von den Nazis ermordet wurden, steht am jüdischen Friedhof (aus dem Jahr 1850), in der Schlachthofstrasse 5, neben der neuen Synagoge. Entlang des Hauptweges stehen einige sehr alte und eine Reihe zerbrochener Grabsteine. In der Moselweisser Strasse gibt es einen zweiten Eingang. Der Friedhof ist Sonntag bis Freitag von 8.30 bis 17 Uhr geöffnet.

Die Romanische Kirche St. Castor, das Mittelrheinmuseum und die Festung Ehrenbreitstein am rechten Rheinufer sind weitere Sehenswürdigkeiten von Koblenz.

BAD LAASPHE

liegt etwa 140 km nördlich von Frankfurt und etwa 130 km südwestlich von Kassel, an der Bundesstrasse 62, nahe der Bundesstrasse 253.

* Ehemalige Synagoge von vor 1756
* Friedhof aus dem Jahr 1751

Erstmals werden Juden in Laasphe im Jahre 1640 erwähnt. Allerdings erliessen die Wittgensteins, Herren von Laasphe, bereits im Jahre 1573 Judenordnungen. Möglicherweise gab es 1682 bereits eine Synagoge, jedenfalls wird in einem Dokument aus dem Jahre 1750 ein Rabbiner erwähnt. Dokumentarisch erwiesen ist das Vorhandensein einer Synagoge erst im Jahre 1756, wahrscheinlich wurde sie 1750 direkt an der Stadtmauer, in der nordwestlichen Ecke der Stadt, erbaut. Das Gebäude der alten Synagoge steht noch in der Mauergasse 44. Das Innere der Synagoge wurde 1938 völlig zerstört und in der Folge wurde das Gebäude als Schmiedewerkstatt verwendet. Es gibt keine Gedenktafel.

Graf Wittgenstein stiftete 1751 das Grundstück für den jüdischen Friedhof, der auch heute noch vorhanden ist.

LAUFERSWEILER

liegt rund 130 km westlich von Frankfurt, 140 km südlich von Köln, im Hunsrück, rund 5 km östlich der Stelle, wo sich Bundesstrasse 50 und 327 treffen.

* Ehemalige Synagoge aus dem Jahre 1910

Die Synagoge, 1910 erbaut, wurde 1938 zwar verwüstet, aber nicht völlig zerstört. Sie ist die heute die einzige erhalten gebliebene Synagoge im Rhein-Hunsrück Gebiet. Die Synagoge wurde vor kurzer Zeit renoviert, geplant ist eine Gedenkstätte mit einer Ausstellung über jüdisches Leben in der Region.

LICH

liegt etwa 50 km nördlich von Frankfurt, neben der A 5 und an den Bundestrassen 488 und 457.

* Ehemalige Synagoge aus dem Jahr 1886
* Friedhof aus dem 19. Jahrhundert.

Ein Gasthof aus dem Jahr 1886 wurde 1921 von der jüdischen Gemeinde gekauft und in eine Synagoge umgebaut. Während der Reichskristallnacht wurde die Synagoge verwüstet, aber nicht zerstört. Seither diente das Gebäude als Soldatenquartier, als Kriegsgefangenenlager, als Rathaus, als Senioren-Tagesheim, für Schiessübungen des Schützenvereins und als Musikschule.

Die ehemalige Synagoge liegt in der Amtsgerichtsstrasse 4. Es gibt eine Gedenktafel. Nach der Renovierung soll die ehemalige Synagoge als Konzertsaal verwendet werden. Eine Besichtigung ist nach Absprache mit der Gemeindeverwaltung möglich.

Im nahen Langsdorf steht in der Erbsengasse 7 eine Synagoge aus dem Jahr 1866, die heute als Wohnhaus verwendet wird und kaum als ehemalige Synagoge erkennbar ist. Lediglich eine Gedenktafel erinnert an ihre Geschichte.

LIMBURG

liegt rund 80 km nordwestlich von Frankfurt und 110 km südöstlich von Köln, an der A 3.

* Häuser und 2 rituelle Bäder im Judenviertel aus dem 13. Jahrhundert
* Ehemalige gotische Kapelle (Synagoge 1867-1903)
* Friedhof aus dem frühen 19. Jahrhundert

Limburg ist eine mittelalterliche Stadt, am Hang eines steilen Hügels an der Lahn. Vor einigen Jahren wurde dort ein einfaches romanisches rituelles Bad entdeckt. Im Zuge der Ausgrabungs- und Renovierungsarbeiten kam ein noch älteres Bad zum Vorschein, worauf man das erste, wegen Einsturzgefahr, vorübergehend mit Sand zuschütten musste, um an dem zweiten Bad und den alten Häusern darüber arbeiten zu können. Diese Häuser sind heute die ältesten Fachwerk-Häuser in Deutschland, sie wurden im Jahre 1289 erbaut und waren wahrscheinlich Eigentum der Limburger Juden, die ihre rituellen Bäder im Keller der Häuser einrichteten. Zur Zeit ist das Areal, Römer 2/4/6, für die Öffentlichkeit nicht zugänglich. Bis 1992 sollen die Renovierungsarbeiten abgeschlossen sein. Öffnungszeiten sind noch nicht bekannt.

Ganz in der Nähe, in In der Erbach, steht eine gotische Kapelle. Diese wurde 1867 von der jüdischen Gemeinde vom Limburger Kloster gekauft und zu einer Synagoge umgebaut. Als 1903 die neue Synagoge, Schiede 27, fertig war, wurde die Kapelle an die protestantische Gemeinde verkauft und ist seither eine Kirche.

Schiede 27 steht jetzt ein Denkmal für die 1903 erbaute und 1938 zerstörte Synagoge. Am Friedhof in der Beethovenstrasse, er ist aus dem frühen 19. Jahrhundert, steht ein Denkmal für die jüdische Gemeinde von Limburg.

Der prachtvolle romanisch-gotische St. Georgs-Dom, hoch über der Stadt auf einem Fels stehend, mit seinen Schätzen, sowie die alte Stadt mit den schönen Fachwerkhäusern sind wirklich sehenswert.

MAINSTOCKHEIM

liegt am Main, rund 120 km südöstlich von Frankfurt oder rund 100 km nordwestlich von Nürnberg, zwischen der A 3 und der Bundesstrasse 8.

* Ehemalige Synagoge aus dem Jahre 1836

Eine Synagoge, eine Schule und ein Gemeindezentrum wurden 1836 in einfachem neo-romanischen Stil erbaut. Der ganze Komplex liegt in einer schmalen Sackgasse mit der Adresse Hauptstrasse Nr. 213 gegenüber Hauptstrasse 126, und ist heute eine katholische Kirche. In der Ostwand sind noch die Reste eines runden Fensters über der ehemaligen Torahnische zu sehen; die Torahnische selbst wurde beim Umbau in eine Kirche weggerissen. Eine Erinnerungstafel für die Synagoge und die Juden von Mainstockheim wurde 1986 angebracht.

Die ehemalige Synagoge von Mainstockheim liegt in einer Seitengasse der Hauptstrasse und dient heute als katholische Kirche.

MAINZ

liegt rund 45 km südwestlich von Frankfurt, zwischen dem Rhein und der A 60.

* Landesmuseum mit Sammlung von Judaica aus dem 18. und 19. Jahrhundert
* Gedenkstätten
* Friedhöfe

Nur mehr wenige alte Grabsteine legen Zeugnis ab für das reiche mittelalterliche jüdische religiöse Leben in Mainz. In den frühen Jahren des 10. Jahrhunderts war Mainz ein Zentrum der jüdischen Religionslehre. Rabbi Gershom ben Juda, das Licht des Exils, lehrte hier in der Religions-Schule, die im 10. Jahrhundert von der Familie Kalonymus gegründet worden war.

Man glaubt, dass die jüdische Familie Kalonymus im 10. Jahrhundert aus Lucca in Italien nach Mainz kam. Die Legende besagt: „Sie brachten das Gesetz von Italien, wohin es aus den schwächer werdenden Schulen von Palästina gebracht worden war". Es ist bekannt, dass viele Familienmitglieder angesehene, führende Personen in der jüdischen Gemeinde waren und bis zum 13. Jahrhundert wichtige Funktionen wie Rabbiner, Lehrer und Gemeindevorsteher bekleideten. Spezielle Anerkennung bekam die Familie für ihren Mut und ihre Führungsqualitäten während der Blutbäder anlässlich des ersten Kreuzzuges 1096 und den sozialen Umstürzen im 12. und 13. Jahrhundert.

Obwohl die jüdische Gemeinde in Mainz immer wieder zerstört wurde, war sie von grosser historischer Bedeutung für das ganze Rheinland. Nach langen Jahren eines freien und ungefährdeten Lebens in Mainz wurde die jüdische Gemeinde 1012 für kurze Zeit vertrieben, und nach ihrer Rückkehr 1096 von den Kreuzfahrern massakriert. Bis zum frühen 12. Jahrhundert hatte sich eine neue jüdische Gemeinde etabliert und bildete zusammen mit den Gemeinden in Speyer und Worms den „Schum", eine Art obersten Rat in religiösen und rechtlichen Fragen, welcher in ganz Deutschland einen starken Einfluss auf jüdisches Recht und jüdischen Religionsunterricht nahm. Nach der Ermordung einiger Juden und dem Niederbrennen der Synagoge anlässlich von Ritualmord-Beschuldigungen in den Jahren 1281 und 1283, beschloss die Gemeinde 1285 mit Meir von Rothenburg als Anführer ins Gelobte Land zu ziehen. Der Versuch schlug fehl, Rabbi Meir wurde gefangengenommen und die nach Mainz zurückkehrenden Juden standen vor dem Nichts. Ihr ganzer Besitz, ihr Land, ihre Häuser, alles war vom Erzbischof in Besitz genommen worden.

Während der Verfolgungen 1349, zur Zeit der schwarzen Pest, starben viele Juden im Kampf mit dem Mob von Mainz. Etwa 6.000 begingen Selbstmord in ihren brennenden Häusern und Synagogen. Der Friedhof aus dem 11. Jahrhundert wurde 1438 geschleift und die Grabsteine als Baumaterial verwendet. An die 200 dieser Grabsteine wurden 1922 gefunden und auf den Friedhof in der Mombacherstrasse zurückgebracht, einige kamen ins Museum. Im Jahre 1483 wurden die Juden nochmals vertrieben, diesmal für hundert Jahre. Die neue Gemeinde, die vielen Einschränkungen ausgesetzt war, blieb klein. Erst Ende des 18. Jahrhunderts, als mit der Aufklärung und der französischen Revolution auch einige Erleichterungen kamen, wuchs die Gemeinde, und war bis um 1900 auf 3.000 ange-

Nur mehr wenige niedrige Steine stehen auf dem mittelalterlichen Friedhof der Mainzer Juden.

wachsen. 1939 waren noch ungefähr 1.500 Juden in Mainz, die meisten von ihnen wurden 1942-43 deportiert und ermordet.

Auf dem jüdischen Friedhof von Mainz ist auch der Rabbiner Gershom ben Juda begraben. Der Friedhof liegt auf einem mit Bäumen bewachsenen Hügel hinter dem Hauptbahnhof, in der Mombacherstrasse 85. Den schönsten Ausblick auf den Friedhof mit seinen Grabsteinen aus rotem Sandstein hat man, wenn man die Fritz Kohlstrasse bergauf bis zur Paul Denis Strasse geht. Der Schlüssel zum Friedhof ist im jüdischen Gemeindezentrum in der Forsterstrasse 2 Montag bis Donnerstag von 8 bis 14 Uhr erhältlich.

Ein Friedhof aus der Mitte des 19. Jahrhunderts liegt im christlichen Friedhof Untere Zahlbacherstrasse/ Xaveriusweg. In diesem Friedhof gibt es ein Wächterhaus und eine Zeremonienhalle im maurischem Stil, viele aufwendige Grabsteine aus dem 19. Jahrhundert und ein Denkmal für die Mainzer Juden, die den Nazis zum Opfer fielen.

Das Landesmuseum zeigt in einem Raum im 3. Stock eine sehr gute Sammlung ritueller Gegenstände aus dem 18. und 19. Jahrhundert. Viele der Ausstellungsstücke kommen aus dem jüdischen Museum, das 1926 von der Mainzer jüdischen Gemeinde errichtet und 1938 von den Nazihorden teilweise zerstört wurde. Die Sammlung enthält einige wunderschön gravierte Torah-Schilder aus Silber, Torah-Kronen und einen Rimon mit einem napoleonischen Adler. Auf der Galerie im ersten Stock, mit Blick über das Lapidarium, stehen einige mittelalterliche Grabsteine, darunter auch der von Rabbi Meshullam ben Kalonymus, gestorben 1171. Ein steinerner Fensterrahmen mit dem kaiserlichen Adler und einer Szene, die vielleicht den Traum Adams darstellt, ist an der Mauer des Mittelalter-Flügels ausgestellt. Es wurde lange Zeit angenommen, dass dieser romanische Fensterrahmen aus dem Kalonymus-Haus stammen könnte. Es ist aber sehr unwahrscheinlich, dass eine Familie, die die Rabbiner und die führenden Personen der Gemeinde stellte, ihr Haus mit der Darstellung menschlicher Gestalten schmücken würde, was ihre Religion streng verbietet. Die Adresse des Museums ist Grosse Bleiche 49-51 und geöffnet ist es Dienstag bis Sonntag von 10 bis 17 Uhr.

Ein Denkmal für die 1938 zerstörte Synagoge steht in der Hindenburgstrasse und Josefstrasse, und ein weiteres für eine 1938 verwüstete und 1942 zerbombte Synagoge steht etwa 20 Meter von der Ecke Margaretenstrasse/Flachsmarktstrasse entfernt.

Weitere Sehenswürdigkeiten sind noch: der Dom, eine grosse romanische Basilika mit zwei Chören, einem im Osten und einem im Westen; das Mittelrheinische Landesmuseum, bereits oben erwähnt, und das Gutenberg-Museum, das die Entwicklung des Buchdrucks und frühe Druckwerke zeigt.

MEISENHEIM

liegt rund 100 km südwestlich von Frankfurt, nahe der Bundesstrasse 420.

* Ehemalige Synagoge aus dem Jahr 1866 und kleine Ausstellung
* Friedhof aus dem Jahr 1880 im nahegelegenen Bauwald

Die kleine Meisenheimer Gemeinde baute 1866 eine eher grandiose, kirchenähnliche Synagoge mit zwei kleinen Türmen in einem Gemisch aus neo-klassizistischem und neo-romanischem Stil. Die Gemeinde wurde in der zweiten Hälfte des 19. Jahrhunderts rasch kleiner und hatte 1925 nur mehr etwa fünfzig Mitglieder. 1938 wurde die Synagoge stark beschädigt und in der Folge zum Einlagern von Getreide verwendet. Das Innere wurde total verändert, die zwei kleinen Türme entfernt. Die ehemalige Synagoge wurde 1987 von einer Gruppe engagierter Bürger renoviert und ist heute ein Mahnmal und Haus der Begegnung mit einer Ausstellung zur Geschichte der Juden von Meisenheim. Die Synagoge kann nach Rücksprache mit der Gemeindeverwaltung besichtigt werden.

Im Bauwald ist ein Friedhof aus dem Jahre 1880 erhalten.

MICHELSTADT

liegt rund 70 km südöstlich von Frankfurt an den Bundesstrassen 45 und 47.

* Ehemalige Synagoge aus dem Jahre 1791 und kleine Ausstellung jüdischer ritueller Gegenstände
* Friedhof aus der Mitte des 17. Jahrhunderts

Die Synagoge in Michelstadt wurde 1791 im Barockstil ganz nahe der Stadtmauer, heute Mauerstrasse 19, erbaut. Das Innere wurde 1938 von den Nazis völlig zerstört, die Synagoge aber wurde wegen ihrer unmittelbaren Nähe zu anderen Gebäuden nicht angezündet. Die Synagoge wurde zuerst als Lagerhalle benutzt, später renoviert und ist heute ein Museum mit einer kleinen Ausstellung jüdischer ritueller Gegenstände, Fotografien und Dokumenten über die jüdische Gemeinde von Michelstadt. Die hebräische Inschrift über dem Eingang lautet „Wie schön sind die Zelte Jakobs und die Häuser Israels“; sie blieb erhalten. Geöffnet ist die ehemalige Synagoge am Dienstag und Donnerstag von 2.30 bis 16 Uhr, Samstag und Sonntag von 11 bis 12 und von 14 bis 16 Uhr. Man kann den Schlüs-

Dicht neben der Stadtmauer steht die barocke Synagoge, in der einst der Baal Schem von Michelstadt wirkte. Heute ist die ehemalige Synagoge ein Museum.

sel auch vom Fremdenverkehrsbüro in der Nähe des Rathauses bekommen (Öffnungszeiten siehe unten).

Der Friedhof aus der Mitte des 17. Jahrhunderts liegt in einem Wald am Abhang eines steilen Hügels, „Am Stadion". Gegenüber liegt ein Schwimmbad, wo man auch den Schlüssel erhält. Der Friedhof ist gross und alt, mit Grabsteinen in vielen verschiedenen Stilrichtungen. Die meisten sind umgefallen und in schlechtem Zustand. Das Grab von Rabbi Seckel Löb Wormser, besser bekannt als Baal Schem, der Wunderrabbi von Michelstadt, liegt rechts neben den Eingang und wird häufig von Juden aus aller Welt besucht. Von ihm stammt der vielzitierte und wenig verstandene Satz „Das Geheimnis der Erlösung heisst Erinnerung". Wenn das Schwimmbad geschlossen ist, erhält man den Schlüssel im Fremdenverkehrsbüro im Stadtzentrum zu folgenden Zeiten: 1 Mai bis 30 September Montag bis Freitag 8 bis 12 und 13.30 bis 17.30 und Sonntag 10 bis 12 Uhr, den Rest des Jahres Montag bis Freitag von 8 bis 12 und von 13.30 bis 16.30.

An dem Haus, in dem der Baal Schem von 1826 bis 1847 lebte, in der Erbacher Strasse 12, nahe dem Stadtzentrum, ist eine Erinnerungstafel angebracht.

Sehr interessant ist auch das alte Rathaus, ein Fachwerkbau aus dem Jahr 1484, und die romantische befestigte Altstadt.

MILTENBERG

liegt am Main, rund 90 km südöstlich von Frankfurt, nahe der Bundesstrasse 469.

* Ehemalige Synagoge aus dem 14. Jahrhundert
* Ehemalige Synagoge aus dem Jahre 1900
* Friedhof aus dem 15. oder 16. Jahrhundert

Die ersten Juden siedelten sich im 14. Jahrhundert in Miltenberg an und lebten hier, soweit bekannt ohne Unterbrechung, bis in die Vierzigerjahre des zwanzigsten Jahrhunderts. Eine Synagoge im gotischen Stil wurde im 14. Jahrhundert erbaut und 1875, als sie zu klein wurde, an eine Brauerei verkauft. Sie liegt im Hinterhof des Hauses Hauptstrasse 199-201. Türe, Fenster und die gewölbte Dekke sind erhalten. Die beiden Kreuzrippengewölbe in der Decke wurden, wie bei gotischen Synagogen häufig zu finden, mit fünf Rippen ausgestattet, nicht nur mit den „nötigen" vier, womit der Baumeister die Darstellung des Kreuzes an der Decke vermeiden konnte.

Die Synagoge aus dem Jahre 1900, in der Mainzer Strasse 57, ist heute ein Privathaus und nicht mehr als Synagoge zu erkennen. An dem Haus in der Löwengasse 1, wo einst ein rituelles Bad aus dem 19. Jahrhundert war, ist eine Erinnerungstafel angebracht.

Im alten jüdischen Friedhof aus dem 15. oder 16. Jahrhundert am Burgweg sind noch viele alte Steine zu sehen, zum Teil schon fast ganz im Erdreich versunken. Der neue jüdische Friedhof aus dem Jahr 1904 liegt in der Mohnbrunnerstrasse.

Miltenberg ist eine malerische alte Stadt, mit vielen alten Fachwerk-Häusern, alten Kirchen, einer Festung und einem Renaissance-Brunnen.

BAD NAUHEIM

liegt rund 30 km nördlich von Frankfurt, nahe der A 5 und an der Bundesstrasse 275.

* Synagoge aus dem Jahr 1928
* Friedhöfe

Die Verfolgungen der Juden während der Zeit der schwarzen Pest, 1348, führten auch zu ihrer Vertreibung aus Nauheim. Dokumente aus der Zeit danach, Juden betreffend, beziehen sich vorwiegend auf Steuern. Obwohl die jüdische Gemeinde 1539 nochmals vertrieben wurde, lebten weiterhin einige Juden in Bad Nauheim, bis mit der Emanzipation die jüdische Bevölkerung wuchs.

Die Gemeinde baute ihre erste Synagoge 1867. Für den Bau der zweiten, die 1928 in einer Abart des Bauhaus-Stiles erbaut wurde, wurden offenbar Teile der ersten Synagoge mitverwendet. Die Synagoge überstand die Nazi-Jahre und wurde vor kurzem renoviert. Links und rechts vom Eingang sind zwei grosse und über dem Eingang ein kleinerer Davidstern angebracht. Die Synagoge, in der Karlstrasse 34, kann jeden Samstag morgen zu den Gottesdienstzeiten besucht werden.

In der Homburgerstrasse gibt es zwei jüdische Friedhöfe. Ein kleinerer aus dem Jahre 1866 liegt gegenüber von Nummer 23. Weiter unten, Homburgerstrasse 82, zwischen dem protestantischen und dem katholischen Friedhof, liegt der neue jüdische Friedhof. Es gibt eine Zeremonienhalle. Einige der Gräber aus dem frühen 20. Jahrhundert sind für russische Juden, die offenbar während einer Kur im hiesigen Heilbad starben. Falls

Die Synagoge aus dem 19. Jahrhundert wurde 1928 umgebaut und modernisiert.

die Friedhöfe abgesperrt sind, können die Schlüssel für beide Friedhöfe in der Friedhofsverwaltung des christlichen Friedhofes entlehnt werden.

Interessant sind auch die Kur-Installationen rund um die warme Salzwasserquelle.

NEU-ANSPACH

liegt rund 30 km nordwestlich von Frankfurt, an der Bundesstrasse 456.

* Hessisches Freiluft-Museum Hessenpark mit ehemaliger Synagoge aus dem Jahre 1874

Gleich ausserhalb von Neu-Anspach liegt das Hessische Freiluft-Museum Hessenpark mit einer grossen Zahl von landesüblichen, hierher verpflanzten alten Bauernhäusern, Scheunen, Kirchen, einer Schule und anderen dörflichen Gebäuden aus ganz Hessen. Eine Synagoge aus Gross-Umstadt, 1874 erbaut, steht ebenfalls auf dem Museums-Gelände, links neben dem Eingang, nach der Schmiedewerkstatt und dem Feuerwehrhaus. Die Synagoge ist ein massiver Steinbau mit einer Balkendecke und einer Torahnische, die von aussen nicht sichtbar ist, einem runden Fenster über dem Eingang und Bogenfenstern zu beiden Seiten. Auf einer Tafel steht in hebräischer Schrift „Haus für Israels Gebete“. Hessen hatte im 19. Jahrhundert hunderte ländliche jüdische Gemeinden. Eine Synagoge gehörte damals ebenso zum Dorfbild wie eine Kirche oder eine Schule. Das Museum ist vom 19. März bis 1. November Dienstag bis Sonntag von 9 bis 18 Uhr geöffnet.

Früher gehörte zum hessischen Dorf die Synagoge ebenso wie die Kirche, die Schule oder das Wirtshaus. Heute gibt es noch mehr als 200 Synagogengebäude in Hessen. Das Freilichtmuseum Hessenpark wird dieser Tatsache gerecht und beherbergt die alte Synagoge von Gross-Umstadt.

NIEDERWERRN

liegt rund 120 km nordwestlich von Nürnberg und 140 km östlich von Frankfurt, an der A 303, östlich von Schweinfurt.

* Ehemalige Synagoge aus dem Jahre 1786
* Ehemalige jüdische Schule
* Friedhof in Euerbach

In Niederwerrn haben sich die ersten Juden wahrscheinlich nach ihrer Vertreibung aus dem nahegelegenen Schweinfurt im Jahr 1555 niedergelassen. Allerdings werden Juden in Niederwerrn in Dokumenten erst 1657 erwähnt. Niederwerrn war damals ritterlicher Besitz und die Juden konnten von den Herrn von Niederwerrn gegen entsprechende Gebühren und höhere Steuern Schutzbriefe kaufen. Nach der Emanzipation um die Mitte des 19. Jahrhunderts nahm, wie überall auf dem Land, die jüdische Bevölkerung stark ab: während 1800 noch 300 Juden in Niederwerrn leben, sind es 1925 nur mehr 52 und 1933 noch etwa 50. 39 Juden aus Niederwerrn verlassen in den ersten Jahren der Naziherrschaft den Ort, einige emigrieren, andere ziehen in grössere Städte. Alle neun 1942 noch in Niederwerrn lebenden Juden wurden in deutschen Lagern getötet.

Die Synagoge, 1786 von einem in den Niederlanden reich gewordenen Juden aus Niederwerrn im Barockstil erbaut, wurde 1938 verwüstet, aber wegen ihrer Nähe zu anderen Häusern nicht niedergebrannt. Anschliessend wird die Synagoge enteignet, nach dem Krieg dem Jewish Restitution Fund übergeben und von diesem der Gemeinde verkauft. Das Gebäude wird nun als Kino und in weiterer Folge als Lagerhaus und für Vorträge verwendet. Zur Zeit werden Pläne entwikkelt, das Gebäude zu renovieren und ein Kulturzentrum daraus zu machen. An der ehemaligen Synagoge, in der Schweinfurter Strasse 23, ist eine Gedenktafel angebracht.

Gegenüber, in der Schweinfurter Strasse 54, steht das 1878 gebaute Haus, in dem die jüdische Schule untergebracht war. Heute ist es das Rathaus von Niederwerrn. Auch hier gibt es eine Gedenktafel.

Ein Grundstück im nahegelegenen Euerbach wurde 1672 von der jüdischen Gemeinde gekauft und diente den Gemeinden von Euerbach, Niederwerrn, Oppach und Westheim als Friedhof.

NOHFELDEN

liegt rund 150 km südwestlich von Frankfurt, an der A 62.

* Ehemalige Synagoge aus dem 19. Jahrhundert
* Friedhöfe

Im nahegelegenen Sötern, an der Bundesstrasse 52, steht in der Hauptstrasse Nr. 30 eine Synagoge aus dem 19. Jahrhundert, heute eine Bankfiliale und ein Wohnhaus. Ein Friedhof aus dem frühen 19. Jahrhundert liegt in der Weiherdammstrasse, ausserhalb der Stadt. Um hinzukommen, fährt man die Weiherdammstrasse entlang, unter der Brücke durch, am christlichen Friedhof vorbei. Der jüdische Friedhof ist umgeben von einer niedrigen Steinmauer und nicht versperrt. Die Grabsteine, in den verschiedensten Stilrichtungen, sind gut erhalten, die Inschriften allerdings schon verwittert. Einige der Grabsteine sind aus den Jahren 1939 und 1940. Zerbrochene Steine wurden repariert.

1980 wurde im nahegelegenen Gonnesweiler, an der Bundesstrasse 269, ein Denkmal für die jüdische Gemeinde errichtet. Es ist eine Skulptur von Shelomo Seliger, die den Namen „Requiem für die Juden" trägt. Sie steht an einer ehemaligen Römerstrasse, die heute wegen der dort aufgestellten Plastiken Skulpturenstrasse genannt wird. Um hinzukommen, fährt man durch Gonnesweiler in Richtung Tholey, biegt rechts ab, und fährt weiter in Richtung „Römerhof", zu einem Parkplatz. Die grosse Skulptur steht neben dem Weg, der rund um den See führt. Die Inschrift ist hebräisch: El male rachamin (Gott der Gnade).

In Gonnesweiler liegt ein jüdischer Friedhof aus dem späten 19. Jahrhundert, mit einem Gedenkstein für die Opfer des Naziterrors.

ODENBACH

liegt rund 110 km südwestlich von Frankfurt neben der Bundesstrasse 420 und zwischen den Bundesstrassen 48 und 270.

* Ehemalige Synagoge aus dem Jahre 1752
* Friedhof aus dem Jahre 1850

Die kleine Synagoge in der Kirchhofstrasse 9, nahe der Kirche und eingezwängt zwischen Häuser, wurde 1938 nicht zerstört, war aber bis vor kurzer Zeit in einem sehr schlechtem Zustand. Das Gebäude war in Privatbesitz, stand leer und verfiel. Dann begann sich eine lokale

Die kleine Synagoge von Odenbach verfiel jahrelang, bevor eine Bürgerinitiative die Renovierung erreichen konnte.

Bürgerinitiative der Synagoge anzunehmen und erreichte die Renovierung. Für die Verwendung des wiederhergestellten Gebäudes gibt es noch kein Konzept.

Das Erdgeschoss ist aus Stein gebaut, die Giebelmauer des Dachgeschosses aber in Fachwerk. Über dem Eingang für die Männer der Gemeinde befindet sich eine hebräische Inschrift „Das ist das Tor des Herrn", welche man durch ein Gittertor um die Ecke unterhalb des Gebäudes sehen kann. Innen gibt es noch Reste von spätbarocken Wandmalereien und eine einzelne Säule in der Mitte, sowie eine breite Frauengalerie. Die Synagoge kann nach Anmeldung bei Frau Dittrich, der Vorsitzenden der Bürgerinitiative, in der Unteren Glanstrasse 2 täglich ausser Montag um die Mittagszeit besichtigt werden.

Der Friedhof von Odenbach ist aus dem Jahre 1850. Um hinzukommen, fährt man aus dem Ort in Richtung Adenbach. Rund 200 Meter nach den letzten Gebäuden von Odenbach sieht man links, am Abhang eines flachen Hügels, eine Hekke. Der Friedhof ist klein, alle Grabsteine stehen und sind gut erhalten. Der Schlüssel ist im Rathaus erhältlich, sollte der Friedhof versperrt sein.

OFFENBACH

liegt am Main rund 10 km südöstlich von Frankfurt.

* Ehemalige Synagoge aus dem Jahre 1916
* Klingspor-Museum und Bibliothek
* Friedhof aus der Mitte des 19. Jahrhunderts

Die Juden von Offenbach wurden während der Verfolgungen zur Zeit der schwarzen Pest im Jahr 1348 alle getötet. Eine neue Gemeinde wurde erst wieder im 17. Jahrhundert geründet. Sie blieb klein, bis 1788 Jakob Frank kam, ein Schloss von einem verschuldeten Adeligen kaufte und sich selbst den Namen Baron von Offenbach gab. Frank war ein Nachfolger des falschen Messias Sabbatai Zwi und selbst ein falscher Messias, der später zum Christentum konvertierte. Jedenfalls brachten er und später seine Tochter Eva tausende osteuropäische Juden, vorwiegend aus Polen, dazu, ihn als Heilsbringer und Retter des jüdischen Volkes zu verehren. Leider stellte sich nach seinem Tod heraus, dass riesige Summen Geldes, die ihm seine Anhänger vorgestreckt hatten, um ihre Rückkehr ins gelobte Land vorzubereiten, verschwunden waren.

Die jüdische Gemeinde Offenbachs hatte im 19. Jahrhundert ungefähr 1.000 Mitglieder, im Jahre 1939 noch etwa 550. Die meisten davon starben in den KZ's der Nazis. Nach 1945 bildete sich wieder eine kleine jüdische Gemeinde.

Die Synagoge, 1916 erbaut, wurde 1938 verwüstet und dann als Kinosaal benutzt. Nach dem Krieg wurde daraus das Stadttheater Offenbachs. Es ist ein gros-

Die ehemalige Synagoge von Offenbach dient heute als Stadttheater.

ses Gebäude mit einer Kuppel und Sitzplätzen für 850 Personen. Das Gebäude liegt in der Goethestrasse 1-5, eine Gedenktafel ist am Haus angebracht. Die neue Synagoge und das jüdische Gemeindezentrum liegen heute gegenüber der ehemaligen Synagoge, in der Kaiserstrasse 109.

Eine Synagoge in einem Vorort von Offenbach, Bürgeln, in der Bürgerstrasse 15, wurde 1938 ebenfalls verwüstet und ist heute ein Privathaus. Nichts am Aussehen des Hauses deutet noch darauf hin, dass es eine Synagoge war.

Das Klingspor-Museum ist spezialisiert auf Buch- und Schriftkunst aus dem 20. Jahrhundert. In der Sammlung finden sich auch Werke, die von Dr. Siegfried Guggenheim, einem jüdischen Rechtsanwalt und Förderer der Kunst in Offenbach, in Auftrag gegeben wurden. Auch die Offenbach-Haggadah der Familie Guggenheim ist hier ausgestellt. Das Museum liegt in der Herrnstrasse 80 und ist von Montag bis Freitag in der Zeit von 10 bis 17 Uhr und Samstag und Sonntag von 10 bis 13 und von 14 bis 17 Uhr geöffnet.

Der Friedhof aus der Mitte des 19. Jahrhunderts liegt in der Friedhofstrasse 2.

Aus einigen Grabsteinen eines älteren Friedhofes aus dem 18. Jahrhundert, früher in der Bismarckstrasse gelegen, erbaute man hier ein Denkmal in Form einer Pyramide. Es gibt auch ein Denkmal für die im ersten Weltkrieg gefallenen jüdischen Soldaten und man sieht viele aufwendig geschmückte Grabsteine. Der jüdische Friedhof ist Teil des Stadtfriedhofes, nur durch eine Hecke vom christlichen Friedhof getrennt, und mit Wegen, die durch beide Friedhöfe führen, wieder verbunden, ein ungewöhnlich frühes Zeichen von Zusammenarbeit und Toleranz.

Offenbach ist eine Industriestadt und die einzige andere Sehenswürdigkeit ist das Isenburgische Renaissance-Schloss, wenn man nicht gerade an Lederwaren interessiert ist: Offenbach hat das einzige Leder- und Schuhmuseum Deutschlands.

Steine von einem älteren Friedhof wurden auf dem Stadtfriedhof von Offenbach zu einem Denkmal zusammengestellt.

POLCH

liegt rund 140 km westlich von Frankfurt oder rund 110 km südlich von Köln, etwas abseits der A 48.

* Ehemalige Synagoge aus dem Jahre 1877

Die Synagoge, 1877 erbaut, wurde 1938 durch Brandstiftung beschädigt, jedoch nicht zerstört. Sie wurde restauriert und wird für Ausstellungen verwendet. Sie ist sehr klein und einfach und wurde, wie die anderen Häuser in der Nachbarschaft, aus dem hier vorkommenden vulkanischem Stein erbaut. Der angedeutete neo-gotische Stil ist etwas ungewöhnlich, da man im 19. Jahrhundert Synagogen allgemein im neo-romanischem oder später im maurischen Stil erbaute, während der neo-gotische Stil im allgemeinen Kirchen vorbehalten blieb. (Abbildung siehe unter Region Köln / Polch)

Die ehemalige Synagoge liegt in der Ostergasse 11 und kann in den Monaten Juli und August von Dienstag bis Sonntag in der Zeit von 14.30 bis 17 Uhr besucht werden. Zu anderen Zeiten kann man den Schlüssel aus dem Rathaus holen. 1988 war geplant, aus der ehemaligen Synagoge eine Gedenkstätte für die aus Polch stammenden Opfer des Naziterrors zu machen.

RIMBACH

liegt rund 60 km südlich von Frankfurt, an der Bundesstrasse 38 nahe der Bundesstrasse 460.

* Ehemalige Synagoge aus dem Jahre 1774
* Friedhof aus dem Jahre 1845

Juden siedelten sich im frühen 18. Jahrhundert unter dem Schutz der Grafen von Erbach erstmals in Rimbach an. 1806 kam die Gemeinde unter die Herrschaft der Grossherzoge von Hessen und wurde von da an rasch grösser. Die Mitglieder der jüdischen Gemeinde waren zumeist Viehhändler oder Kaufleute.

Um 1774 baute die jüdische Gemeinde eine Schule in der Brunnengasse 6, die zugleich als Synagoge diente. Aber 1840 baute man, da die Gemeinde immer grösser wurde, eine neue Synagoge. Sie wurde von Rabbi Seckel Löb Wormser, dem Baal Schem von Michelstadt, eingeweiht. In der zweiten Hälfte des 19. Jahrhunderts begann die Gemeinde durch Abwanderung in grössere Städte und durch Emigration zu schrumpfen. Der immer stärker werdende Anti-Semitismus in den Dreissigerjahren verstärkte diesen Prozess noch. Zehn Juden aus Rimbach wurden in deutschen Lagern ermordet.

1938, in der Reichskristallnacht, wurde das Innere der Synagoge, die Einrichtung, die Bücher und die Kultgegenstände zerstört, das Gebäude selbst aber blieb durch die Intervention des Pfarrers erhalten und wurde in weiterer Folge als Lager und als Autobus-Garage verwendet. Letztendlich wurde daraus eine katholische Kirche. Dabei machte man aus der ehemaligen Torah-Nische das Eingangstor, veränderte alle Fenster und baute einen Kirchturm.

Über dem Eingang wurde von kirchlicher Seite eine Gedenktafel und eine Inschrift in hebräisch (mit dem Anfang des Sh'ma Israel: Höre, o Israel! Der Herr unser Gott ist Dein Herr) angebracht, zur Erinnerung an die jüdische Gemeinde von Rimbach. Die Adresse ist Schlossgasse 5, Ecke Heinzenwiesenweg.

Aus der ehemaligen Synagoge von Rimbach wurde nach dem Krieg eine katholische Kirche.

Die Gemeinde beerdigte ihre Toten lange Zeit in Birkenau, zwei Gehstunden entfernt, bis sie 1845 einen eigenen Friedhof erwerben konnte. Dieser liegt auf einem Hügel am Zotzenbacher Weg. Nach dem letzten Haus kommt eine Weggabelung und da fährt man rechts. Den Friedhof umgibt zwar eine Steinmauer, aber das Tor ist offen und der Friedhof in grosser Unordnung.

1988 publizierte die Stadtverwaltung zum Andenken an ihre ehemalige jüdische Gemeinde ein Buch über die Vergangenheit der Rimbacher Juden.

SCHLÜCHTERN

liegt rund 80 km nordöstlich von Frankfurt an der Bundesstrasse 40, im Tal der Kinzig.

* Ehemalige Synagoge aus dem Jahre 1898
* Bergwinkelmuseum mit kleiner Sammlung jüdischer ritueller Gegenstände
* Friedhof aus dem Jahre 1926 und Denkmal für den vor 1235 gegründeten Friedhof

Juden lebten hier in Schlüchtern fast durchgehend von vor 1235 bis 1942. Das älteste bekannte Memorbuch von Schlüchtern, das ist das Buch, in dem die toten Gemeindemitglieder mit Sterbedatum und näheren Umständen des Todes eingetragen wurden, begann vor 1235; die überlieferte Kopie enthält allerdings nur mehr die Namen, nicht mehr die Sterbedaten der Begrabenen. Die erste genau datierbare Eintragung aus dem Jahr 1235 betrifft die Beerdigung von 34 Opfern einer Ritualmordbeschuldigung aus Fulda. Unter den Eingetragenen befindet sich auch der jüdische Minnesänger Süsskind von Trimberg, der offenbar um 1300 in Schlüchtern gestorben ist und hier begraben wurde. Die Gemeinde war den grössten Teil dieser mehr als sieben Jahrhunderte sehr klein, wuchs dann aber im späten 18. und im 19. Jahrhundert und machte um 1900 mit 400 Mitgliedern mehr als zehn Prozent der Bevölkerung von Schlüchtern aus. Diese relativ grosse Gemeinde schrumpfte von 1933 bis 1939 durch Emigration und Abwanderung auf rund 100 und bis 1941 auf 26 zusammen. Die meisten 1941 noch in Schlüchtern wohnenden Juden wurden 1942 deportiert und in den deutschen Vernichtungslagern ermordet.

Eine als Fachwerkbau in einem Hinterhof errichtete Synagoge aus der Zeit vor 1670 wurde gegen Ende des 19. Jahrhunderts zu klein und eine neue, überaus imposante Synagoge wurde im damals für Synagogen üblichen neo-romanischen Stil freistehend und selbstbewusst erbaut. Die alte Synagoge wurde erst als Lager verwendet und dann 1978 abgerissen. Die neue Synagoge wurde 1938 zwar durch den Feuerwehrhauptmann von Schlüchtern vor dem Niederbrennen gerettet, aber stark verwüstet und während des Krieges als Lagerhaus verwendet. Nach 1945 wurde sie von einer Gruppe Überlebender der deutschen Lager notdürftig renoviert und als Synagoge verwendet. Nach der Auflösung dieser Gemeinde wurde das Gebäude bis 1970 als Textilfabrik verwendet. 1970 kaufte die Stadtverwaltung das Gebäude und verwendet es als Bibliothek und Volkshochschule. Das imposante Gebäude steht an der Ecke Grabenstrasse und Weitzelstrasse, eine Gedenktafel ist angebracht.

Das Bergwinkelmuseum in der Schloss-Strasse 15 besitzt eine kleine Sammlung jüdischer ritueller Gegenstände, darunter einen Torahvorhang aus der alten Synagoge. Die alten Abschriften der uralten Memorbücher von Schlüchtern wurden in der Reichskristallnacht zerstört.

Ein jüdischer Friedhof aus der Zeit vor 1235 wurde von den Nazi-Horden völlig zerstört. Der Friedhof, auf dem auch ein Denkmal für 102 Opfer des Naziterrors aus Schlüchtern und einigen Nachbargemeinden steht, liegt in der Breitenbacher Strasse. Der neue Friedhof aus dem Jahr 1926 liegt in der Fuldaer Strasse.

SPEYER

liegt am Rhein, rund 110 km südlich von Frankfurt, zwischen der A 61 und der Bundesstrasse 9.

* Rituelles Bad aus dem 12. Jahrhundert
* Kleine Judaika-Ausstellung im Historischen Museum der Pfalz
* Friedhof aus dem späten 19. Jahrhundert

Dokumentiert ist die Ansiedlung von Juden in Speyer bereits im frühen 11. Jahrhundert. Im Jahre 1084 lud Bischof Rüdiger dann eine grosse Anzahl Juden, die vor Verfolgungen im Mainz geflohen waren, ein, sich in Speyer anzusiedeln. Der Bischof garantierte den Juden verschiedene Rechte und Privilegien mit der Begründung, dass ihre Anwesenheit „die Ehre der Stadt tausendfach vergrössern würde". Sie durften uneingeschränkt Handel treiben, mussten keine Maut oder Zölle beim Betreten oder Verlassen der Stadt zahlen, durften im rituellen Sinne unreines Fleisch an Christen verkaufen und Nicht-Juden als Dienstboten haben. Auch die jüdische Rechtsprechung erfolgte durch einen Archisynagogos, einen Ältesten der Juden, statt durch einen christlichen Richter. Diese Rechte wurden 1090 von Kaiser Heinrich dem Vierten noch erweitert.

Die Kreuzritter ermordeten 1096 zwar einige Gemeindemitglieder, aber Massenmorde, wie sie in anderen Städten des Rheinlands stattfanden, konnten durch den wirksamen Schutz des Bischofs für seine Juden verhindert werden. Obwohl die nächsten hundert Jahre schwierig waren, wuchs die Gemeinde, wurde ein wichtiges Zentrum für das Studium der Torah und brachte grosse Gelehrte hervor. Die Gemeinden von Speyer, Mainz und Worms bildeten gemeinsam einen Bund namens „Schum" (nach den hebräischen Anfangsbuchstaben von Speyer, Worms und Mainz), der von den Juden in ganz Deutschland als Autorität in rechtlichen und religiösen Fragen anerkannt wurde. Die Verfolgungen 1349, zur Zeit der schwarzen Pest, machten all dem ein Ende.

Zwar siedelten sich einige Jahre später wieder Juden in Speyer an, aber die Gemeinde erreichte nie mehr den Status, den sie vor ihrer Zerstörung im Jahre 1349 hatte. Während des 14. und 15. Jahrhunderts wurden die Juden immer wieder vertrieben und in den Perioden dazwischen mussten sie mit vielen Verboten und Einschränkungen leben. Die Gemeinde wurde immer kleiner, und erst im 19. Jahrhundert begann die Gemeinde wieder zu wachsen. Bereits in den frühen Dreissigerjahren begannen Juden aus Speyer wegen des ständig wachsenden Anti-Semitismus in grössere Städte abzuwandern oder zu emigrieren. 1939 lebten nur mehr 77 Juden in Speyer, fast alle wurden von den Nazis umgebracht. Heute gibt es keine jüdische Gemeinde in Speyer.

Die erste Synagoge in Speyer wurde 1096 erbaut, von den Kreuzrittern zerstört, wieder aufgebaut, nach einer Zeit wieder zerstört und das so lange, bis im 17. Jahrhundert die Synagoge und die 1354 angebaute Frauensynagoge aufgegeben wurde. 1899 wurde der grösste Teil der Ruine abgerissen. Nur die Ostmauer und zwei romanische Fenster sind von dieser alten Synagoge übrig geblieben. An den verwitterten Steinen kann man mit einiger Mühe noch die Konturen der Torah-Nische erkennen.

Romanische Fenster schauen hinunter auf das Badebecken des rituellen Bades von Speyer.

Der Eingang zum romanischen rituellen Bad aus dem 12. Jahrhundert befindet sich unter einem kleinen modernen Eingangsraum in einem Garten östlich der Mauer der Synagoge. Eine Gedenktafel für die Opfer der Naziherrschaft ist an der Mauer gegenüber dem Eingang zum Bad angebracht. Zum Eingang, ehemals auf Strassenniveau, heute unterirdisch, kommt man über eine neu errichtete Stiege. Aber wenn man erst im rituellen Bad ist, glaubt man sich wieder im Mittelalter. Erst kommt der Warteraum mit seinen vom jahrhundertelangen Gebrauch blankpolierten Steinbänken, etwas tiefer ein kleiner Balkon mit runden Bogenfenstern, von dem aus man das Bad sehen kann, das noch weiter unten in zehn Meter Tiefe liegt.

Das uralte rituelle Bad von Speyer hat alle Stürme der Zeiten überstanden. Das lebende Wasser fliesst heute noch durch das Badebecken.

Das Bad liegt in der Judengasse, einer Seitengasse der Maximilianstrasse, einige Häuserblocks vom romanischen Dom entfernt. Es wird angenommen, dass die Baumeister und Steinmetze des Doms auch das rituelle Bad erbauten. Wenn man die Maximilianstrasse in Richtung Dom geht, sieht man rechts eine kleine Hinweistafel „Judenbad". Das Bad ist von April bis Oktober in der Zeit von 10 bis 12 und von 14 bis 17 Uhr zu besichtigen. Während der Wintermonate ist der Schlüssel im Verkehrsamt in der Maximilianstrasse 11 erhältlich, Voranmeldung ist zu empfehlen. Das Historische Museum wird nach seiner Wiedereröffnung Führungen zu diesen jüdischen Altertümern veranstalten.

Das Historische Museum der Pfalz wird zur Zeit umgebaut und soll 1992 wieder eröffnet werden. Geplant ist, jüdische Grabsteine vom 12. bis zum 15. Jahrhundert, zwei romanische Fenster der Synagoge aus dem frühen 12. Jahrhundert, das rituelle Bad aus dem 12. Jahrhundert im Modell, einen Torahschrein aus dem 18. Jahrhundert aus der Synagoge von Alsenz und 40 andere religiöse Objekte auszustellen. Führungen durch die Ausstellung, zu den Resten der Synagoge und, wie schon erwähnt, zum rituellen Bad sollen dann veranstaltet werden. Das Museum liegt in der Grossen Pfaffengasse 7. Es wird täglich von 9-19 Uhr geöffnet sein.

Im späten 19. Jahrhundert wurde als Teil des Städtischen Friedhofes an der Auestrasse und Wormser Landstrasse auch ein jüdischer Friedhof angelegt. Der Weg links nach dem Eingang führt zum jüdischen Friedhof. Ein anderer Friedhof aus dem frühen 19. Jahrhundert wurde 1940 zerstört. Eine Gedenktafel für die 1938 zerstörte Synagoge befindet sich in der Heydenreich-Strasse an der Rückseite eines Warenhauses.

Andere Sehenswürdigkeiten sind der romanische Kaiserdom mit den Gräbern von vier Römischen Kaisern und vier Deutschen Königen und das ebenfalls bereits erwähnte Historische Museum der Pfalz.

STADTALLENDORF

liegt rund 80 km südwestlich von Kassel und rund 110 km nördlich von Frankfurt an der Bundesstrasse 454.

* Ehemalige Synagoge aus der Zeit vor 1850
* Friedhof
* Gedenkstätte für das Arbeitslager Münchmühle

Das Gebäude der ehemaligen Synagoge, vor 1850 als Fachwerkbau in der Mittelstrasse 16 errichtet, ist heute ein Wohnhaus. Nur mehr die zwei Eingangstüren, eine zu ebener Erde und eine in halber Höhe zum ersten Stock, erinnern den Fachmann an die einstige Verwendung.

Am Friedhof, am Läuserweg, steht ein Denkmal für die Opfer des Naziterrors, errichtet 1985, und eines für 123 russische Kriegsgefangene, die hier begraben sind.

Ausserhalb der Stadt, im ehemaligen Arbeitslager Münchmühle, einer Aussenstelle des KZs Buchenwald, steht ein Denkmal für tausend jüdische Frauen aus Ungarn, die in der Allendorfer Munitionsfabrik arbeiten mussten. Das Denkmal wurde 1988 in den Überresten der ehemaligen Lagerküche und des ehemaligen Waschraumes errichtet und ist mit einem Zaun und Stacheldraht umgeben. Man fährt die Bundesstrasse 454 nach der Stadtallendorfer Ausfahrt nach Westen und kommt so zum Wegweiser „Gedenkstätte Münchmühle".

TRIER

liegt 200 km westlich von Frankfurt oder 180 km südlich von Köln, nahe der Grenze zu Luxemburg, an der A 1/48 und den Bundesstrassen 51, 52, 268.

* Rheinisches Landesmuseum mit jüdischen Grabsteinen aus dem Mittelalter und kleiner Sammlung jüdischer Gegenstände
* Mittelalterliche jüdische Häuser
* Stadtarchiv mit einer Dokumenten-Sammlung über Juden aus Trier
* Karl Marx-Museum
* Dom- und Diözesanmuseum mit einer Statue der Besiegten Synagoge aus dem 13. Jahrhundert
* Friedhöfe

Archäologische Funde aus der antiken römischen Stadt Trier beweisen, dass es hier bereits im 4. oder 5. Jahrhundert Juden gegeben hat. Man fand eine Lampe aus Ton und Siegel aus Blei mit Abbildungen der Menorah, des siebenarmigen Leuchters. Schriftliche Dokumente, die den Tod von Erzbischof Eberhard, der versuchte die Juden gewaltsam zu taufen, betreffen, belegen das Vorhandensein einer jüdischen Gemeinde im Jahr 1066. Es wird berichtet, dass der Erzbischof am Altar starb, als er das Taufwasser, mit dem die Juden gewaltsam getauft werden sollten, weihte. Die Juden wurden in diesem Zusammenhang der Zauberei (durch die Vernichtung einer getauften Wachsfigur des Erzbischofs) beschuldigt.

1096 wurden die Juden in Trier durch die Kreuzritter gezwungen, sich entweder taufen zu lassen, Selbstmord zu begehen, oder von den Kreuzrittern ermordet zu werden. Den zwangsgetauften Juden wurde im Jahr darauf die Rückkehr zu ihrer früheren Religion gestattet. Die Gemeinde, in der Hauptsache als Händler, Geldverleiher, Apotheker und Ärzte tätig, gedieh im 13. Jahrhundert. Gegen Bezahlung von hohen Steuern, wurde vom Erzbischof jährlich dem „Judenbischof", dem Parnas der jüdischen Gemeinde, ein vom Erzbischof getragener Mantel als Zeichen des gewährten Schutzes übergeben. Ausser diesen Schutzgeldern hatten die Juden noch eine zusätzliche Münzsteuer von 12,5 %, etwa vier kg Silber, zu bezahlen. Dazu kam noch ein jährlicher Beitrag von etwa zwölf kg Pfeffer, der damals tatsächlich sein Gewicht in Gold wert war.

Das 14. Jahrhundert begann sehr vielversprechend für die Juden in Trier, da einem von ihnen die Verwaltung der Finanzen des Erzbischof Balduin anvertraut wurde. Zu dieser Zeit bestand die Gemeinde aus 50 Familien, rund 300 Personen. Sie besassen zwei Synagogen, ein Gemeindezentrum, ein rituelles Bad, einen Friedhof und die Häuser in denen sie lebten. Die Verfolgungen im Jahr 1349, während der Zeit der schwarzen Pest, brachten das Ende dieser Gemeinde. Nur einige wenige Juden lebten danach in Trier und auch diese wurden 1419 vertrieben.

Einigen Juden erlaubte man im 16. Jahrhundert wieder, sich in Trier anzusiedeln. Aber der Dreissigjährige Krieg und die Invasion der Franzosen im 17. Jahrhundert waren für die gesamte Bevölkerung eine sehr schwierige Zeit. Im 18. Jahrhundert wurde die politische Lage etwas besser, dafür nahm die Armut stark zu. Mit der Ankunft der Truppen der neuen französischen Republik im späten 18. Jahrhundert gab es für die jüdische Gemeinde die vollen Bürgerrechte. Allerdings verloren sie diese nach der Niederlage Napoleons und erlangten sie erst 1871 wieder. 1933 lebten 800 Juden in Trier, 400 davon gingen ins Exil, die meisten anderen wurden deportiert und kamen in den KZ's um.

Von dieser langen Geschichte des Trierer Judentums ist - ausser dem weitverbreiteten Familiennamen Dreyfuss, abgeleitet vom französischen Namen für Trier, Treves - herzlich wenig erhalten geblieben. Im Rheinischen Landesmuseum sind eine römische Lampe und Bleisiegel mit siebenarmigen Leuchtern, mittelalterliche jüdische Grabsteine und eine kleine Sammlung religiöser und Gebrauchsgegenstände ausgestellt. Das Museum liegt in der Ostallee 44 und ist Montag bis Freitag von 9.30 bis 16 Uhr, Samstag von 9.30 bis 14 Uhr und Sonntag von 9 bis 13 Uhr geöffnet.

Im mittelalterlichen Judenviertel stehen noch einige der alten jüdischen Häuser, allerdings seit 600 Jahren nicht mehr von Juden bewohnt. Zum mittelalterlichen Judenviertel gehörte die Judengasse, Stockstrasse, Stockplatz und Jacobsgasse. Ein Tor, ehemals ein Eingang ins Judenviertel, ist Ecke Judengasse und Hauptplatz erhalten und das Haus Judengasse Nr. 2, gleich links hinter dem Tor, stammt aus dem Jahre 1311 und wird für das älteste noch existierende jüdische Haus in Deutschland gehalten.

Das Stadtarchiv, Weberbachstrasse 25, besitzt eine Sammlung von Dokumenten zur Geschichte der Juden in Trier bis zur Vernichtung der jüdischen Gemeinde durch die Nazis auf Mikrofilm. Das Archiv ist Montag bis Freitag von 10 bis 17 Uhr und Samstag von 9 bis 12 Uhr geöffnet.

An der Stelle, wo einst die Trierer Synagoge aus dem Jahre 1859 stand, steht heute ein Denkmal. Die Synagoge wurde 1938 verwüstet und 1944 von Bomben völlig zerstört. Das Denkmal steht Ecke Metzelstrasse und Zuckerbergstrasse, gegenüber „An der alten Synagoge". Eine neue Synagoge, 1957 erbaut, liegt in der Kaiserstrasse/Hindenburgstrasse. Gottesdienste werden Freitag um 19 Uhr gehalten. Eine Erinnerungstafel für die im ersten Weltkrieg gefallenen jüdischen Soldaten aus Trier konnte aus den Ruinen der Zuckerberg-Synagoge gerettet werden und ist hier zu sehen.

Karl Marx, wohl der bekannteste Sohn Triers, wurde 1818 in dem Haus Brückenstrasse 10 geboren. Sein Vater, ein Rechtsanwalt aus einer alten Rabbiner-Familie, trat kurz nach der Geburt seines Sohnes, wohl um seine Zukunft zu sichern, zum Christentum über. Das Haus ist heute ein Museum und Montag von 13 bis 18 Uhr, Dienstag bis Sonntag 10 bis 13 und 15 bis 18 Uhr geöffnet.

Das sehr grosse und sehr reiche Dom- und Diözesanmuseum stellt Statuen der Triumphierenden Kirche und der Besiegten Synagoge aus dem 13. Jahrhundert aus. Sie stammen von der Westfassade der Liebfrauenkirche. Das Museum ist Montag bis Samstag von 9 bis 13 und von 14 bis 17 Uhr und Sonn- und Feiertag von 13 bis 17 Uhr geöffnet. (Abbildung siehe unter Region Köln / Trier)

Der jüdische Friedhof Weidegasse 11, Ecke Gilbertstrasse, stammt aus der Mitte des 17. Jahrhunderts und wurde bis 1922 benützt. Er ist versperrt und von einer hohen Mauer umgeben. Den Schlüssel kann man bei Herrn Schwebel (Tel. 30 633) erhalten. 1920 wurde ein neuer jüdischer Friedhof eingeweiht. Er ist Teil des neuen Städtischen Friedhofes und liegt beim Eingang Herzogenbuscherstrasse rechts. Es gibt zwei Denkmäler für die Juden von Trier, die durch die Nazis ums Leben kamen.

Sehenswert ist auch noch: die Porta Nigra, einst ein Tor der römischen Festungsanlage, heute das bedeutendste Wahrzeichen für die Anwesenheit der Römer in Deutschland; der teils römische, teils romanische Dom mit seinen reichen Schätzen und dem bereits erwähnten Dom- und Diözesanmuseum ganz in der Nähe; die römischen Bäder und die römische Basilika, beides einst Teil eines Palastes, der von Konstantin dem Grossen erbaut wurde; die frühgotische Liebfrauenkirche, und vieles andere.

UNTER-ALTERTHEIM

ist ein kleiner Ort rund 125 km nordwestlich von Nürnberg oder rund 110 km südöstlich von Frankfurt und 20 km südwestlich von Würzburg zwischen der A 3 und der A 81.

* Ehemalige Synagoge aus dem Jahre 1841

In der Brunnenstrasse 13, ein paar Schritte von der Ringstrasse entfernt, steht eine Synagoge aus dem Jahre 1841, die heute als Holzlagerhaus verwendet wird.

Die ehemalige Synagoge von Unteraltertheim wird heute als Holzlagerschuppen verwendet.

Das Innere der Synagoge wurde 1938 zerstört, aber das Gebäude selbst ist fast unverändert geblieben und zeigt das für Synagogen in dieser Gegend typische Satteldach und Bogenfenster. Die Synagoge gehörte nach 1938 zuerst der Gemeinde, dann einer Genossenschaft und heute einem Bauern. Das Gebäude verfällt langsam, da keinerlei Erhaltungsmassnahmen getroffen werden. Die heutige Eingangstür wurde durch die Genossenschaft eingebaut, als das Gebäude nach 1945 für die Lagerung von Kunstdünger verwendet wurde; aus dieser Zeit stammt auch die kleine Rampe. Der Haupteingang zur Synagoge lag früher an der Nordseite. Es gibt keine Gedenktafel, dennoch wird das Gebäude viel besucht und häufig fotografiert. Das rituelle Bad wurde aufgefüllt und dadurch zerstört.

Die neu renovierte ehemalige Synagoge von Veitshöchheim zeigt eine ungewöhnliche Raumanordnung, mit den Nebenräumen der Synagoge an der Nordwand des Betraums.

VEITSHÖCHHEIM

liegt am Main rund 110 km südöstlich von Frankfurt und rund 120 km nordwestlich von Nürnberg, neben der Bundesstrasse 27.

* Ehemalige Synagoge aus dem Jahre 1730 mit einer Ausstellung: Jüdisches Leben in Veitshöchheim zwischen dem 16. und 20. Jahrhundert

Im Jahre 1674 siedelten sich erstmals Juden in Veitshöchheim an. Um die Mitte des 19. Jahrhunderts bestand die Gemeinde aus etwa 160 Mitgliedern, 1936 waren es nur mehr 30. Etwa die Hälfte dieser Gemeindemitglieder kam in den deutschen KZ's um.

Die Synagoge aus dem Jahre 1730 wurde nur bis 1933 als Synagoge benutzt, bereits im Frühjahr 1938 an die Stadt verkauft und daher während der Reichskristallnacht nicht zerstört. Die wunderbare Rokoko-Inneneinrichtung aus Stein wurde trotzdem bei der Anhebug des Fussbodens des unter dem Strassenniveau liegenden Gebetsraums zerstört. Die Synagoge wurde zuerst als Feuerwehrhaus und dann als Lagerhalle verwendet. Während der erst vor kurzem abgeschlossenen Renovierungsarbeiten wurden Teile der steinernen Rokoko-Inneneinrichtung, Wandmalereien, sowie eine Genisah, die 200 Jahre in Gebrauch war, wiederaufgefunden. Das renovierte Gebäude soll wieder als Synagoge dienen. Auch das im hinteren Teil des Gebäudes liegende rituelle Bad wurde wiederhergestellt. Ausserdem soll eine Ausstellung, die möglicherweise auch den Inhalt der Genisah, die man am Dachboden gefunden hatte, zeigt, im Synagogengebäude etabliert werden. In der Genisah fand man Bücher aus der Zeit zwischen dem 16. und dem 20. Jahrhundert, Briefe und 40 Torahwimpel. Der Haupteingang führt über ein paar Stufen hinunter in den Männer-Betraum, den Hauptraum der Synagoge. Durch die Lage des Fussbodens unter Strassenniveau konnte entweder eine Bauvorschrift, die eine für einen Betraum nicht zureichende Bauhöhe verlangte, umgangen werden, oder das Bibelwort „Aus der Tiefe rufe ich zu Dir, oh Herr!" wird auf diese Weise eindringlich dargestellt. Die winzige Frauengalerie ist über eine Nebentür rechts vom Haupteingang und eine Treppe zu erreichen. Die Rokoko-Bimah ist achteckig und befindet sich in der Raummitte, wie das bei einer kleinen und eher konservativen Landgemeinde zu erwarten ist. Die Umrahmung der Torahnische ist ebenfalls Rokoko. Die Fenster der Synagoge sind farbig verglast, das Fenster über der Torahnische zeigt den Davidstern. Die Synagoge liegt in der Mühlgasse 6.

Eine weitere Sehenswürdigkeit ist auch das kleine Schloss der Würzburger Fürst-Erzbischöfe und der dazugehörige Rokoko-Park.

VIERNHEIM

liegt rund 80 km südlich von Frankfurt, zwischen A 5, A 6 und A 659.

* Heimatmuseum mit einer Sammlung jüdischer ritueller Gegenstände.

Die Anwesenheit von Juden in Viernheim wird zwar erst 1609 erstmals erwähnt, aber die Gemeinde dürfte bereits wesentlich länger existiert haben. 1927 lebten hier etwa 100 Juden bei einer Gesamteinwohnerzahl von 10.800. Martin Buber lebte vor seiner Emigration im Jahre 1938 im nahegelegenen Heppenheim. 21 Viernheimer Juden starben in deutschen KZ's.

Ecke Karl Marx Strasse und Hügelstrasse steht ein Denkmal für die 1828 gebaute und 1938 zerstörte Synagoge.

Das Heimatmuseum von Viernheim zeigt eine Sammlung von jüdischen rituellen und weltlichen Gegenständen, sowie Dokumente und Fotografien über das Leben und das Schicksal der Juden von Viernheim. Gezeigt werden Gebetsmäntel, Kopfbedeckungen, Kerzenleuchter, Besamim-Büchsen, Bücher, Channukah-Lampen und Seder-Teller. Das Heimatmuseum liegt am Berliner Ring 28 und ist am Sonntag von 14 bis 17 Uhr geöffnet. Während der Sommermonate ist das Museum leider geschlossen. Führungen an Werktagen können durch Anruf unter den Nummern 701 240 oder 701 315 vereinbart werden.

WENKHEIM

liegt rund 100 km südöstlich von Frankfurt und 130 km südwestlich von Nürnberg, zwischen der A 3 und der Bundesstrasse 27.

* Ehemalige Synagoge aus dem Jahre 1841
* Friedhof aus dem 17. Jahrhundert

Der Synagogen-Komplex, 1841 aus ortsüblichem Haustein erbaut, umfasst ausser der Synagoge auch eine Schule, ein rituelles Bad und die Wohnung des Lehrers. Von ein paar romanischen Stil-Elementen abgesehen, unterscheidet er sich kaum von weltlichen Gebäuden aus dieser Epoche. 1938 wurde die Synagoge verwüstet und anschliessend von der Stadtverwaltung in ein Wohnhaus umgebaut. Der Gebetsraum blieb bei diesem Umbau fast unverändert. Das Gebäude wird renoviert und soll als Denkmal und Kulturzentrum dienen.

Der jüdische Friedhof von Wenkheim stammt aus dem 17. Jahrhundert.

WITTLICH

liegt rund 130 km südlich von Köln oder 170 km westlich von Frankfurt, an der A 48 und den Bundesstrassen 49 und 50.

* Ehemalige Synagoge aus dem Jahre 1910

Juden siedelten sich erstmals, von Erzbischof Balduin von Trier dazu ermutigt, um 1300 in Wittlich an. Die Verfolgungen anlässlich der Schwarzen Pest im Jahr 1349 scheinen für sämtliche Mitglieder dieser ersten Gemeinde den Tod bedeutet zu haben. Erst im 17. Jahrhundert siedelten sich wieder Juden in grösserer Zahl in Wittlich an und bis in die Dreissigerjahre des 20. Jahrhunderts erlebten sie zusammen mit der christlichen Bevölkerung Wittlichs Krieg, Armut und auch gute Zeiten.

Die Synagoge, 1910 erbaut, wurde 1938 zwar verwüstet, aber dank des Eingreifens des Bürgermeisters von Wittlich, der die Polizei gegen die SA stellte, nicht völlig zerstört. Während des Krieges wurde sie als Lager für französische Kriegsgefangene benützt, bevor sie dann, nachdem sie 30 Jahre leer gestanden hatte, 1976 renoviert wurde. Sie war in einer grosszügigen Mischung von Art Nouveau und neoromanischem, an der Synagoge von Worms orientierten Stil erbaut worden und ist ziemlich gross. Im Inneren ist die Synagoge durch Kuppeln und Bogen, die die Frauengalerie tragen, und durch die typische Jugendstil-Ornamentik der Wandmalerei gekennzeichnet. Heute befindet sich in der ehemaligen Synagoge ein Kultur- und Ausstellungszentrum. Die steinerne Umrahmung der ehemaligen Torahnische steht jetzt ausserhalb der Synagoge, links vom Eingang. Das Gebäude liegt in der Himmeroder Strasse 44. Grosse Hinweistafeln mit der Aufschrift „Synagoge", in der Stadt verteilt, erleichtern dem Besucher das Auffinden des Gebäudes. Wenn Ausstellungen stattfinden, ist die ehemalige Synagoge täglich von 14 bis 18 Uhr geöffnet. Eine Gedenktafel für die Opfer der Verfolgungen durch die Nazis ist am Gebäude angebracht.

(Abbildung siehe unter Region Köln / Wittlich)

WORMS

liegt am Rhein, rund 70 km südwestlich von Frankfurt, neben der A 61 und an der Bundesstrasse 47.

* Restaurierter Synagogen-Komplex mit Museum und rituellem Bad aus dem 12. Jahrhundert
* Europas ältester jüdischer Friedhof mit einem Grabstein aus dem Jahr 1076/77.

Unter den mitteleuropäischen Juden des Mittelalters war Worms wegen seiner guten Bedingungen für jüdisches Leben und jüdische Gelehrsamkeit als das „Kleine Jerusalem" bekannt. Worms spielte im Mittelalter zusammen mit den Schwester-Gemeinden in Mainz und Speyer eine wichtige Rolle als Zentrum für die jüdische Religions- und Rechtslehre. Unter seinen grossen Lehrern, allgemein bekannt unter der Bezeichnung „die Weisen von Worms", studierte auch der berühmteste Schüler von Worms, Solomon ben Isaac aus Troyes, später besser bekannt als Rashi. Die Gemeinde war wohlhabend und einflussreich, bis 1096 die Kreuzritter nach Worms kamen. Die Juden versuchten zwar im Bischofspalast Schutz zu finden, wurden aber von den Kreuzrittern überwältigt und ermordet oder starben durch eigene Hand. Rund 800 Juden starben in diesen Tagen. Einige retteten ihr Leben, indem sie sich taufen liessen, nur um ein Jahr später zum Judentum zurückzukehren. Während des zweiten Kreuzzuges flohen die Juden aus Worms und fanden in verschiedenen Festungen der Umgebung Schutz. Der Schutz für die Juden ging aus den Händen des Kaisers an den Bischof und später an die Stadt über. Während der Verfolgungen anlässlich der schwarzen Pest im Jahr 1349 zündete die jüdische Gemeinde ihre Häuser an und starb so durch eigene Hand und „zu Ehren des geheiligten Namens", statt sich vom Mob massakrieren zu lassen. Bereits 1353 bildete sich eine neue Gemeinde, die dann mit zwei kurzen Unterbrechungen bis 1942, als die letzten Juden aus Worms deportiert wurden, existierte. 462 Juden aus Worms kamen in deutschen KZ's um. Heute gibt es in Worms keine jüdische Gemeinde mehr.

In Worms wurde die erste Synagoge im Jahre 1034 erbaut. Eine Steintafel, auf der diese Jahreszahl sowie der Name des Stifters zu sehen ist, befindet sich an der Aussenmauer neben dem Eingang des Nachfolgerbaus. Die alte Synagoge wurde im ersten und im zweiten Kreuzzug schwer beschädigt, sodass gegen Ende des 12. Jahrhunderts eine neue Synagoge gebaut wurde. Diese wurde östlich von der alten Synagoge gebaut, wobei die Ostmauer der alten Synagoge als Westmauer der neuen verwendet wurde. Diese Synagoge aus dem 12. Jahrhundert blieb, obwohl sie immer wieder teilweise zerstört und wieder aufgebaut wurde, im grossen und ganzen bis zur Reichskristallnacht vom 9. auf den 10. November 1938 erhalten. Die Synagoge wurde in der Reichskristallnacht durch Brandstiftung zerstört und die Ruine in den folgenden Jahren abgetragen. Bis dahin war die Wormser Synagoge die älteste durchgehend benützte Synagoge der Welt.

Sehr viel Sorgfalt wurde darauf verwendet, diesem uralten Ort des Gebetes und der Verehrung seinen ursprünglichen Glanz zurückzugeben. Man verwendete, wann immer es möglich war, die ursprünglich verwendeten alten Steine wieder. Zwar leben nicht genug Juden in

Der Eingang zur wiedererbauten Synagoge von Worms. Rechts vom Eingang die Stiftungsinschrift aus dem Jahr 1034 für die erste Wormser Synagoge, die etwas westlich lag.

Worms, um eine Gemeinde zu gründen, aber jüdische Soldaten der US-Armee halten hier fallweise Gottesdienste ab und bringen ihren eigenen Rabbi mit.

Die Männer-Synagoge ist ein hoher gewölbter Raum mit zwei romanischen Säulen, die den typischen zweischiffigen Raum formen. Die Bimah liegt in der Mitte des Raumes, eine Raumordnung, die bis ins 19. Jahrhundert typisch für mitteleuropäische Synagogen war. Der Eingang ist ein reich verziertes romanisches Portal mit Säulen, Bogen und Kapitellen.

Gleich anschliessend im Norden der Männer-Synagoge liegt die Frauen-Synagoge, 1213 im spät-romanischen Stil erbaut, immer wieder zerstört, wieder

Die nach der Zerstörung durch die Nazis und durch Bomben wiederaufgebaute "Männerschul" von Worms.

Die gotische "Frauenschul" von Worms ist der älteste bekannte Ein-Säulen-Raum Deutschlands.

aufgebaut und häufig renoviert. Ursprünglich waren die beiden Gebetsräume durch eine Mauer mit fünf kleinen Fenstern, durch die die Frauen dem Gottesdienst folgen konnten, getrennt. Viel später wurde die Mauer entfernt, es blieben zwei offene Bögen, die die beiden Räume verbanden. Die Frauen-Synagoge wird von nur einer Säule getragen und ist somit das älteste bekannte Beispiel eines Ein-Säulen-Raumes in Deutschland.

Romanische Fenster schauen hinunter auf das Wasserbecken des rituellen Bades von Worms.

Im Garten hinter der Synagoge führt eine Steintreppe in das im romanischem Stil erbaute rituelle Bad aus dem frühen 12. Jahrhundert. Eine verwinkelte Treppe mit 41 Steinstufen führt nach unten, vorbei an kleinen Umkleideräumen, Nischen für Lampen und einem Balkon mit romanischen Fenstern mit Blick auf das darunter liegende Wasser. Das Bad war bis ins 18. Jahrhundert durchgehend in

Gebrauch. Im 19. Jahrhundert wurde das Bad als Teil der Kanalisation benutzt. 1895 wurde es gereinigt und restauriert. Es wird heute noch von durchreisenden jüdischen Frauen verwendet, die den Wunsch haben, diese reinigende Zeremonie am selben Ort und auf die selbe Weise vorzunehmen, wie andere jüdische Frauen das hier in mehr als acht Jahrhunderten taten.

Der Geist der Renaissance durchdringt die Rashi-Yeshiva, die hinter der Westmauer der Männersynagoge liegt. Die Yeshiva wurde 1624 zu Ehren des grossen Gelehrten, der um 1060 in Worms studierte und dessen Auslegung des Talmud immer noch gedruckt und gelesen wird, errichtet. Zwar erzählt die Legende, dass Rashi auf dem in der Yeshiva ausgestellten Stuhl sitzend unterrichtet habe, aber Rashi war erst 20 Jahre alt und Schüler, als er in Worms lebte, und der Stuhl, obwohl heute alt, ist immer noch 600 Jahre jünger als der grosse Rashi. Der Stuhl wurde zusammen mit vielen anderen wertvollen Objekten und Dokumenten durch Dr. Friedrich Illert, Chef des Stadtarchivs während der Nazizeit, vor der Vernichtung gerettet.

Das jüdische Museum steht heute auf den romanischen und mittelalterlichen Fundamenten, auf denen einst eine Yeshiva und später ein jüdisches Tanz- und Hochzeitshaus errichtet wurden. Das Museum stellt eine Sammlung von Ritual- und Gebrauchsgegenständen sowie Dokumente, die die tausendjährige Geschichte der Wormser Juden betreffen, aus. Darunter ist auch ein Schriftstück, mit dem Karl der Vierte 1348 seine Rechte auf die Juden von Worms der Stadtverwaltung übergibt, sowie Faksimiles der Darmstädter Haggadah aus dem 14. Jahrhundert und der Londoner Haggadah aus dem 15. Jahrhundert, des Wormser Machsor aus dem Jahr 1272, sowie andere Gegenstände von historischem Interesse.

Der Synagogen-Komplex liegt am Synagogenplatz, gleich neben der Judengasse, nur einige Meter vom Rashi-Tor entfernt. Das Museum ist Dienstag bis Sonntag von 10 bis 12 und von 14 bis 17 Uhr geöffnet, die Synagoge und das rituelle Bad täglich von Mai bis Oktober von 10 bis 12 und 14 bis 17 Uhr, von November bis April von 10 bis 12 und 14 bis 16 Uhr.

Der Wormser Friedhof ist der älteste erhaltene jüdische Friedhof Europas. Er diente der Gemeinde fast durchgehend fast 900 Jahre lang. Der älteste erhaltene Grabstein trägt die Jahreszahl 1076/77. Fast alle der alten Steine stehen nach Süden statt, wie üblich, nach Osten gewendet. Viele bekannte Juden sind hier begraben, darunter auch Rabbi Meir von Rothenburg, Anführer einer Gruppe von Juden, die im 13. Jahrhundert Deutschland verlassen wollten, um ins gelobte Land zu ziehen. Um den Verlust der hohen Steuern, die die Juden zu zahlen hatten, zu verhindern, nahm der Kaiser den Rabbi 1286 gefangen. Rabbi Meir starb 1293 in Gefangenschaft, da er verbot, dass ein Lösegeld für ihn bezahlt werde. Auch in Gefangenschaft nahm er durch seine Schriften weiter Einfluss. Selbst sein Leichnam wurde vom Kaiser für weitere 14 Jahre unbeerdigt als Geisel gehalten, bis Alexander ben Salomon Wimpfen, unter der Bedingung, neben Rabbi Meir begraben zu werden, das Lösegeld zahlte. Ihre Grabsteine stehen heute noch Seite an Seite, von Steinchen und Papierstreifen, die Besucher zurückliessen, bedeckt.

Wie durch ein Wunder hat dieser fast tausend Jahre alte jüdische Friedhof im Schatten des Doms alle Stürme der Jahrhunderte fast unbeschädigt überstanden.

Der Friedhof, anders als die Synagoge, überstand die Nazizeit unzerstört. Er wurde von Dr. Friedrich Illert, bereits oben erwähnt, gerettet. Er zeigte dem Reichsführer SS Heinrich Himmler bei einer Inspektion den Friedhof und erweckte sein Interesse für dessen historische Bedeutung. Danach war es Dr. Illert möglich, Versuche der heimischen Nazis, den Friedhof zu zerstören, durch den Hinweis auf Himmlers Interesse zu verhindern. Den Vorschlag, sich vor der geplanten Zerstörung des Friedhofs sicherheitshalber erst mit dem gefürchteten Chef von SS und Gestapo in Verbindung zu setzen, mochte keiner der lokalen Nazibonzen aufgreifen, und der Friedhof blieb unbehelligt. Der Friedhof liegt in der Andreasstrasse nahe dem Andreastor und kann täglich zwischen 8 Uhr und dem Einbruch der Dunkelheit besucht werden. Im Pförtnerhaus ist eine sehr interessante Broschüre über den Friedhof erhältlich.

Gruppen, die eine Führung wünschen, sollten diese eine Woche zuvor bei der Stadtinformation, Neumarkt 14, anmelden. Die Führung beinhaltet den Synagogen-Komplex und den Friedhof aus dem 11. Jahrhundert.

Weitere Sehenswürdigkeiten sind: Der romanische Dom mit den gotischen Skulpturen aus dem ehemaligen Kreuzgang und die ebenfalls romanische Paulskirche gleich in der Nähe, sowie das Museum der Stadt Worms mit seinen reichen Sammlungen.

Die Grabsteine des Rabbi Meir von Rothenburg und des Alexander ben Salomon Wimpfen, der das immense Lösegeld für den Leichnam seines verehrten Lehrers an den Kaiser zahlte, stehen seit fast 700 Jahren Seite an Seite.

WÜRZBURG

liegt am Main, rund 110 km nordwestlich von Nürnberg und rund 120 km südöstlich von Frankfurt zwischen der A 3 und der A 7 an den Bundesstrassen 8, 13, 19 und 27.

* Mainfränkisches Museum mit kleiner Sammlung jüdischer Gegenstände
* Jüdisches Altersheim, heute Dokumentations-Zentrum
* Friedhof aus dem Jahre 1880

Es wird angenommen, dass sich Juden erstmals im 11. Jahrhundert in Würzburg ansiedelten. Das erste diesbezügliche Dokument stammt aus dem Jahre 1119. Sowohl die Kreuzzüge wie auch die Verfolgungen während der schwarzen Pest brachten grosses Leid über die Würzburger Juden. 1565 wurden sie vertrieben und zogen in das naheliegende Heidingsfeld, heute Teil von Würzburg. Heidingsfeld wurde so zu einem wichtigen religiösen Zentrum und war im frühen 18. Jahrhundert Sitz des Ober-Rabbiners von Unterfranken. Erst im späten 18. Jahrhundert stabilisierten sich die Verhältnisse so weit, dass die jüdische Gemeinde ihre religiösen Institutionen wieder nach Würzburg verlegen konnte. Im 19. Jahrhundert umfassten diese Institutionen eine jüdische Schule, ein Lehrer-Seminar, eine Yeshivah und ein Spital. Ende des 19. Jahrhunderts war die Würzburger Gemeinde eine der wichtigsten in Bayern. Über 2.000 Juden lebten 1933 in Würzburg. 1.500 davon wurden in Vernichtungslager verschleppt, nur einige wenige überlebten.

Das Mainfränkische Museum in Würzburg zeigt eine Sammlung jüdischer Gegenstände. Eine Sammlung aus dem Jahre 1913, die auch die barocke Synagoge von Kirchheim enthielt, wurde 1945 durch Bomben fast völlig zerstört. Diese stark reduzierte Ausstellung umfasst einige Torah-Schilde, manche mit dem kaiserlichen Adler, Torah-Zeiger, Besamim-Büchsen, Kiddush-Becher, einen Purim-Teller, Sabbat-Leuchter, Seder-Teller, einer davon mit einem Bild von einem Pessach-Mahl unter Sabbat-Leuchten, Rimonim, Etrog-Büchsen und Channukah-Kerzenleuchter (einer davon mit zwei in der Ornamentik versteckten Hirschen). Auch ein gut erhaltener Grabstein aus dem Jahre 1326 für zwei Töchter eines Rabbiners, die am selben Tag starben, sowie auch Stücke von Grabsteinen aus der Zeit um 1350 werden ausgestellt. Das Museum liegt in der Festung Marienberg mit Blick über Würzburg. Es gibt Führungen durch das Museum und die Öffnungszeiten sind von April bis Oktober von 10 bis 17 Uhr und von November bis März von 10 bis 16 Uhr.

In der Domerschulstrasse steht ein Denkmal für die 1938 zerstörte Synagoge; ein Denkmal für die jüdischen Opfer der Nazi-Herrschaft befindet sich in der neuen Synagoge in der Valentin-Becker-Strasse 11. Das jüdische Altersheim an der selben Adresse, das 1930 erbaut wurde, war von den Nazis zum Sammellager für die Deportation der Würzburger Juden gemacht worden. Heute befindet sich dort ein Dokumentations-Zentrum für die jüdischen Gemeinden der Umgebung. An der Aussenwand der Synagoge sind Gesetzestafeln aus einer zerstörten Synagoge, ein Chuppah-Stein aus dem Jahr 1780 aus Heidingsfeld und ein Stein-Ornament von der zerstörten Synagoge in der Domerschulstrasse. Das Zentrum ist von Montag bis Donnerstag von 13 bis 17 Uhr und am Freitag von 8 bis 12 Uhr geöffnet.

Im Jahre 1864 gründete der „Würzburger Raw" Seligmann Bär Bamberger in der Bibrastrasse 6 ein Lehrerseminar, das 1929 in die Sandbergstrasse 1 übersiedelte. An beiden Häusern, heute ist eines ein Kloster und das andere eine Schule, sind Gedenktafeln angebracht.

Auf dem Friedhof aus dem Jahre 1880 in der Werner-von-Siemens Strasse steht ein Denkmal für die im ersten Weltkrieg gefallenen jüdischen Soldaten aus Würzburg und eines für die von den Nazis ermordeten Würzburger Juden. Um dieses Denkmal sind Gedenksteine für Menschen, die in KZ's umkamen, im Halbkreis aufgestellt. Es gibt eine Zeremonienhalle und ein Wächterhaus, in dem der Verwalter lebt. Der Friedhof ist geöffnet und kann zu den üblichen Zeiten besucht werden.

———

Sehenswert wäre noch: die Bischofsresidenz, von einem barocken Meister erbaut, mit einem grossen Tiepolo-Fresko; der Dom und die Neumünsterkirche daneben; die Marienkapelle, auf dem Platz der mittelalterlichen Synagoge aus dem 14. Jahrhundert erbaut; die alte Mainbrücke mit ihren barocken Statuen und die Festung Marienberg mit dem bereits erwähnten Museum.

REGION NÜRNBERG

ANSBACH

liegt rund 40 km westlich von Nürnberg, an der Rezat, an den Bundesstrassen 13 und 14 und nahe der A 6.

* Synagoge aus dem 18. Jahrhundert
* Archiv des Heimatpflegers von Mittelfranken
* Friedhof aus dem Jahre 1813

Am Anfang des 14. Jahrhunderts siedelten sich erstmals Juden in Ansbach an. Die Verfolgungen im Jahr 1349, anlässlich des Wütens der schwarzen Pest, brachten der Gemeinde grosse Verluste. 1561 wurden die Juden für 50 Jahre aus Ansbach vertrieben. Gegen Ende des 17. und zu Beginn des 18. Jahrhunderts gab es für die Juden in Ansbach eine Zeit der Sicherheit und Ruhe wie nie zuvor. Der Grund dafür war die Arbeit von Hofjuden, besonders Max Model und Elkanan Fränkel, am Hofe der Markgrafen. Als die Hofjuden allerdings das Wohlwollen der Markgrafen verloren, war es damit vorbei.

Die Synagoge aus dem 18. Jahrhundert in der Rosenbadstrasse 3 ist wahrscheinlich die älteste Synagoge in Deutschland, die die „Reichskristallnacht" (vom 9. auf den 10. November 1938) fast unbeschädigt überdauert hat. Der Bürgermeister von Ansbach verhinderte die Zerstörung der Synagoge, indem er selbst ein kleines Feuer legte, das allerdings die Torah und einige rituelle Gegenstände zerstörte. Die Synagoge wurde zwischen 1744 und 1746 von dem italienischen Architekten Leopoldo Retty erbaut und wird jetzt einmal im Jahr für einen Ge-

Die sehenswerte barocke Synagoge von Ansbach dient nur mehr einmal im Jahr dem Gottesdienst, weil es in Ansbach keine jüdische Gemeinde mehr gibt.

Die barocke Inneneinrichtung der Synagoge von Ansbach stammt aus der Bauzeit.

denkgottesdienst verwendet. In Ansbach selbst gibt es keine jüdische Gemeinde mehr, aber der Gedenkgottesdienst wird von Juden aus ganz Bayern besucht.

In der Eingangshalle der Synagoge befindet sich ein Denkmal für die Ansbacher Juden. Im Inneren gibt es zwei Reihen zu je drei Kronleuchtern aus Messing, mit dem Reichsadler gekrönt, Zeugnis für den kaiserlichen Schutz, den die Ansbacher Juden einst in Anspruch nahmen. Die Frauengalerie ist weiss, mit Gold verziert, und wird von nur einem Pfeiler gestützt. Die achteckige Bimah, mit acht gedrehten rosa Säulen, ähnlich denen, die auch die Torah-Schrein umrahmen, steht in der Raummitte und wird von einem grossen Messingluster beleuchtet. Der grösste Teil der Innenausstattung ist so alt wie die Synagoge selbst. Heute allerdings sind die hohen, schmalen Fenster vergittert.

Das Archiv des Heimatpflegers von Mittelfranken befindet sich im Schloss Ansbach. Dort liegen Dokumente über die Vergangenheit der Juden von Ansbach und Franken. Auch über noch in Mittelfranken existierende Gebäude und Friedhöfe werden von hier aus Daten gesammelt.

Der jüdische Friedhof in Ansbach wurde im Jahre 1813 angelegt und während der Naziherrschaft komplett zerstört. 1946 wurde der Friedhof restauriert und einige der Grabsteine konnten zurückgebracht werden. Eine Tafel in der Mitte der hinteren Mauer erinnert an die Zerstörung und die Schändungen von 1948 und 1950. Heute ist der Friedhof versperrt und durch eine Steinmauer geschützt. Der Friedhof liegt neben der Rügländer Strasse, hinter der Kirche, in der Uhlandstrasse und dem Josef-Fruth-Platz. Die Schlüssel zur Synagoge und zum Friedhof sind im Verkehrsamt, das sich im Rathaus befindet, von Montag bis Freitag von 8.30-12.30 und 14.30-17 Uhr zu bekommen.

Andere Sehenswürdigkeiten sind das Schloss der Markgrafen mit dem Spiegelkabinett, einer Porzellanausstellung und dem Schlosspark im französischen Stil. Wert zu besichtigen ist auch noch die im romanischen und gotischen Stil erbaute Kirche St. Gumbertus.

BAIERSDORF

liegt rund 30 km nördlich von Nürnberg, zwischen der A 73 und der Regnitz.

* Friedhof aus dem 14. Jahrhundert

Alles, was in Baiersdorf noch an die jüdische Gemeinde erinnert, die 600 Jahre dort lebte, ist dieser kunstvoll geschmückte Friedhof aus dem 14. Jahrhundert. Bis 1938 diente er nicht nur der jüdischen Gemeinde von Baiersdorf, sondern auch den Gemeinden von Bamberg, Bayreuth und anderen Orten der Umgebung. Ein Denkmal erinnert an die jüdischen Opfer der Naziherrschaft. Viele der imposanten Grabsteine der Cohanim und Leviim sind mit barocken Ornamenten verziert. Hier befindet sich auch das Grab von Moses Hameln, Sohn von Glückel von Hameln, deren Biographie einen tiefen Einblick in die verschwundene jüdische Welt des 17. und 18. Jahrhunderts gibt. Der Schwiegervater von Moses Hameln, Samson Baiersdorf aus Wien, war einer der berühmtesten Hofjuden; ihm ist die Erbauung der Baiersdorfer Synagoge in Jahre 1711 zu verdanken. Heute erinnert nur mehr eine Gedenktafel am Bankgebäude in der Judengasse 14 an diese Synagoge, die 1938 zerstört wurde.

Will man den Friedhof besuchen, kann man sich den Schlüssel dazu im Rathaus, Waaggasse 2, zu folgenden Zeiten holen: Montag bis Freitag von 8 bis 12 Uhr, Dienstag von 16 bis 17 Uhr und Donnerstag von 14 bis 18 Uhr. Um zum jüdischen Friedhof zu kommen, verlässt man die Hauptstrasse bei der Strasse Am Friedhof in Richtung Städtischer Friedhof. Beim Eingang zu diesem geht es dann rechts und am Ende der Sackgasse links durch ein Holzgatter und weiter über einen schmalen Weg, bis, fast am Ende des Weges, der jüdische Friedhof erreicht ist.

BAMBERG

liegt etwa 60 km nördlich von Nürnberg an der A 73.

* Die Marienkirche war früher Synagoge
* Denkmäler
* Statue der besiegten Synagoge im Dom
* Modell der Synagoge von Horb aus dem 18. Jahrhundert im Historischen Museum
* Friedhof aus dem Jahr 1851

Juden begannen sich in Bamberg schon vor 1096 niederzulassen. Im ersten Kreuzzug wurde die jüdische Gemeinde vor die Wahl zwischen Taufe oder Tod gestellt. In den folgenden Jahrhunderten wurde die neu erstandene Gemeinde häufig angegriffen oder für kurze Zeit aus Bamberg vertrieben. Bei Hungerunruhen im Jahr 1699 richtete sich die Volkswut gegen die Juden von Bamberg, und ein Massaker wurde nur dadurch abgewendet, dass ein Jude Pflaumen über die wütende Menge schüttete. Die jüdische Gemeinde erinnerte sich jahrelang durch ein „Pflaumenfasten" an dieses Ereignis.

Die mittelalterliche Gemeinde verfügte über eine Synagoge, ein rituelles Bad, ein Tanzhaus und eine Herberge und lebte in einer Judengasse zusammen. Nach der Vernichtung der Gemeinde infolge der Schwarzen Pest-Verfolgungen im Jahr 1349 wurde ihre Synagoge in die Marienkirche umgebaut. Später wurde diese Kirche eine Turnhalle und ist heute wieder eine protestantische Kirche. Das Gebäude ist in den vergangenen 600 Jahren häufig verändert worden, bewahrt aber immer noch etwas von seinem Charakter als mittelalterliche Synagoge. Es steht in der Judengasse 1.

Die neue Bamberger Synagoge und das Gemeindezentrum befinden sich in der Willy-Lessing-Strasse 7, wo eine 1938 zerstörte Synagoge stand. Die Strasse trägt den Namen des Vorsitzenden der jüdischen Gemeinde, der an den in der Reichskristallnacht erlittenen Verletzungen starb.

Im Südschiff des Bamberger Doms stehen Statuen der triumphierenden Kirche und der besiegten Synagoge von der Hand desselben Meisters, der auch den Bamberger Reiter schuf. Die Synagoge wird mit verbundenen Augen und zerbrochenem Stab gezeigt, die Gesetzestafeln entgleiten ihren Fingern. Der Meister scheint diese Statue mit mehr Sympathie behandelt zu haben als die der triumphierenden Kirche, die stolz und steif wirkt. Am Nordportal, an der Aussenseite der Kirche, steht ein Pfeiler mit einem Juden, den ein über ihm hockender Teufel

Wahrscheinlich war die Darstellung der Besiegten Synagoge durch den "Meister des Bamberger Reiters" zu respektvoll, sodass später dieser propagandistische Teufel, der einen Juden an den Ohren zieht, am Pfeiler angebracht wurde.

an den Ohren zieht. Die besiegte Synagoge stand einst auf diesem Pfeiler. In der Vergangenheit, als das damals noch relativ junge Christentum das Judentum als Konkurrenz und Gefahr empfand, waren Skulpturen wie diese in Kathedralen und Kirchen in Deutschland sehr häufig. Die meisten davon sind jetzt verschwunden. In den Wintermonaten ist der Dom von 9 bis 12 und von 14 bis 16 Uhr zu besichtigen, im Sommer bis 18 Uhr.

Im Historischen Museum wird ein Modell einer von Eliezer Sussmann ben Salomon mit Wandmalereien versehenen Synagoge gezeigt. Sussmann war ein jüdischer Maler aus Polen, der im 18. Jahrhundert in einer Reihe von Synagogen in Franken seine Wandmalereien anbrachte. Das Original der Synagoge von Horb, einem kleinen Ort in der Nähe von Bamberg, ist als Dauerleihgabe im Israel-Museum in Jerusalem ausgestellt. Das Historische Museum in der Alten Residenz gegenüber vom Dom ist täglich von 9 bis 17 Uhr geöffnet.

Der Friedhof aus dem Jahr 1851 liegt in der Siechenstrasse 102, neben dem Stadtfriedhof. Der Friedhof ist versperrt, aber der Friedhofswärter lässt Besucher ein. Im Friedhof steht ein Denkmal für die Opfer der Nazis, eine Zeremonienhalle und ein Wärterhaus. Vor der Eröffnung des Friedhofs begrub die Bamberger Gemeinde ihre Toten in den Friedhöfen von Zeckendorf und Walsdorf.

Ein weiteres Denkmal für die Opfer der Nazis befindet sich am Alten Rathaus auf der Unteren Brücke, ein Denkmal für eine 1938 zerstörte Synagoge steht an der Ecke Herzog-Max-Strasse/Urbanstrasse.

Andere Sehenswürdigkeiten sind der bereits erwähnte Dom in einer Mischung aus Spätromanik und Frühgotik, mit dem sehr eindrucksvollen Grabmal des Kaisers Heinrich II. und seiner Gemahlin, mit dem Bamberger Reiter und einer sehr reichen Schatzkammer. Bamberg gehört zu den wenigen deutschen Städten, deren Kunstschätze nicht in den Bomben des zweiten Weltkriegs vernichtet wurden. Neben dem Dom und dem Bischofspalast sind auch das Alte Rathaus aus dem 18. Jahrhundert, auf einer Insel zwischen der Bischofsstadt und der Bürgerstadt gelegen, sowie viele andere alte Häuser und Kirchen bemerkenswert. Für Freunde des Bizarren ist ein Besuch der Wohnung des Dichters E. Th. A. Hoffmann zu empfehlen.

BAYREUTH

liegt rund 80 km nordöstlich von Nürnberg, an der A 9.

* Synagoge aus dem Jahre 1760
* Friedhof aus dem Jahre 1786

Im 13. Jahrhundert siedelten sich erstmals Juden in Bayreuth an. Die Verfolgungen während der Zeit der schwarzen Pest forderten viele Todesopfer unter ihnen. In der Folge allerdings sorgte der Markgraf, unter dessen Herrschaft die Juden kamen, für besseren Schutz als der weit entfernte Kaiser Karl der Vierte. Die Gemeindemitglieder konnten frei reisen und hatten auch bis zum 15. Jahrhundert das Recht, Prozesse gegen Christen vor einem aus jüdischen und christlichen Richtern zusammengesetzten Gerichtshof zu führen. In der Zeit zwischen den 15. und den 17. Jahrhundert werden die Bayreuther Juden immer wieder vertrieben, um nach kurzer Zeit die Erlaubnis zu neuerlicher Ansiedlung zu erhalten.

Im Jahre 1759 kaufte der Hofjude und Bankier Moses Seckel einen kleinen Palast und baute diesen um in eine Synagoge, die 1760 eingeweiht wurde. Im Jahre 1938 wurde diese Synagoge zwar geplündert, aber nicht zerstört, sodass sie wieder restauriert werden und der neuen jüdischen Gemeinde wieder als Synagoge dienen konnte. Die Synagoge befindet sich in der Münzgasse 2, das jüdische Gemeindezentrum gleich daneben. Eine Besichtigung kann über das Gemeindezentrum (Tel. 0921/65407) arrangiert werden.

Der Friedhof in der Nürnbergerstrasse 9 wurde 1786 angelegt. Davor wurden die Juden Bayreuths in den Friedhöfen von Baiersdorf, Burgkundstadt oder Aufsess begraben. Der Bayreuther Friedhof hat auch eine Zeremonienhalle. Der Schlüssel zu dem üblicherweise verschlossenen Friedhof ist im Gemeindezentrum zu bekommen. Durch das Gittertor ist wenig vom Friedhof zu sehen.

Sehenswert sind noch diverse höfische Gebäude im Barock- und Rokokostil. Die meisten wurden von Wilhelmina, Tochter von König Friedrich Wilhelm dem Ersten von Preussen und Gattin von Markgraf Friedrich von Brandenburg-Bayreuth, erbaut. Sehenswert ist auch das Wagner-Festspielhaus und die Villa Wahnfried, jetzt Wagner-Museum.

BOPFINGEN

liegt rund 110 km östlich von Stuttgart und rund 130 km südwestlich von Nürnberg, an der Bundesstrasse 29. In zwei kleinen Dörfern, Oberdorf und Aufhausen, jetzt Stadtteile von Bopfingen, gab es alte jüdische Gemeinden.

Aufhausen:
* Friedhof aus dem 17. Jahrhundert

Oberdorf:
* Synagoge aus den Jahre 1812
* Friedhof aus dem frühen 19. Jahrhundert

Juden siedelten sich im 16. Jahrhundert in Aufhausen an und hatten ihr gutes Auskommen, wie auch die christliche Bevölkerung. Sie lebten vorwiegend vom Handel mit Vieh, Wein, Getreide und Tabak, sowie vom Hausieren. Mitte des 19. Jahrhunderts lag der jüdische Bevölkerungs-Anteil von Aufhausen bei 43 %. Im Rathaus befanden sich sowohl die jüdische als auch die christliche Schule und auch die Wohnungen der Lehrer beider

Konfessionen. Bis 1933 war die Anzahl der Juden in Aufhausen allerdings auf 5 zusammengeschrumpft. Vier von den Aufhausener Juden wurden von den Nazis im KZ ermordet, nur einer konnte emigrieren. Die Synagoge, Lauchheimer Strasse 21, wurde 1823 erbaut, 1938 teilweise zerstört und abgerissen, und der Rest wurde 1950 bis zur Unkenntlichkeit verändert.

Der Friedhof, einer der grössten in Württemberg, stammt aus dem 17. Jahrhundert und liegt in der Schenkensteinstrasse, nördlich des christlichen Friedhofes unterhalb Burg Schenkenstein. Manche der Steine sind recht alt, aber alle stehen noch. Der hier verwendete Stein ist eher weich und daher sind die Inschriften sehr verwittert. Der Schlüssel ist im Rathaus erhältlich, falls der Friedhof geschlossen ist.

Oberdorf liegt an der Strasse nach Bopfingen, ein paar Kilometer von Aufhausen entfernt. In Oberdorf siedelten sich Juden ab 1510 an, und Mitte des 19. Jahrhundert war ihr Anteil an der Bevölkerung rund ein Drittel. Die Synagoge, 1812 erbaut, wurde in den fünfziger Jahren eine katholische Kirche und ist heute die Lagerhalle einer Elektrofirma. Das Äussere des Gebäudes ist in einem sehr vernachlässigtem Zustand, während die Grundsubstanz des Gebäudes selbst noch einen stabilen Eindruck macht. Die schmutzigen, zerbrochenen Fenster sind notdürftig mit Blechabfällen verschlossen. In der westlichen Mauer gibt es zwei Eingänge, einer war früher für die Frauen und einer für die Männer. Über jeder Türe ist eine Inschrift in Hebräisch. „Das ist das Haus des Herrn", lautet die eine und „Das ist das Tor zum Himmel", die andere. Die ehemalige Synagoge befindet sich in der Lange Strasse 13, in der Sackgasse zwischen dem Kindergarten und dem Haus Lange Strasse 17. Das ehemalige rituelle Bad und die ehemalige Schule in der Ipfstrasse 11 sind heute Bestandteil eines Privathauses. Das Germanische Nationalmuseum in Nürnberg besitzt einen Gebetsschal und zwei Mesusoth aus Oberdorf.

Die gut erhaltene ehemalige Synagoge dient heute als Lager eines Elektrikers.

Der Friedhof in Oberdorf, aus dem frühen 19. Jahrhundert, liegt am Berghang, dort wo sich die Karksteinstrasse und der Brandströmweg treffen. Verschiedene Stilrichtungen kennzeichnen die Grabsteine, wobei die ältesten in der Mitte des Friedhofs zu finden sind. Beim Eingang gibt es ein Denkmal für fünf im ersten Weltkrieg gefallene Juden. Im Jahre 1985 errichtete die Stadtverwaltung ein Denkmal für die jüdischen Oberndorfer Bürger, die in den KZ's der Nazis umkamen. 68 Namen sind hier nach Familienzusammengehörigkeit verzeichnet.

CREGLINGEN

liegt rund 90 km westlich von Nürnberg und rund 15 km nordwestlich von Rothenburg ob der Tauber.

* Ehemalige Synagoge aus dem Jahre 1799
* Friedhof aus dem Jahre 1620
* Ehemalige Synagoge im Stadtteil Archshofen

Erst um 1600 siedelten sich hier Juden an. König Friedrich Wilhelm der Dritte von Preussen gab der Gemeinde im Jahr 1799 die Erlaubnis, eine Synagoge zu bauen. Sie wurde im landesüblichen Stil, halb aus Stein und halb als Fachwerkbau errichtet, angelehnt an die Stadtmauer und den Stadtturm aus dem 14. Jahrhundert. 1938 wurde aus der Synagoge eine Jugendherberge und 1963 ein Bistro. Die Adresse des Gebäudes ist Neue Strasse 28.

Die Synagoge war klein, der Friedhof gross. Er wurde 1620 ausserhalb von Creglingen angelegt. Wenn man die Streichentalerstrasse entlangfährt, über die Stadtgrenze hinaus, vorbei an zwei Scheunen, eine links, eine rechts von der Strasse, und dann nach 150 Metern rechts auf eine Asphaltstrasse abbiegt, kommt man nach 20 Meter zu einem Schotterweg, der zum Friedhof führt. Dieser liegt am Waldrand und ist durch eine hohe Mauer geschützt. Er ist versperrt, der Schlüssel ist im Rathaus zu erhalten (wo eine Gedenktafel für die Creglinger Juden zu sehen ist). Man kann durch das Gittertor in den Friedhof sehen. Die alten Grabsteine haben sehr einfache Verzierungen. Auch die Juden aus Archshofen wurden hier begraben.

Archshofen liegt einige Kilometer von Creglingen in Richtung Rothenburg.

* Ehemalige Synagoge

In Archshofen siedelten sich die Juden um 1690 an. Die Synagoge war ein stattliches Gebäude mit ungewöhnlichen neogotischen Fenstern. 1938 wurde sie verwüstet. Zur Zeit wird das Synagogengebäude von der Feuerwehr benützt, welche zwei Einfahrten in die Nordwand einbaute und die meisten Fenster ausgetauscht hat. Die bunten Glasfenster an der Ostmauer und Teile der Frauengalerie existieren noch. Wenn man aus Richtung Creglingen nach Archshofen kommt, muss man vor der Brücke links abbiegen, um dann am Ende der Strasse zur ehemaligen Synagoge zu kommen. Sie liegt gegenüber dem Hause Archshofen 38.

Die ehemalige Synagoge, direkt an der Stadtmauer, wurde 1938 eine Jugendherberge und dient heute als Bistro.

FLOSS

liegt rund 120 km nordöstlich von Nürnberg, zwischen der Bundesstrasse 15 und der Grenze zur CR und ungefähr 15 km nordöstlich von Weiden.

* Synagoge aus dem frühen 19. Jahrhundert
* Friedhof aus dem späten 17. Jahrhundert
* Konzentrationslager Flossenbürg, Erinnerungsstätte und Dokumentationszentrum

Jüdische Tuchhändler siedelten sich 1685 als erste Juden in der Nähe von Floss an. Sie bauten ihre Häuser auf einem Hügel, den sie später mit einer Steinmauer umgaben, gegenüber der kleinen Stadt Floss. Die jüdische Gemeinde verwaltete sich bis 1869 selbst, dann wurde „Judenberg" ein Teil von Floss.

Die erste Synagoge wurde 1722 gebaut, sie wurde bald zu klein und wurde 1780 vergrössert. Ein Feuer im Jahre 1813 zerstörte Floss und Judenberg fast vollkommen. Von der Synagoge wurden nur die sieben Torah-Rollen gerettet. Eine neue Synagoge, im Stil des Spätbarock, wurde zwischen 1815 und 1817 über einem achteckigen Grundriss errichtet.

Diese wirklich bemerkenswerte Synagoge steht auf einem dominierenden Platz, über einem Bach, mit Blick über die roten Dächer der kleinen Stadt und auf die katholische und protestantische Kirche, die gleich hoch stehen wie die Synagoge. Neun farbige Fenster mit hebräi-

Selbstbewusst steht die Synagoge der ehemals selbständigen Gemeinde Judenberg auf einem Hügel, in gleicher Höhe wie die Kirchen von Floss.

schen Inschriften beleuchten das Erdgeschoss; die Bimah steht nach altem Brauch in der Mitte des Raumes, statt, wie später üblich, vor der Torah-Nische im vorderen Teil. Sowohl ein Eckstein aussen wie eine Steinsäule zum Spendensammeln im Inneren tragen die Jahreszahl 1815. Die Frauengalerie, die sich über drei Seiten des Raumes erstreckt, wird von zwölf Granitsäulen getragen und ist über eine geschwungene Steinbrücke von der um ein Stockwerk höher liegenden Strasse nördlich der Synagoge zu erreichen.

Die Synagoge wurde 1938 stark beschädigt, aber, dank ihrer meterdicken Mauern, nicht völlig zerstört. Nach Jahren des Verfalls wurde sie von der „Vereinigung der Juden Bayerns“ 1964 angekauft. 1975 ermöglichte die Gemeinde Floss die Renovierung.

Die geweihte Synagoge befindet sich Ecke Bergstrasse-Judengasse. Der Schlüssel ist im Rathaus von Floss zu folgenden Zeiten erhältlich: Montag bis Freitag von 7 bis 12 Uhr, und am Donnerstag auch von 13 bis 17.30.

Der Friedhof wurde 1692 angelegt und einige Male vergrössert. Er liegt auf einem steilen Abhang, von einer Steinmauer umgeben. Neben dem Eingang sind viele alte Grabsteine zu sehen, ebenso ein Grab für 33 tote Gefangene aus dem nahegelegenen KZ Flossenbürg mit einem Gedenkstein für die jüdischen Opfer des Naziterrors.

Der Friedhof liegt in der Flossenbürger Strasse, gleich am Stadtrand, nach dem Haus Nr. 44. Über die Mauer ist der Friedhof gut zu sehen. Den Schlüssel bekommt man im Rathaus.

Der achteckige Innenraum der Synagoge von Floss wurde nach den Verwüstungen der Nazijahre renoviert und dient heute wieder seiner ursprünglichen Bestimmung als Betraum.

Auf dem alten jüdischen Friedhof in Floss steht auch dieser Grabstein mit dem schlafenden Löwen.

Flossenbürg liegt etwa 5 km östlich von Floss. Ein Teil des Flossenbürger KZ ist als Erinnerungsstätte erhalten. Von den etwa 100.000 Gefangenen, die hier entweder im Granitsteinbruch oder in den nahe gelegenen Munitionsfabriken arbeiteten, starben mehr als 30.000 durch Mord, Hunger, Erschöpfung oder Krankheit. Hier stehen Denkmäler für Menschen aus achtzehn europäischen Ländern, für Juden und für die Widerstandskämpfer, die noch im April 1945 hier hingerichtet wurden. Es gibt ein Dokumentationszentrum, Massengräber für ungezählte Tausende, die hier verscharrt wurden oder deren Asche gleich neben dem Krematorium verstreut wurde.

Zwei Wachttürme, ein Stück elektrischer Zaun und Teile des Krematoriums sind noch vorhanden. Die Kirche wurde zwischen 1946-48 von überlebenden Gefangenen aus den Steinen der niedergerissenen Wachttürme gebaut. Geöffnet ist die Gedenkstätte im Sommer von 8 bis 18 Uhr und im Winter von 9 bis 17 Uhr.

FÜRTH

liegt rund 10 km westlich von Nürnberg an der Bundesstrasse 8.

* Synagoge aus dem Jahre 1763
* Denkmäler
* 2 Friedhöfe

Die Anwesenheit von jüdischen Geldverleihern in Fürth wird erstmals in der Mitte des 15. Jahrhunderts erwähnt. Sie wurden bald vertrieben und erst 1528 wurde wieder eine neue Gemeinde gegründet. Diese Gemeinde wuchs und gedieh im 17. Jahrhundert. Sie profitierte von der Rivalität zwischen dem Markgrafen von Ansbach und dem Fürstbischof von Bamberg, die, als gemeinsame Herren von Fürth, sich gegenseitig in Angeboten von Privilegien auszustechen versuchten. Die Aussicht auf bessere Lebensbedingungen brachte Juden aus ganz Deutschland sowie eine grosse Anzahl aus Wien (von wo sie 1670 vertrieben worden waren) nach Fürth. Zum Ende des 18. Jahrhunderts lebten 3.000 Juden in Fürth. Die vergleichsweise sehr gute Lebenssituation der Juden im Vergleich zu allen anderen Gebieten Deutschlands brachte Fürth den Namen „Kleines Jerusalem" ein.

Im Jahre 1763 wurde ein jüdisches Waisenhaus mit einer eigenen Synagoge errichtet. Es war die erste Einrichtung dieser Art in Deutschland. Diese Synagoge war die einzige von den sieben Synagogen in Fürth, die 1938 der Zerstörung entging. Heute ist das ehemalige Waisenhaus ein Appartment-Haus. Die Synagoge liegt in der Hallemannstrasse Nr. 2. Für Dr. Isaak Hallemann, den letzten Direktor des Waisenhauses, sowie für die 33 Waisenkinder, die er 1942 nach Izbica begleitete, wo sie alle ermordet wurden, steht im Vorraum der Synagoge ein Denkmal. Setzt man sich mit dem jüdischen Gemeindezentrum (siehe unten) in Verbindung, kann die Synagoge besichtigt werden.

Blumenstrasse 31, wo früher das jüdische Gymnasium war, ist jetzt das jüdische Gemeindezentrum. Dort steht ein Denkmal für die Opfer des Naziregimes. Ein zweites Denkmal, in der Geleitsgasse, erinnert an die jüdische Gemeinde und die zerstörte Synagoge. Kunihito Kato, ein japanischer Bildhauer, der in Fürth lebt, hat dieses Denkmal aus rosa Granit, in Form einer Flamme und mit Inschriften in deutscher und hebräischer Schrift rund um den Sockel, geschaffen. Es ist ungefähr drei Meter hoch und steht auf einem kleinen Platz.

In Fürth gibt es zwei jüdische Friedhöfe. Der eine, in der Schlehenstrasse, ist aus dem Jahr 1604 und die massiven Grabsteine sind aus demselben grauen Sandstein wie die Häuser der Umgebung. Die Grabsteine sind einfach, ohne Verzierungen, mit hebräischen Inschriften. Viele sind schon halb in den Boden versunken. Durch das versperrte Gittertor sind nur einige Grabsteine zu sehen, aber der Schlüssel ist im jüdischen Gemeindezentrum erhältlich. Der zweite jüdische Friedhof aus dem Jahr 1880 liegt in der Erlangerstrasse 99, und hat ein Denkmal für die jüdischen Opfer der Naziherrschaft. Will man ein bestimmtes Grab finden, hilft der Friedhofsverwalter.

GEORGENSGMÜND

liegt rund 40 km südlich von Nürnberg, etwas abseits der Bundesstrasse 2.

* Ehemalige Synagoge aus den Jahre 1734
* Friedhof aus der Mitte des 16. Jahrhunderts

Die Synagoge in Georgensgmünd wurde um 1734 erbaut. Ein ortsansässiger Lehrer, selbst Nazi-Funktionär, überredete 1938 die Dorfbewohner, Friedhof und Synagoge nicht zu zerstören. Heute ist die Synagoge in einem armseligen Zustand und wird von einen alten Bauern, der in der ehemaligen jüdischen Schule nebenan lebt, als Lagerraum benützt.

Das Gebäude ist aus massivem Stein, mit drei kleinen Fenstern über der Torahnische und einer hölzernen Frauengalerie. Es gibt einen Eingang für Männer und einen für Frauen, mit einer Inschrift in Hebräisch („Öffnet die Türe, denn ich werde in das Haus kommen") über dem Männereingang. Das alte rituelle Bad, im zweiten Kellergeschoss, führt nach wie vor Grundwasser. Das neue Bad, im ersten Keller, wurde mit Beton ausgefüllt. Bücher, Schriften, Torah-Wimpel und verschiedene Kalender aus dem 18. und 19. Jahrhundert wurden 1987 am Dachboden der Synagoge gefunden. Die Adresse der Synagoge ist Am Anger 9. Der Bauer, der dort lebt, ist freundlich und hilft, wenn man das Gebäude sehen möchte.

Die sogenannte Judenbastei, eine schmale Strasse gleich hinter der Synagoge, führt direkt zu dem grandiosen, aus der Mitte des 16. Jahrhundert stammenden und von einer hohen Steinmauer umgebenen Friedhof. Von hier hat man einen schönen Ausblick auf das Dorf. Der Friedhof wurde von mehreren jüdischen Gemeinden der Umgebung verwendet, nämlich den Gemeinden von Roth, Schwabach, Thalmässing und Windsbach. Unter den 1.800 alten Grabsteinen sind einige ganz aussergewöhnliche zu sehen. Die ältesten der Grabsteine, ab 1605, findet man etwas unterhalb und gleich hinter der Zeremonienhalle. Diese ist aus dem Jahre 1723, hat eine prominente Gedenktafel für die Stifter und ist heute der Wohnsitz des Verwalters.

Wie kam es, dass das kleine, ländliche Georgensgmünd eine so bedeutende jüdische Niederlassung wurde? Der Grund ist sowohl geographisch wie auch politisch: Georgensgmünd lag inmitten von Eichstättischem Gebiet, in dem Juden sich nicht ansiedeln, wohl aber Handel treiben durften. Die Wege zu den grösseren Ortschaften der Umgebung waren sicher und nicht zu lang, im Höchstfall zwei Stunden. Das alles machte Georgensgmünd zu einem sehr geeigneten Ort für eine jüdische Siedlung. Viel später wurde das kleine Georgensgmünd

Die ehemalige Synagoge von Georgensgmünd ist heute Abstellraum. Auch das rituelle Bad existiert noch im Keller der ehemaligen Schule, die heute ein Bauernhaus ist.

auch die Heimat auffallend vieler hochrangiger bayerischer Nazi-"Goldfasane".

HAINSFARTH

liegt rund 70 km südwestlich von Nürnberg, nahe der Bundesstrasse 466, etwas ausserhalb von Oettingen.

* Ehemalige Synagoge aus dem Jahre 1857
* Friedhof aus der Mitte des 19. Jahrhunderts

Die ehemalige Synagoge aus dem Jahre 1857 liegt in der Jurastrasse (ehemals Judengasse), zwischen den Häusern 12 und 14, etwas abseits der Hauptstrasse. Es ist geplant, das Gebäude, das in einem sehr schlechten Zustand ist, zu renovieren. Die Fenster und die zwei Türen, sowie die Verzierungen um und an den Türen, sind in einem für einen kleinen Ort unüblichen, eher städtischen maurischem Stil gehalten. Von der hebräischen Inschrift über einer der Türen sind nur mehr die Konturen zu sehen. Im Inneren sieht man noch Reste der Decken- und Wandmalereien und der ebenfalls gemalten Gesetzestafeln zu beiden Seiten der Torahnische. Die ehemalige Schule, gleich neben der Synagoge, wurde 1988 als Wohnhaus renoviert.

Der Friedhof aus der Mitte des 19. Jahrhunderts liegt ausserhalb des Dorfes, am Ende der Jurastrasse (Nr. 43), heute das Haus des Verwalters und ehemals Zeremonienhalle. Der Friedhof ist zwar versperrt, aber über die Friedhofsmauer hinweg gut zu sehen, sollte man den Verwalter nicht antreffen. Die Grabsteine sind reich verziert und hoch, und der Friedhof sieht aus wie ein kleiner Wald aus Stein. Sein Zustand ist gut, die Steine stehen alle, wenn sie auch verwittert und die Inschriften nur mehr schwer lesbar sind.

Im ländlichen Raum ungewöhnlich ist die maurische Architektur der ehemaligen Synagoge von Hainsfarth. Die ehemalige Schule liegt links im Bild.

Die ehemalige Synagoge von Hainsfarth wird von der Gemeinde als Bauhof und Lagerraum benutzt.

Die hohe und mächtige ehemalige Synagoge von Harburg liegt direkt am Fluss und ist heute ein Bürohaus.

HARBURG

liegt rund 100 km südwestlich von Nürnberg, oder rund 130 km nordwestlich von München an der Bundesstrasse 25 und der Wörnitz.

* Ehemalige Synagoge aus dem Jahre 1754
* Friedhof aus dem späten 17. Jahrhundert

Im Zusammenhang mit den Verfolgungen während der Zeit der schwarzen Pest im Jahr 1348 werden in Harburg erstmals Juden erwähnt. Damals dürfte allerdings noch keine jüdische Gemeinde existiert haben; es wird angenommen, dass jüdische Flüchtlinge aus Pfalz-Neuburg erst 1671 die erste Gemeinde gründeten. Diese vergrösserte sich zunächst schnell bis zum 19. Jahrhundert, schrumpfte dann wie alle anderen ländlichen Gemeinden, und hatte 1930 nur mehr einige wenige Mitglieder.

Die Synagoge, 1754 erbaut, liegt in der Egelseestrasse 8 am Ufer der Wörnitz. Sie wurde 1938 schwer beschädigt, aber ihre völlige Zerstörung wurde von den Nachbarn aus Angst vor dem Übergreifen des Feuers auf die eigenen Häuser verhindert. Im Keller befindet sich ein rituelles Bad. In den 50er- und 60er-Jahren war ein kleines, privates Museum in der Synagoge untergebracht, heute, nachdem sie umgebaut wurde, sind es Wohnungen und Büros. Das Gebäude ist gross und hoch, mit Bogenfenstern im ersten Stock und einer von aussen erkennbaren Thoraschrein-Nische an der Fluss-Seite.

Der Friedhof, der auch ein Wächterhaus hat, ist aus dem späten 17. Jahrhundert. Später wurde der Friedhof auch von den Gemeinden Degging und Ederheim benutzt. Die meisten der heute noch vorhandenen Steine sind aus dem 19. und 20. Jahrhundert. Der Friedhof ist zwar versperrt, doch durch das Gittertor und stellenweise über die Mauer gut zu sehen. Den Schlüssel erhält man im Rathaus. Um hinzukommen, fährt man die Strasse Richtung Schaffhausen, am Schloss vorbei bergauf, und biegt beim Funkturm rechts ab. Von der Strasse aus ist dann die Friedhofsmauer am Waldrand zu sehen.

Es lohnt sich, das Schloss der Oettinger Grafen zu besuchen, dort die reichhaltige Kunstsammlung zu sehen und in der Stadt von der schmalen alten Brücke über die Wörnitz die romantische Aussicht zu geniessen.

KITZINGEN

liegt rund 90 km nordwestlich von Nürnberg und rund 130 km südöstlich von Frankfurt, am Main und der Bundesstrasse 8.

* Ehemalige Synagoge aus dem Jahre 1883

Eine jüdische Gemeinde in Kitzingen wird 1147 erstmals erwähnt, existierte aber schon vorher. Die Gemeinde wurde immer wieder durch Verfolgungen beeinträchtigt, erstmals 1243 nach einer Ritualmordbeschuldigung, dann durch die Rindfleisch-Massaker 1298 und die Armleder-Verfolgungen 1336, bis letztlich die schwarze Pest, mit den damit verbundenen Judenverfolgungen, das Ende für die Gemeinde brachte. Eine neue Gemeinde bildete sich bald nachher in Kitzingen, und konnte sich trotz immer wiederkehrenden Verfolgungen und Androhungen von Vertreibungen halten, bis sie 1798 tatsächlich vertrieben wurde. Erst nachdem die Juden in der Mitte des 19. Jahrhunderts die Bürgerrechte erhalten hatten, wuchs langsam eine neue Gemeinde heran und baute sich 1883 eine neue Synagoge. Das Gebäude der alten Synagoge aus dem 16. Jahrhundert war zwar noch erhalten, gehörte aber natürlich nicht mehr der neuen jüdischen Gemeinde, sondern war ein Wohnhaus und wurde 1945 von Bomben zerstört. Die neue Synagoge wurde 1938 verwüstet. Fast 100 Juden aus Kitzingen wurden in KZ's umgebracht.

Das Gebäude der Synagoge wurde nach 1938 als Zwangsarbeiterlager, später als Fabrik, Lagerhalle und Proberaum verwendet, bevor es renoviert und in ein Kulturzentrum umgewandelt wurde. An dem Gebäude in der Landwehrstrasse 1 ist eine Erinnerungstafel angebracht. Von der ehemaligen Schule blieb ebenfalls das Gebäude in der Landwehrstrasse 23 erhalten.

LICHTENFELS

liegt rund 100 km nördlich von Nürnberg, am Main und an den Bundesstrassen 173 und 289.

* Ehemalige Synagoge aus dem Jahre 1797
* Friedhof aus der Mitte des 19. Jhdt.

Die kleine Synagoge von Lichtenfels, in der Judengasse 12, war während der Nazi-Zeit ein Lager für Alteisen und ein Schweinestall. Sie wurde 1947 der jüdischen Gemeinde zurückgegeben, wurde später verkauft und wird heute als Lagerraum eines Werkzeuggeschäfts verwendet.

Auf dem Friedhof aus der Mitte des 19. Jahrhunderts gibt es nur mehr wenige Grabsteine und ein Denkmal für die 25 Lichtenfelser Juden, die in deutschen Vernichtungslagern umkamen. Um hinzukommen fährt man „An der Friedenslinde" entlang, biegt beim Parkplatz des Hallenbads, gegenüber des Einganges zur Hauptschule (dort steht die Statue eines Mannes mit Flügeln) rechts ab und fährt dann wieder rechts, in einen Feldweg, entlang von Feldern und Gärten, bis der Weg eine Biegung nach rechts macht. An der Ecke ist der Friedhof, er ist versperrt, der Schlüssel ist im Rathaus von Lichtenfels erhältlich.

Die kleine Barock-Synagoge von Lichtenfels war während der Nazi-Zeit ein Schweinestall und dient heute als Lager.

MAINSTOCKHEIM

liegt am Main, rund 120 km südöstlich von Frankfurt oder rund 100 km nordwestlich von Nürnberg, zwischen der A 3 und der Bundesstrasse 8.

* Ehemalige Synagoge aus dem Jahre 1836

Eine Synagoge, eine Schule und ein Gemeindezentrum wurden 1836 in einfachem neo-romanischen Stil erbaut. Der ganze Komplex liegt in einer schmalen Sackgasse mit der Adresse Hauptstrasse Nr. 213 gegenüber Hauptstrasse 126, und ist heute eine katholische Kirche. In der Ostwand sind noch die Reste eines runden Fensters über der ehemaligen Torahnische zu sehen; die Torahnische selbst wurde beim Umbau in eine Kirche weggerissen. Eine Erinnerungstafel für die Synagoge und die Juden von Mainstockheim wurde 1986 angebracht.

MICHELBACH AN DER LÜCKE

liegt rund 130 km nordöstlich von Stuttgart und rund 120 km westlich von Nürnberg, 5 km nördlich der A 6, zwischen der A 7 und der Bundesstrasse 290. Hinweistafeln tragen auch die Bezeichnungen Michelbach/L. und Michelbach a. d. L. Da es mehrere Michelbach in der Gegend gibt, sind diese feinen Unterschiede wichtig.

* Ehemalige Synagoge aus dem Jahr 1756/57 und Ausstellung
* Friedhof aus dem Jahre 1840

Juden siedelten sich im Jahre 1519, nach ihrer Vertreibung aus dem nahegelege-

Liebevoll renoviert und in ein Museum umgewandelt wurde die kleine Synagoge von Michelbach. Die Nische für den Torahschrein an der Ostwand ist gut zu erkennen.

Der Innenraum der ehemaligen Synagoge von Michelbach wird heute für Veranstaltungen verwendet. Die Bimah wurde daher - untypisch für ländliche Synagogen - an den Torahschrein herangerückt.

nen Rothenburg, in Michelbach an. Vor dem Dreissigjährigen Krieg lebten hier 22 Familien, nachher waren es nur mehr sieben. Im Jahre 1869 lebten 216 Juden in Michelbach, ein Drittel der Bevölkerung, aber alle bis auf 35 waren bis 1933 emigriert oder in grössere Städte abgewandert. Von denen, die deportiert wurden, wurden 16 in Riga und Theresienstadt ermordet, nur einer überlebte und kam nach dem Krieg zurück. Er wurde Mitglied des Gemeinderates und starb 1968. Seine KZ-Uniform und seine Dokumente sind in dem kleinen Museum in der alten Synagoge ausgestellt.

Die Synagoge, 1756/57 erbaut, wurde 1938 nicht zerstört. Sie wurde während des Krieges als Munitionslager und nachher als Lager einer Getränkefirma benutzt. Viel Sorgfalt wurde darauf verwendet, die Synagoge zu restaurieren. Über der Eingangstüre befindet sich eine hebräische Inschrift, und neben der Türe ist eine Kopie des alten Chuppah-Steines eingemauert. Die Wandmalereien im Inneren wurden erneuert. Heute ist die Synagoge eine Gedenkstätte für die Juden aus Franken, mit einer kleinen Sammlung jüdischer ritueller Gegenstände, sowie Fotografien und Dokumenten aus der Geschichte der fränkischen Juden. Hunderte Besucher haben sich seit der Eröffnung 1984 im Gästebuch eingetragen. Die Synagoge steht hinter dem Haus Judengasse 4, und der Schlüssel ist werktags von 9 bis 12 Uhr im Rathaus in der Schloss-Strasse zu bekommen.

Der Friedhof, 1840 angelegt, ist gross und gut erhalten. Einige Grabsteine waren zwar beschädigt und mussten repariert werden, aber alle stehen und die meisten sind gut lesbar. Der Friedhof ist in der Rossbürger Strasse. Nach dem Verlassen des Dorfes fährt man Richtung Roth am See und kommt zu einer Hinweistafel „Jüdischer Friedhof". Vor 1840 wurde der Friedhof in Schopfloch benützt. Auch der Schlüssel für den Friedhof ist zu den gleichen Zeiten im Rathaus erhältlich.

MÖNCHSDEGGINGEN

liegt rund 100 km südwestlich von Nürnberg, rund 140 km östlich von Stuttgart und rund 130 km nordwestlich von München, etwas abseits der Bundesstrasse 25, zwischen Donauwörth und Nördlingen.

* Rituelles Bad aus dem Jahre 1841
* Ehemalige Synagoge 1684-1734
* Friedhof aus dem Jahre 1833

Juden begannen sich 1684, nach ihrer Vertreibung aus Höchstädt, in Mönchsdeggingen anzusiedeln. Sie benützten ein Fachwerkhaus aus dem Jahre 1542 von 1684 an als Synagoge, bis sie 1734 eine neue Synagoge bauten. Diese erste ehemalige Synagoge, in der Albstrasse 20, ist heute ein Privathaus. Eine Gedenktafel ist angebracht.

An der Ecke Raiffeisenstrasse und Römerstrasse steht ein Denkmal für die zweite und dritte Synagoge (1734-1828 und 1828-1879). In den siebziger Jahren des 19. Jahrhunderts übersiedelte die Gemeinde nach Nördlingen, ihre Synagoge wurde verkauft und niedergerissen.

Ein rituelles Bad wurde 1841 in ländlich-maurischem Stil erbaut. Das kleine weisse Gebäude, mit Schornstein, steht noch in der Alemannenstrasse 17. Nachdem die Gemeinde Mönchsdeggingen verlas-

Das rituelle Bad von Mönchsdeggingen wurde 1841 mit maurischen Anklängen erbaut. Später, nach der Selbstauflösung der Gemeinde, diente es als Kotter.

sen hatte, wurde in dem Bad ein Polizei-Kotter eingerichtet, heute ist es ein kleines lokales Museum. In der ehemaligen jüdischen Schule, in der Albstrasse 30, ist heute das Rathaus und ein Fremdenverkehrsbüro untergebracht.

Der Friedhof, von 1833 bis 1877 benützt, liegt am Ende der Stadt, an der Magerbeiner Steige. Die Grabsteine, in unterschiedlichen Stilrichtungen, sind in guter Verfassung, nur die Inschriften sind schon sehr verwittert und unleserlich. Es gibt eine Zeremonienhalle, wahrscheinlich gleich alt wie der Friedhof. Um hinzukommen, fährt man die Albstrasse Richtung Niedermagerbein. Der Friedhof, umgeben von einer Steinmauer, liegt links, gegenüber dem Schul-Komplex. Den Schlüssel erhält man im Rathaus oder Fremdenverkehrsbüro in der Albstrasse 30.

NIEDERWERRN

liegt rund 120 km nordwestlich von Nürnberg und 140 km östlich von Frankfurt, an der A 303, östlich von Schweinfurt.

* Ehemalige Synagoge aus dem Jahre 1786
* Ehemalige jüdische Schule
* Friedhof in Euerbach

In Niederwerrn haben sich die ersten Juden wahrscheinlich nach ihrer Vertreibung aus dem nahegelegenen Schweinfurt im Jahr 1555 niedergelassen. Allerdings werden Juden in Niederwerrn in Dokumenten erst 1657 erwähnt. Niederwerrn war damals ritterlicher Besitz und die Juden konnten von den Herrn von Niederwerrn gegen entsprechende Gebühren und höhere Steuern Schutzbriefe kaufen. Nach der Emanzipation um die Mitte des 19. Jahrhunderts nahm, wie überall auf dem Land, die jüdische Bevölkerung stark ab: während 1800 noch 300 Juden in Niederwerrn leben, sind es 1925 nur mehr 52 und 1933 noch etwa 50. 39 Juden aus Niederwerrn verlassen in den ersten Jahren der Naziherrschaft den Ort, einige emigrieren, andere ziehen in grössere Städte. Alle neun 1942 noch in Niederwerrn lebenden Juden wurden in deutschen Lagern getötet.

Die Synagoge, 1786 von einem in den Niederlanden reich gewordenen Juden aus Niederwerrn im Barockstil erbaut, wurde 1938 verwüstet, aber wegen ihrer Nähe zu anderen Häusern nicht niedergebrannt. Anschliessend wird die Synagoge enteignet, nach dem Krieg dem Jewish Restitution Fund übergeben und von diesem der Gemeinde verkauft. Das Gebäude wird nun als Kino und in weiterer Folge als Lagerhaus und für Vorträge verwendet. Zur Zeit werden Pläne entwickelt, das Gebäude zu renovieren und ein Kulturzentrum daraus zu machen. An der ehemaligen Synagoge, in der Schweinfurter Strasse 23, ist eine Gedenktafel angebracht.

Gegenüber, in der Schweinfurter Strasse 54, steht das 1878 gebaute Haus, in dem die jüdische Schule untergebracht war. Heute ist es das Rathaus von Niederwerrn. Auch hier gibt es eine Gedenktafel.

Ein Grundstück im nahegelegenen Euerbach wurde 1672 von der jüdischen Gemeinde gekauft und diente den Gemeinden von Euerbach, Niederwerrn, Oppach und Westheim als Friedhof.

NÜRNBERG

* Gedenkstätten
* Germanisches Nationalmuseum, einige mittelalterliche Grabsteine und Sammlung jüdischer religiöser Gegenstände im Depot
* Springbrunnen aus dem 14. Jahrhundert mit gotischen Statuen, Moses und sieben Propheten darstellend
* Neue Synagoge mit Teil eines gotischen Torahschreins aus einer 1499 zerstörten Synagoge
* Friedhöfe

Wahrscheinlich siedelten sich Juden schon in der ersten Hälfte des 12. Jahrhunderts in Nürnberg an. Die Gemeinde war gross und erfolgreich geworden, als im Jahre 1298 ein verarmter fränkischer Edelmann namens Rindfleisch einen privaten Kreuzzug durch weite Teile Süddeutschlands führte und dabei in Nürnberg 728 Mitglieder der jüdischen Gemeinde ermordete. Das 14. und 15. Jahrhundert war eine Zeit der Unterdrückung und vieler kleinlicher Einschränkungen (zum Beispiel durften Juden auf dem Markt vor 9 Uhr keine Eier oder lebende Tiere kaufen, um die Preise niedrig zu halten). Die hohen Steuern, die von den Juden zu holen waren, führten zu vielen Streitigkeiten zwischen dem Kaiser, dem Burggrafen und den städtischen Behörden. Die Verfolgungen anlässlich der schwarzen Pest fielen mit einem lokalen Krieg zusammen, und die Nürnberger Juden waren auf der Seite der Verlierer. 560 Juden wurden verbrannt, ihre Häuser und die Synagoge geschleift und ihre Grabsteine zum Strassenbau verwendet.

Die Vertreibungen der Juden waren jedesmal „für immer“ , aber die Kassen der Stadt, des Burggrafen und des Kaisers waren bald wieder leer, und nach ein paar Jahren holte man die Juden wieder zurück, um sich wieder die Taschen zu füllen. Erst die Vertreibung von 1499 sollte 300 Jahre halten.

Nach 1499 war es Juden zwar gestattet, Nürnberg zu besuchen, aber selbst da gab es Einschränkungen, und sie mussten hohe Zölle für alle Waren, die sie in Nürnberg kauften, bezahlen. Ansiedeln durften sie sich erst wieder mit Beginn des 19. Jahrhunderts. Mit der Emanzipation nahm auch die Anzahl der Juden, die in Nürnberg wohnten und arbeiteten, rasch zu. Bis 1933 hatte Nürnberg mit etwa 9.000 Juden die zweitgrösste jüdische Gemeinde in Bayern. Während der zwanziger und dreissiger Jahre war Nürnberg in ganz Deutschland führend in antisemitischen Ausschreitungen. Über 1.600 Nürnberger Juden wurden deportiert und nur wenige überlebten.

Ein Denkmal für die Synagoge, die 1874 erbaut und bereits am 10. August 1938, drei Monate vor der Reichskristallnacht, zerstört wurde, steht an prominenter Stelle, am Hans-Sachs-Platz/Spitalbrükke. Die neue Synagoge, in der Johann-Priem-Strasse 20, zeigt den sogenannten „Judenstein", einen gotischen Bogen mit den in hebräischen Buchstaben eingemeisselten Worten „Keter Torah". Dieser Stein war Teil der Torahnische der alten, 1499 zerstörten Synagoge und dann für die nächsten 400 Jahre an der Aussenwand eines Patrizierhauses eingemauert. Der Stein wurde anschliessend in die 1874 erbaute Synagoge integriert, nach dem Krieg in ein Museum gebracht und kam zu guter Letzt in die neue Synagoge.

Das Germanische Nationalmuseum stellt vier jüdische Grabsteine aus dem 13. und einen aus dem 15. Jahrhundert im Kreuzgang des Museums aus. Eine kleine Sammlung ritueller Gegenstände befindet sich meist im Depot. Das Museum liegt am Kornmarkt Nr. 1 und ist täglich von 9 bis 17 Uhr und Donnerstag auch noch von 17 bis 21.30 geöffnet.

Ein rituelles Bad aus dem Mittelalter wurde 1986 in der Königstrasse 18 gefunden. Eine Besichtigung ist leider nicht möglich.

Der Springbrunnen am Marktplatz aus dem 14. Jahrhundert, genannt „Schöner Brunnen", zeigt gotische Statuen, Moses und die sieben Propheten und David mit der Harfe darstellend.

Der alte jüdische Friedhof aus der Mitte des 19. Jahrhunderts liegt in der Bärenschanzstrasse 40. Er verfügt über eine Zeremonienhalle, ein Wächterhaus und lange Reihen von Grabsteinen aus dem 19. Jahrhundert. Durch das Gittertor kann man in den versperrten Friedhof sehen, den Schlüssel erhält man im jüdischen

An prominenter Stelle erinnert ein Mahnmal an die im August 1938 zerstörte Hauptsynagoge von Nürnberg.

Gemeindezentrum in der Johann-Priem-Strasse 20.

Der neue Friedhof, aus den frühen Jahren dieses Jahrhunderts, liegt in der Schnieglinger Strasse 155, hinter dem christlichen Friedhof. In der Zeremonienhalle stehen die Reste von vier Grabsteinen aus der Mitte des 14. Jahrhunderts, die zum Bau einer Wendeltreppe in der St. Lorenz Kirche verwendet worden waren. Es steht ein Denkmal für die Opfer des Nazi-Terrors auf dem Friedhof und in 31 der Gräber sind Tote aus Konzentrationslagern begraben.

Nürnberg wurde im zweiten Weltkrieg stark zerbombt und nur wenige der gotischen Prachtbauten blieben erhalten. Die wichtigsten Sehenswürdigkeiten sind die Burg, das Dürer-Haus, die St. Sebaldus-, St. Lorenz- und Frauen-Kirche, das Germanische Nationalmuseum mit seiner grossartigen Sammlung deutscher Kunst. Die Nazi-Architektur wird im grossen Stil durch das Reichsparteitag-Gelände, für den jährlich stattfindenden Parteitag gebaut, repräsentiert.

PRETZFELD

liegt rund 50 km nördlich von Nürnberg, an der Bundesstrasse 470, südlich von Ebermannstadt.

* Rituelles Bad aus dem 15. Jahrhundert
* Friedhof aus dem Jahre 1632

Das rituelle Bad aus dem 15. Jahrhundert ist ungefähr 4 Meter tief und in den Kalksteinboden eingemeisselt. Eine gerade Stiege führt in das Bad, in dem noch immer das „Lebende Wasser" fliesst. Das Bad liegt hinter Am Schlossberg 5.

Der Friedhof, wahrscheinlich aus dem Jahre 1632, liegt am Judenberg, weit ausserhalb des Dorfes.

REGENSBURG

liegt an der Donau, rund 100 km südöstlich von Nürnberg oder rund 110 km nördlich von München an der A 3 und der A 93.

* Das Museum in Regensburg zeigt 19 jüdische Grabsteine aus dem 16. Jahrhundert und Reste der gotischen Bimah aus der mittelalterlichen Synagoge
* Der Dom zeigt Darstellungen von Juden in verschiedenen Zusammenhängen
* Friedhof aus dem 19. Jahrhundert

Man vermutet, dass bereits 981 eine jüdische Gemeinde in der freien Reichsstadt Regensburg existierte und das erste jüdische Viertel im nach-römischen Deutschland bewohnte. Die Gemeinde entging ihrer Ausrottung während des ersten Kreuzzuges im Jahr 1096, indem sie sich geschlossen taufen liess. Aber schon im Jahr darauf gestattete Kaiser Heinrich der Vierte den zwangsgetauften Juden, zum Judentum zurückzukehren. Die Regensburger Gemeinde war durch ein Privileg, das von nachfolgenden Herrschern bis zum 14. Jahrhundert immer wieder erneuert wurde, geschützt. Durch dieses Privileg war den Juden erlaubt, mit allen Metallen, auch Gold und Silber, Handel zu treiben, sowie als Geldverleiher tätig zu sein. Sie durften auch bei Gerichtsverhandlungen gegen Christen einen Richter ihres Vertrauens wählen. Die Stabilität und der Reichtum der Gemeinde half ihr, die Rindfleisch- Verfolgungen, die Morde nach der Hostienschändungs- Beschuldigung von Deggendorf und die Verfolgungen während der schwarzen Pest, die so viele andere Gemeinden ausrotteten, fast unbeschadet zu überstehen.

Das 14. und das 15. Jahrhundert brachten zunehmende Unterdrückung durch höhere Steuern, Berufsverbote, Befreiung ihrer Schuldner von der Rückzahlung der Schulden, Beschlagnahme ihres Eigentums, und Anklagen wegen Ritualmord. Nach dem Tod ihres letzten Beschützers, des Kaisers Maximilian, im Jahre 1519 wurde die Gemeinde vertrieben. Grabsteine ihres alten Friedhofes wurden als Baumaterial verwendet oder als Trophäen in die umliegenden Dörfer gebracht, wo man sie zum Teil noch heute an der Aussenseite der Kirche oder des Rathauses eingemauert sehen kann. Die Synagoge wurde niedergerissen und an ihrer Stelle eine Kirche, die Neupfarrkirche, erbaut. Ab 1669 war es einzelnen Juden erlaubt, in Regensburg zu leben, aber eine Synagoge konnte erst 1841 wieder erbaut werden. 1933 lebten 427 Juden in Regensburg. 230 wurden im Jahre 1942 deportiert. 1938 wurde die Synagoge, die 1912 erbaut worden war, niederge-

Die überlebensgrosse gotische Statue des St. Peter im Regensburger Dom trägt einen zur Tiara umgewandelten Judenhut. Auf den gotischen Glasfenstern sind in einigen biblischen Szenen Juden in mittelalterlicher Tracht dargestellt.

An der Westfassade des Regensburger Doms sieht man - neben anderen Szenen aus dem Pentateuch - diesen Tanz ums goldene Kalb, der auch schon judenfeindliche und propagandistische Züge trägt.

brannt und das Gemeindezentrum verwüstet. Eine kleine Gemeinde, die sich nach 1945 etablieren konnte, renovierte das alte Gemeindezentrum. Eine neue Synagoge und zwei Denkmäler, eines für die zerstörte Synagoge und eines für die Opfer der Nazi-Herrschaft, befinden sich im Gemeindezentrum Am Brixener Hof 2.

Im Regensburger Museum stehen 19 Grabsteine von dem 1519 zerstörten Friedhof und Teile einer gotischen Bimah aus der mittelalterlichen Synagoge. Das Museum liegt am Dachauplatz 2-4 und ist von Dienstag bis Samstag von 10 bis 16 Uhr und Sonntag von 10 bis 13 Uhr geöffnet.

Der Regensburger Dom zeigt Darstellungen von Juden in verschiedenen Zusammenhängen. Rechts vom Haupt-Altar steht die überlebensgrosse Statue von St. Peter, gotisch, mit einem Judenhut. In einigen Scheiben der farbigen gotischen Glasfenster sind Juden mit dem spitzen mittelalterlichen Judenhut dargestellt. Links vom meist geschlossenen Haupteingang an der Westseite sind drei biblische Szenen dargestellt: Die Juden tanzen um das goldene Kalb; Moses empfängt die Gesetzestafeln; Abraham wird von einem Engel gehindert, Isaak zu opfern (im Busch ist der statt Isaak zu opfernde Widder zu sehen). Und an der Aussenseite, rechts neben dem Eingang in der Mitte der Südseite, ist an einem Pfeiler die stark verwitterte Darstellung einer „Judensau“ zu sehen. Ein Jude wird von einem Schwein gesäugt, ein zweiter, mit einem spitzen Hut, spricht in das Ohr des Schweines. Einst gab es eine grossen Zahl dieser mittelalterlichen Darstellungen, die Juden beleidigen und verspotten sollten. Heute gibt es nur mehr ganz wenige davon, die man in Deutschland noch sehen kann.

Der Friedhof aus dem frühen 19. Jahrhundert liegt in der Schillerstrasse 29. Der Eingang liegt im Stadtpark, man erreicht ihn durch das Gässchen links von dem Tor in der Schillerstrasse. Man geht links, der Mauer entlang, vorbei an Zeremonienhalle und Wächterhäuschen. Der Friedhof ist ungewöhnlich, weil die Grabsteine mit der Vorderseite nach Süden und nicht wie üblich nach Osten gerichtet sind. Der Friedhof ist nicht verschlossen.

Regensburg wurde sowohl von den Bomben als auch von den Kämpfen des zweiten Weltkriegs verschont und wurde auch vom Wirtschaftswunder danach nicht zerstört. Sehenswert ist der Dom, ein riesiges gotisches Bauwerk mit herrlichen Glasfenstern aus dem 14. Jahrhundert, Reste aus der Römerzeit, ein frühes romanisches Schloss, die malerische Altstadt, und die aus dem 12. Jahrhundert stammende Brücke über die Donau, sowie viele andere Kirchen und Paläste.

An der Südfassade des Regensburger Doms ist diese kleine und stark verwitterte Judensau zu sehen; sie säugt zwei Juden, während ein dritter ihr etwas ins Ohr sagt. Im Mittelalter war diese propagandistische und die Juden verhöhnende Darstellung aussen an Kirchen sehr häufig.

RÖDELSEE

liegt rund 90 km nordwestlich von Nürnberg, rund 5 km östlich von Kitzingen, zwischen der A 3 und den Bundesstrassen 8 und 286.

* Friedhof aus dem Jahre 1563

Die Synagoge, wahrscheinlich vor 1646 erbaut, wurde 1938 verkauft und 1945 entweder abgerissen oder völlig verändert. Es gibt keine Gedenktafel.

Es wird angenommen, dass ein Teil des grossen Friedhofes bereits vor 1432 existierte. Dokumentarisch ist er erst 1563 belegbar und blieb fast vierhundert Jahre lang der Friedhof für zwölf umliegende Gemeinden. Die ältesten Grabsteine, mit hebräischen Inschriften und ohne Verzierungen, sind aus dem 16. Jahrhundert. Spätere Steine, aus der Renaissance- und Barockzeit, sind reich verziert mit Kronen, Palmen, Krügen, Fischen, Löwen, Widderhörnern als Symbol für die Grabsteine von Vorsängern, Brot für die Bauern, Weintrauben für die Winzer und Bäume als Symbol für das Leben. Zwei Denkmäler stehen auf dem Friedhof: Eines für die im ersten Weltkrieg gefallenen jüdischen Soldaten und eines für die Opfer der Naziherrschaft. Der Friedhof ist von einer Steinmauer umgeben und hat auch eine kleine Zeremonienhalle.

Dieser eindrucksvolle, grosse Friedhof mit seinen 2.500 Grabsteinen liegt südlich der Ortschaft an der alten Strasse nach Iphofen. Um hinzukommen, fährt man die Alte Iphöfer Strasse bis zur Gabelung, wo ein Steinkreuz steht, dann links, dann die erste Asphaltstrasse rechts. Von hier aus sieht man bereits den Friedhof. Den Schlüssel erhält man im Rathaus.

Der riesige alte Friedhof von Rödelsee liegt ausserhalb des Orts auf einer niedrigen Anhöhe.

ROTHENBURG OB DER TAUBER

liegt rund 70 km westlich von Nürnberg, an der A 7 und der Bundesstrasse 25.

* Mittelalterliches jüdisches Tanzhaus aus dem Jahre 1400
* Gedenktafel und Grabsteine aus dem 13. und 14. Jahrhundert
* Rituelles Bad aus dem Jahre 1409
* Friedhof aus dem späten 19. Jahrhundert

Juden siedelten sich im späten 12. und im frühen 13. Jahrhundert in Rothenburg an. Mitte des 13. Jahrhunderts, als der geistige Führer des Deutschen Judentums, Rabbi Meir ben Baruch, genannt das Licht des Exils, sich hier niederliess, wurde die Gemeinde ein bedeutendes Zentrum für jüdisches religiöses Leben und Lernen. Aber die immer höheren Steuern und andere Arten der Repression, die Kaiser Rudolf von Habsburg 1286 einführte und dann ständig ausbaute, veranlassten Rabbi Meir, zusammen mit vielen anderen Juden aus dem ganzen Römischen Reich ihr Heim zu verlassen, um in das Heilige Land zu ziehen. Unglücklicherweise wurde Rabbi Meir gefangengenommen und eine unglaublich hohe Summe wurde als Lösegeld verlangt. Er verbot das Lösegeld für ihn zu bezahlen und starb nach siebenjähriger Gefangenschaft. Selbst für seinen Leichnam wurde noch ein hohes Lösegeld verlangt, und der Körper wurde bis zur Zahlung dieses Lösegelds nicht beerdigt. Erst nach 14 Jahren bezahlte ein Jude aus Frankfurt, Alexander ben Salomon Wimpfen, das Lösegeld. Er stellte eine Bedingung: er wollte nach seinem Tode neben Rabbi Meir begraben werden, was auch geschah. Sie wurden nebeneinander im Friedhof in Worms begraben, und ihre Grabsteine stehen dort noch heute Seite an Seite.

Sowohl die Rindfleisch-Verfolgungen im 13. wie auch die Verfolgungen während der schwarzen Pest im 14. Jahrhundert waren für die Juden in Rothenburg besonders verheerend. Konflikte zwischen Kaiser, Fürsten, Kirche und anderen Obrigkeiten um die Kontrolle über jüdischen Besitz nahmen im 15. Jahrhundert zu und führten letztlich, nach dem Tode Kaiser Maximilians im Jahre 1519, zur Vertreibung aller Juden aus diesem Gebiet. Erst 1875 kamen wieder Juden zurück nach Rothenburg.

Das mittelalterliche jüdische Tanzhaus wurde um 1400 erbaut und dann nach der Vertreibung der Juden 1519 stark verändert. Es wurde nach den Zerstörungen des zweiten Weltkriegs restauriert und kann Ecke Judengasse und Galgengasse besichtigt werden. In der Gartenmauer gegenüber vom Tanzhaus sind jüdische Grabsteine aus dem 13. und 14. Jahrhundert sowie eine Gedenktafel für Rabbi Meir ben Baruch eingemauert. Grabsteine aus dem 13. und 14. Jahrhundert sind auch im Reichsstadt-Museum zu sehen, darunter ein Gedenkstein für die 450 Juden, die 1298 von den Rindfleisch-Horden auf grausamste Weise ermordet wurden. Weiters ist eine kleine Sammlung jüdischer ritueller und weltlicher Gegenstände ausgestellt, darunter eine Sabbat-Leuchte und diverse Siegel aus dem 15. Jahrhundert. Das Museum liegt im Klosterhof. Öffnungszeiten sind: April bis Oktober von 10 bis 17 Uhr, November bis März von 13 bis 16 Uhr. Weitere jüdische Grabsteine sind noch an einigen alten Häusern und an der Stadtbefestigung zu sehen.

Ein rituelles Bad wurde 1409 im Keller des Hauses Judengasse 10 gebaut. Leider gibt es zur Zeit keinen Zutritt.

Der kleine Friedhof aus dem 19. Jahrhundert wurde während der Nazi-Zeit verwüstet, die Grabsteine zerbrochen. 1947 wurden ungefähr 40 neue Grabsteine gemeisselt und auf die alten Gräber gesetzt. Der Friedhof liegt rund 10 Meter neben der Würzburgerstrasse hinter einer weissen Mauer gegenüber der Kreuzung Wiesenstrasse und Parkstrasse.

Rothenburg ist bekannt als ein Juwel unter den kleineren Städten Deutschlands. Wenig hat sich hier seit 1648, seit dem Ende des Dreissigjährigen Krieges, verändert. Die alte Stadt hat noch die Befestigungen, ihre alten Kirchen, das Rathaus aus dem 14. Jahrhundert und viele alte Häuser.

SCHNAITTACH

liegt rund 30 km nordöstlich von Nürnberg an der A 9.

* Ehemalige Synagoge aus dem Jahr 1570 mit einer Ausstellung von rituellen jüdischen Objekten
* Friedhöfe

Obwohl wahrscheinlich schon viel früher Juden in Schnaittach gelebt hatten, gewann der Ort erst Bedeutung als jüdische Siedlung, als Juden, die aus anderen Gegenden Bayerns und Frankens vertrieben worden waren, sich im 16. Jahrhundert in Schnaittach ansiedelten. Die Barone von Rothenberg erlaubten wohlhabenden Juden, unter ihrem Schutz in Schnaittach zu leben. Die Synagoge, deren Existenz 1529 erstmals erwähnt wird, wurde 1570 vergrössert. Eine Steintafel aus dieser Zeit ist noch erhal-

Gegenüber dem mittelalterlichen Judentanzhaus von Rothenburg sind jüdische Grabsteine aus dem 13. und 14. Jahrhundert eingemauert.

ten. Während des 18. Jahrhunderts, als Juden aus dem ganzen übrigen Bayern verbannt waren, bekamen die Juden von Schnaittach von den Herzogen von Bayern, unter deren Herrschaft sie seit kurzem waren, in Intervallen von 15 Jahren Schutzbriefe gegen entsprechende Bezahlung. 1813 wurden den Juden in Bayern Teil-Bürgerrechte zuerkannt. Bis zur Mitte des 19. Jahrhunderts waren etwa 20 % der Bevölkerung von Schnaittach Juden, dann aber wurde die jüdische Gemeinde immer kleiner, und in den Dreissigerjahren lebten nur mehr sieben jüdische Familien hier.

Die ehemalige Synagoge ist heute Teil des Schnaittacher Heimatmuseums. Zu sehen ist noch ein Torahschrein, die Frauengalerie mit einem kunstvoll gearbeiteten Eisengitter, die zwei Türen für Frauen und Männer, und Teil einer hebräischen Inschrift über der Torahnische. Aussen an der Synagoge ist ein roter Stein mit der Jahreszahl 330 (1570) in hebräischen Buchstaben eingemauert. Ausserdem zeigt das Museum eine Sammlung von jüdischen rituellen Objekten, auch Torahrollen, die angeblich von SA-Leuten vor der Vernichtung bewahrt wurden. Das Museum liegt in der Museumsgasse 14-16 und hat Dienstag, Donnerstag und Samstag von 10 bis 14 Uhr geöffnet.

In Schnaittach gibt es, nahe beieinander, drei jüdische Friedhöfe. Der jüngste davon, von den Neunzigerjahren des vorigen Jahrhunderts bis 1964 in Verwendung, liegt in der Nähe des christlichen Friedhofes am Krankenhausweg 12. Aus zerbrochenen Grabsteinen wurde ein Denkmal für die 39 jüdischen Opfer der Nazizeit errichtet. Der Verwalter lebt im Wächterhaus des Friedhofs.

Die ehemalige Synagoge von Schnaittach ist heute ein Teil des Heimatmuseums. Die Tafel an der Wand zeigt das Jahr 1570, das Gründungsdatum der Synagoge.

Rund 20 Meter die Strasse hinunter liegt der Eingang zu einem älteren Friedhof. Ungefähr 200 grosse, massive Grabsteine mit hebräischen Inschriften stehen hier. Sie sind ganz ungewöhnlich dick und wahrscheinlich ist deshalb keiner zerbrochen, aber sie versinken immer mehr im Boden und die Inschriften sind verwittert.

Der dritte Friedhof, wahrscheinlich aus dem 16. Jahrhundert, liegt an der rechten Strasse, etwa 20 Meter unterhalb der Gabelung, und rechts von der Strasse. Nur mehr ein Stein neueren Datums mit hebräischer Inschrift steht noch hier. Alle drei Friedhöfe sind jederzeit zugänglich.

Die Grabsteine auf dem zweitältesten jüdischen Friedhof von Schnaittach sind aussergewöhnlich massiv.

STRAUBING

liegt rund 140 km nordöstlich von München und rund 140 km südöstlich von Nürnberg, an der Donau und zwischen den Bundesstrassen 8 und 20.

* Synagoge aus dem Jahre 1907
* Friedhof aus dem Jahre 1923
* Denkmäler

Es existieren Dokumente, die die Existenz einer jüdischen Gemeinde in Straubing im 13. und 14. Jahrhundert belegen, aber diese Gemeinde wurde 1338, im Gefolge der Hostienschändungs-Beschuldigung im nahegelegenen Deggendorf massakriert. Im späten 14. Jahrhundert gab es wieder eine jüdische Gemeinde, aber bereits 1439 wurden alle Juden aus dem Herzogtum Straubing-Bayern vertrieben. Danach gibt es bis zur Emanzipation 1872 fast keine Erwähnungen von Juden in Straubing. Die junge Gemeinde baute 1907 eine bemerkenswerte neo-romanische Synagoge und legte 1923 einen Friedhof an. 50 Juden aus Straubing kamen in KZ's um, 100 gingen ins Exil. 1945 lebten fast 700 Überlebende der Todesmärsche in Straubing, fast hundert davon blieben und gründeten eine neue Gemeinde.

Die Synagoge wurde 1938 zwar verwüstet, aber nicht zerstört. 1945 wurde sie wiederhergestellt und 1988 gründlich renoviert. Der Synagogen-Komplex in der Wittelsbacherstrasse 2 umfasst ein Gemeindezentrum, ein rituelles Bad und Gedenktafeln für die jüdischen Opfer der Nazi-Zeit. Am Giebel der Synagoge befindet sich eine grosse Tafel mit einer hebräischen Inschrift mit einem Davidstern darunter. Ein weiteres Denkmal, aus dem Grabstein eines Rabbiners ge-

Die Synagoge in Straubing wurde erst 1907 in einem sehr konservativen neo-romanischen Stil erbaut.

macht, befindet sich in der Rosengasse 22. Der kleine Friedhof aus dem Jahre 1923 liegt am Thomasweg, gegenüber Nr. 5. Der Schlüssel ist im jüdischen Gemeindezentrum, Wittelsbacherstrasse 2, oder bei Herrn Aumeier, Thomasweg 6a, der auch den Friedhof betreut, zu erhalten.

Zu besichtigen gäbe es noch: St Jakob, eine gotische Hallen-Kirche, den nahegelegenen Ludwigsplatz, und St. Peter, eine romanische Kirche mit einer Totentanz-Kapelle.

TÜCHERSFELD

liegt rund 50 km nordöstlich von Nürnberg an der Bundesstrasse 470.

* Ehemalige Synagoge aus dem 18. Jahrhundert
* Kleine Judaika-Ausstellung
* Fränkische Schweiz-Museum

Die seltsamen Steinformationen und die niedrigen Gebirgszüge haben dieser Gegend den Namen Fränkische Schweiz eingetragen. Abseits der grossen Verkehrswege und der stärker bevölkerten Regionen Deutschlands gelegen, lebten hier Juden und Christen, beide gleich arm, über Jahrhunderte ziemlich friedlich miteinander, unbeeinflusst von den Verfolgungen und Vertreibungen in anderen Teilen Deutschlands. Man nimmt an, das lokale Gutsherren im 13. und 14. Jahrhundert die Juden, die aus den grösseren Städten vertrieben wurden, hier ansiedeln liessen. Viele der alten und armen jüdischen Gemeinden dieser Region hörten um 1900 zu existieren auf, als nach der Emanzipation die Übersiedlung in grössere Städte mit besseren Verdienstmöglichkeiten möglich wurde.

Nachdem im Jahre 1758 ein Feuer sowohl ihre Häuser als auch ihre Synagoge zerstört hatte, gestattete der Gutsherr der jüdischen Gemeinde von Tüchersfeld, sich im unteren Teil der kaum mehr verwendeten und halb verfallenen Burg, auf einem Felsplateau mit Blick über das Tal, anzusiedeln und einen Raum dieser Burg für ihre neue Synagoge zu verwenden. Vorerst hatte die Synagoge eine flache Decke, später bezahlte die Gemein-

Die kleine ländliche Gemeinde von Tüchersfeld richtete hier in der ehemaligen Burg im 18. Jahrhundert ihre Synagoge ein. Heute ist die Synagoge Teil des Fränkische-Schweiz-Museums.

de 50 Gulden, um die Synagoge mit vier Glasfenstern und einem Gewölbe auszustatten. Die Gemeinde hörte bereits 1870 infolge von Emigration und Abwanderung in grössere Städte auf zu existieren.

Geblieben ist der malerische Komplex, bekannt unter dem Namen „Judenhof". Er wurde restauriert und beherbergt heute das Fränkische Schweiz-Museum, in dem bäuerliches und haus-industrielles Handwerkszeug, sowie Produkte aus der Gegend, eine Backstube, Einrichtungsgegenstände und die kleine, einfache Synagoge aus dem 18. Jahrhundert zu sehen sind. Der einst den jüdischen Frauen vorbehaltene Teil der Synagoge zeigt eine kleine Sammlung jüdischer ritueller Gegenstände aus dem 18. und 19. Jahrhundert und Fotografien. Das einstige rituelle Bad am Flussufer wurde zerstört, als die Bundesstrasse verbreitert wurde, aber man vermutet, dass ein Raum der ehemaligen Backstube ebenfalls als rituelles Bad verwendet wurde. Das Museum ist von April bis Oktober von Dienstag bis Sonntag in der Zeit von 10 bis 17 Uhr und von November bis März Sonntag von 13.30 bis 15.30 geöffnet.

UNTER-ALTERTHEIM

ist ein kleiner Ort rund 125 km nordwestlich von Nürnberg oder rund 110 km südöstlich von Frankfurt und 20 km südwestlich von Würzburg zwischen der A 3 und der A 81.

* Ehemalige Synagoge aus dem Jahre 1841

In der Brunnenstrasse 13, ein paar Schritte von der Ringstrasse entfernt, steht eine Synagoge aus dem Jahre 1841, die heute als Holzlagerhaus verwendet wird. Das Innere der Synagoge wurde 1938 zerstört, aber das Gebäude selbst ist fast unverändert geblieben und zeigt das für Synagogen in dieser Gegend typische Satteldach und Bogenfenster. Die Synagoge gehörte nach 1938 zuerst der Gemeinde, dann einer Genossenschaft und heute einem Bauern. Das Gebäude verfällt langsam, da keinerlei Erhaltungsmassnahmen getroffen werden. Die heutige Eingangstür wurde durch die Genossenschaft eingebaut, als das Gebäude nach 1945 für die Lagerung von Kunstdünger verwendet wurde; aus dieser Zeit stammt auch die kleine Rampe. Der Haupteingang zur Synagoge lag früher an der Nordseite. Es gibt keine Gedenktafel, dennoch wird das Gebäude viel besucht und häufig fotografiert. Das rituelle Bad wurde aufgefüllt und dadurch zerstört.
(Abbildung siehe Region Frankfurt / Unter - Altertheim)

VEITSHÖCHHEIM

liegt am Main rund 110 km südöstlich von Frankfurt und rund 120 km nordwestlich von Nürnberg, neben der Bundesstrasse 27.

* Ehemalige Synagoge aus dem Jahre 1730 mit einer Ausstellung: Jüdisches Leben in Veitshöchheim zwischen dem 16. und 20. Jahrhundert

Im Jahre 1674 siedelten sich erstmals Juden in Veitshöchheim an. Um die Mitte des 19. Jahrhunderts bestand die Gemeinde aus etwa 160 Mitgliedern, 1936 waren es nur mehr 30. Etwa die Hälfte dieser Gemeindemitglieder kam in den deutschen KZ's um.

Die Synagoge aus dem Jahre 1730 wurde nur bis 1933 als Synagoge benutzt, bereits im Frühjahr 1938 an die Stadt verkauft und daher während der Reichskristallnacht nicht zerstört. Die wunderbare Rokoko-Inneneinrichtung aus Stein wurde trotzdem bei der Anhebug des Fussbodens des unter dem Strassenniveau liegenden Gebetsraums zerstört. Die Synagoge wurde zuerst als Feuerwehrhaus und dann als Lagerhalle verwendet. Während der erst vor kurzem abgeschlossenen Renovierungsarbeiten wurden Teile der steinernen Rokoko-Inneneinrichtung, Wandmalereien, sowie eine Genisah, die 200 Jahre in Gebrauch war, wiederaufgefunden. Das renovierte Gebäude soll wieder als Synagoge dienen. Auch das im hinteren Teil des Gebäudes liegende rituelle Bad wurde wiederhergestellt. Ausserdem soll eine Ausstellung, die möglicherweise auch den Inhalt der Genisah, die man am Dachboden gefunden hatte, zeigt, im Synagogengebäude etabliert werden. In der Genisah fand man Bücher aus der Zeit zwischen dem 16. und dem 20. Jahrhundert, Briefe und 40 Torahwimpel. Der Haupteingang führt über ein paar Stufen hinunter in den Männer-Betraum, den Hauptraum der Synagoge. Durch die Lage des Fussbodens unter Strassenniveau konnte entweder eine Bauvorschrift, die eine für einen Betraum nicht zureichende Bauhöhe verlangte, umgangen werden, oder das Bibelwort „Aus der Tiefe rufe ich zu Dir, oh Herr!“ wird auf diese Weise eindringlich dargestellt. Die winzige Frauengalerie ist über eine Nebentür rechts vom Haupteingang und eine Treppe zu erreichen. Die Rokoko-Bimah ist achteckig und befindet sich in der Raummitte, wie das bei einer kleinen und eher konservativen Landgemeinde zu erwarten ist. Die Umrahmung der Torahnische ist ebenfalls Rokoko. Die Fenster der Synagoge sind farbig verglast, das Fenster über der Torahnische zeigt den Davidstern. Die Synagoge liegt in der Mühlgasse 6 (Abbildung siehe unter Region Frankfurt/Veitshöchheim).

Eine weitere Sehenswürdigkeit ist auch das kleine Schloss der Würzburger Fürst-Erzbischöfe und der dazugehörige Rokoko-Park.

WEIDEN

liegt rund 100 km nordöstlich von Nürnberg, neben der A 93, an den Bundesstrassen 15, 22 und 470.

* Synagoge
* Friedhof aus dem Jahr 1900

Die Synagoge, Ringstrasse 17, wurde 1938 von der SA verwüstet, aber nicht niedergebrannt. 1948 wurde das Gebäude Überlebenden des KZ's Flossenbürg, die damals in Weiden lebten, übergeben. Die Gemeinde hat sich nach der Auswanderung vieler ihrer Mitglieder in den Fünfzigerjahren stabilisiert.

Der Friedhof aus dem Jahr 1900 liegt in der Sperlingstrasse.

WENKHEIM

liegt rund 100 km südöstlich von Frankfurt und 130 km südwestlich von Nürnberg, zwischen der A 3 und der Bundesstrasse 27.

* Ehemalige Synagoge aus dem Jahre 1841
* Friedhof aus dem 17. Jahrhundert

Der Synagogen-Komplex, 1841 aus ortsüblichen Haustein erbaut, umfasst ausser der Synagoge auch eine Schule, ein rituelles Bad und die Wohnung des Lehrers. Von ein paar romanischen Stil-Elementen abgesehen, unterscheidet er sich kaum von weltlichen Gebäuden aus dieser Epoche. 1938 wurde die Synagoge verwüstet und anschliessend von der Stadtverwaltung in ein Wohnhaus umgebaut. Der Gebetsraum blieb bei diesem Umbau fast unverändert. Das Gebäude wird renoviert und soll als Denkmal und Kulturzentrum dienen.

Der jüdische Friedhof von Wenkheim stammt aus dem 17. Jahrhundert.

WÜRZBURG

liegt am Main, rund 110 km nordwestlich von Nürnberg und rund 120 km südöstlich von Frankfurt zwischen der A 3 und der A 7 an den Bundesstrassen 8, 13, 19 und 27.

* Mainfränkisches Museum mit kleiner Sammlung jüdischer Gegenstände
* Jüdisches Altersheim, heute Dokumentations-Zentrum
* Friedhof aus dem Jahre 1880

Es wird angenommen, dass sich Juden erstmals im 11. Jahrhundert in Würzburg ansiedelten. Das erste diesbezügliche Dokument stammt aus dem Jahre 1119. Sowohl die Kreuzzüge wie auch die Verfolgungen während der schwarzen Pest brachten grosses Leid über die Würzburger Juden. 1565 wurden sie vertrieben und zogen in das naheliegende Heidingsfeld, heute Teil von Würzburg. Heidingsfeld wurde so zu einem wichtigen religiösen Zentrum und war im frühen 18. Jahrhundert Sitz des Ober-Rabbiners von Unterfranken. Erst im späten 18. Jahrhundert stabilisierten sich die Verhältnisse so weit, dass die jüdische Gemeinde ihre religiösen Institutionen wieder nach Würzburg verlegen konnte. Im 19. Jahrhundert umfassten diese Institutionen eine jüdische Schule, ein Lehrer-Seminar, eine Yeshivah und ein Spital. Ende des 19. Jahrhunderts war die Würzburger Gemeinde eine der wichtigsten in Bayern. Über 2.000 Juden lebten 1933 in Würzburg. 1.500 davon wurden in Vernichtungslager verschleppt, nur einige wenige überlebten.

Das Mainfränkische Museum in Würzburg zeigt eine Sammlung jüdischer Gegenstände. Eine Sammlung aus dem Jahre 1913, die auch die barocke Synagoge von Kirchheim enthielt, wurde 1945 durch Bomben fast völlig zerstört. Diese stark reduzierte Ausstellung umfasst einige Torah-Schilde, manche mit dem kaiserlichen Adler, Torah-Zeiger, Besamim-Büchsen, Kiddush-Becher, einen Purim-Teller, Sabbat-Leuchter, Seder-Teller, einer davon mit einem Bild von einem Pessach-Mahl unter Sabbat-Leuchten, Rimonim, Etrog-Büchsen und Channukah-Kerzenleuchter (einer davon mit zwei in der Ornamentik versteckten Hirschen). Auch ein gut erhaltener Grabstein aus dem Jahre 1326 für zwei Töchter eines Rabbiners, die am selben Tag starben, sowie auch Stücke von Grabsteinen aus der Zeit um 1350 werden ausgestellt. Das Museum liegt in der Festung Marienberg mit Blick über Würzburg. Es gibt Führungen durch das Museum und die Öffnungszeiten sind von April bis Oktober von 10 bis 17 Uhr und von November bis März von 10 bis 16 Uhr.

In der Domerschulstrasse steht ein Denkmal für die 1938 zerstörte Synagoge; ein

Denkmal für die jüdischen Opfer der Nazi-Herrschaft befindet sich in der neuen Synagoge in der Valentin-Becker-Strasse 11. Das jüdische Altersheim an der selben Adresse, das 1930 erbaut wurde, war von den Nazis zum Sammellager für die Deportation der Würzburger Juden gemacht worden. Heute befindet sich dort ein Dokumentations-Zentrum für die jüdischen Gemeinden der Umgebung. An der Aussenwand der Synagoge sind Gesetzestafeln aus einer zerstörten Synagoge, ein Chuppah-Stein aus dem Jahr 1780 aus Heidingsfeld und ein Stein-Ornament von der zerstörten Synagoge in der Domerschulstrasse. Das Zentrum ist von Montag bis Donnerstag von 13 bis 17 Uhr und am Freitag von 8 bis 12 Uhr geöffnet.

Im Jahre 1864 gründete der „Würzburger Raw“ Seligmann Bär Bamberger in der Bibrastrasse 6 ein Lehrerseminar, das 1929 in die Sandbergstrasse 1 übersiedelte. An beiden Häusern, heute ist eines ein Kloster und das andere eine Schule, sind Gedenktafeln angebracht.

Auf dem Friedhof aus dem Jahre 1880 in der Werner-von-Siemens Strasse steht ein Denkmal für die im ersten Weltkrieg gefallenen jüdischen Soldaten aus Würzburg und eines für die von den Nazis ermordeten Würzburger Juden. Um dieses Denkmal sind Gedenksteine für Menschen, die in KZ's umkamen, im Halbkreis aufgestellt. Es gibt eine Zeremonienhalle und ein Wächterhaus, in dem der Verwalter lebt. Der Friedhof ist geöffnet und kann zu den üblichen Zeiten besucht werden.

Sehenswert wäre noch: die Bischofsresidenz, von einem barocken Meister erbaut, mit einem grossen Tiepolo-Fresko; der Dom und die Neumünsterkirche daneben; die Marienkapelle, auf dem Platz der mittelalterlichen Synagoge aus dem 14. Jahrhundert erbaut; die alte Mainbrücke mit ihren barocken Statuen und die Festung Marienberg mit dem bereits erwähnten Museum.

REGION STUTTGART

AFFALTRACH

ist ein kleiner Ort in der Nähe von Obersulm, ungefähr 50 km nordöstlich von Stuttgart, zwischen der A 6 und der Bundesstrasse 39.

* Ehemalige Synagoge aus dem Jahr 1851
* Friedhof aus dem Jahr 1706

Die ersten Juden siedelten sich hier erst im 17. Jahrhundert an. Die Gemeinde erreichte 1858 mit über 200 Mitgliedern ihren Höhepunkt, danach kam ein durch Auswanderung und Abwanderung in grössere Städte verursachter Rückgang. Vier von den neunzehn im Jahre 1933 noch hier lebenden Juden wurden von den Nazis in Lagern ermordet.

Grosse Fenster in einer Mischung aus Neugotik und Neuromanik, mit Scheiben aus rotem und blauem Glas, sowie das sorgfältig renovierte, zart-rosa Ziegelgebäude der Synagoge ergeben einen sehr schönen Gesamteindruck. Diese Synagoge, nur wenige Meter von der Kirche entfernt und fast gleich gross wie diese, wurde 1851 erbaut. Die reich verzierte und bemalte hölzerne Galerie, Platz der Frauen in der Synagoge, zieht sich innen über drei Seiten des Raumes und erlaubt den Blick auf die Torah-Nische, die jetzt leer steht. Die hölzernen Säulen der Galerie sind noch im Original erhalten. In der angrenzenden Schule sieht man durch kleine Kellerfenster in ein rituelles Bad im Kellergeschoss hinunter.

Die ehemalige Synagoge von Affaltrach liegt nur wenige Schritte von der Kirche entfernt. Im Keller der früheren Schule liegt ein rituelles Bad.

Im Gebäudekomplex der Synagoge befanden sich ursprünglich der Gebetsraum, eine Schule, ein rituelles Bad, die Wohnung des Rabbiners und ein Gästezimmer. Nach seiner Verwüstung im Jahre 1938 wurde das Gebäude als Lagerhaus und Flüchtlingsunterkunft verwendet. Vor kurzer Zeit wurde die Synagoge restauriert und ist jetzt ein Museum und ein Gemeindezentrum. Das Museum ist Mittwoch und Sonntag von 15 bis 17 Uhr geöffnet. Zu anderen Zeiten kann der Schlüssel am Rathaus oder im protestantischen Pfarrhaus besorgt werden. Die Ausstellung enthält einige rituelle Gegenstände, auf der ehemaligen Frauengalerie sind Fotos aus Israel ausgestellt. Die ehemalige Synagoge liegt an der Ecke Unteregasse und Pfarrgasse und ist gut ausgeschildert.

Der Friedhof, angelegt im Jahre 1706, befindet sich am Salzberg ausserhalb der Stadt. Um zum Friedhof zu kommen, fährt man am besten die Salzbergstrasse stadtauswärts, biegt bei der Johanniterstrasse rechts ab und fährt dann ungefähr 600 Meter bergauf, die Bergkuppe immer zur rechten Hand. Der Friedhof liegt an der Strasse, gegenüber einem grossen Obstgarten. Der Friedhof ist geschlossen (Schlüssel gibt es im Rathaus oder im evangelischen Pfarramt), ist aber durch das Gitter gut zu sehen. Ein wie ein Schwert geformtes Denkmal für die im ersten Weltkrieg gefallenen jüdischen Soldaten befindet sich direkt vor dem Eingang. Hier steht ausserdem eine kleine Zeremonienhalle.

BOPFINGEN

liegt rund 110 km östlich von Stuttgart und rund 130 km südwestlich von Nürnberg, an der Bundesstrasse 29. In zwei kleinen Dörfern, Oberdorf und Aufhausen, jetzt Stadtteile von Bopfingen, gab es alte jüdische Gemeinden.

Aufhausen:
* Friedhof aus dem 17. Jahrhundert

Oberdorf:
* Synagoge aus den Jahre 1812
* Friedhof aus dem frühen 19. Jahrhundert

Juden siedelten sich im 16. Jahrhundert in Aufhausen an und hatten ihr gutes Auskommen, wie auch die christliche Bevölkerung. Sie lebten vorwiegend vom Handel mit Vieh, Wein, Getreide und Tabak, sowie vom Hausieren. Mitte des 19. Jahrhunderts lag der jüdische Bevölkerungs-Anteil von Aufhausen bei 43 %. Im Rathaus befanden sich sowohl die jüdische als auch die christliche Schule und auch die Wohnungen der Lehrer beider Konfessionen. Bis 1933 war die Anzahl der Juden in Aufhausen allerdings auf 5 zusammengeschrumpft. Vier von den Aufhausener Juden wurden von den Nazis im KZ ermordet, nur einer konnte emigrieren. Die Synagoge, Lauchheimer Strasse 21, wurde 1823 erbaut, 1938 teilweise zerstört und abgerissen, und der Rest wurde 1950 bis zur Unkenntlichkeit verändert.

Der Friedhof, einer der grössten in Württemberg, stammt aus dem 17. Jahrhundert und liegt in der Schenkensteinstrasse, nördlich des christlichen Friedhofes unterhalb Burg Schenkenstein. Manche der Steine sind recht alt, aber alle stehen noch. Der hier verwendete Stein ist eher weich und daher sind die Inschriften sehr verwittert. Der Schlüssel ist im Rathaus erhältlich, falls der Friedhof geschlossen ist.

Oberdorf liegt an der Strasse nach Bopfingen, ein paar Kilometer von Aufhausen entfernt. In Oberdorf siedelten sich Juden ab 1510 an, und Mitte des 19. Jahrhundert war ihr Anteil an der Bevölkerung rund ein Drittel. Die Synagoge, 1812 erbaut, wurde in den fünfziger Jahren eine katholische Kirche und ist heute die Lagerhalle einer Elektrofirma. Das Äussere des Gebäudes ist in einem sehr vernachlässigtem Zustand, während die Grundsubstanz des Gebäudes selbst noch einen stabilen Eindruck macht. Die schmutzigen, zerbrochenen Fenster sind notdürftig mit Blechabfällen verschlossen. In der westlichen Mauer gibt es zwei Eingänge, einer war früher für die Frauen und einer für die Männer. Über jeder Türe ist eine Inschrift in Hebräisch. „Das ist das Haus des Herrn", lautet die eine und „Das ist das Tor zum Himmel", die andere. Die ehemalige Synagoge befindet sich in der Lange Strasse 13, in der Sackgasse zwischen dem Kindergarten und dem Haus Lange Strasse 17. (Abbildung siehe unter Region Nürnberg / Bopfingen) Das ehemalige rituelle Bad und die ehemalige Schule in der Ipfstrasse 11 sind heute Bestandteil eines Privathauses. Das Germanische Nationalmuseum in Nürnberg besitzt einen Gebetsschal und zwei Mesusoth aus Oberdorf.

Der Friedhof in Oberdorf, aus dem frühen 19. Jahrhundert, liegt am Berghang, dort wo sich die Karksteinstrasse und der Brandströmweg treffen. Verschiedene Stilrichtungen kennzeichnen die Grabsteine, wobei die ältesten in der Mitte des Friedhofs zu finden sind. Beim Eingang gibt es ein Denkmal für fünf im ersten Weltkrieg gefallenen Juden. Im Jahre 1985 errichtete die Stadtverwaltung ein Denkmal für die jüdischen Oberndorfer Bürger, die in den KZ's der Nazis umkamen. 68 Namen sind hier nach Familienzusammengehörigkeit verzeichnet.

FREIBURG

liegt rund 200 km südwestlich von Stuttgart nahe an der A 5 und an den Bundesstrassen 3 und 31 nahe dem südlichen Schwarzwald.

* Gedenkstätten
* 3 gotische Statuen, jüdische Themen darstellend, am Münster
* Friedhof

Die Anwesenheit von Juden in Freiburg ist erstmals im Zusammenhang mit ihrer Geiselnahme durch einen lokalen Fürsten und ihrer Freilassung im Jahr 1230 durch König Heinrich den Siebenten belegt. Spätere Dokumente befassen sich meist mit den Steuern der Juden und der Höhe der von ihnen verlangten Zinsen. Nur schwangere jüdische Frauen und kleine Kinder entkamen 1349 dem Gemetzel, das die Freiburger während der Zeit der schwarzen Pest unter den Juden anrichteten, und 1424 wurde die ganze Gemeinde aus Freiburg vertrieben. Erst im frühen 17. Jahrhundert durften sich wieder Juden in Freiburg ansiedeln, aber die Gemeinde wuchs nur sehr langsam. Einige prominente Juden waren im 20. Jahrhundert an der Freiburger Universität tätig, bis sie von den Nationalsozialisten zum Verlassen der Universität gezwungen wurden.

Am Werthmannplatz steht ein Denkmal für die 1938 zerstörte Freiburger Synagoge aus dem Jahr 1885. Im jüdischen Friedhof in der Elsässerstrasse 35 steht ein Denkmal für die gefallenen jüdischen

Steif, mit verbundenen Augen und zerbrochenem Zepter steht die Besiegte Synagoge am Portal des Freiburger Münsters unter dem Standbild des "Alten Adam".

Soldaten des ersten Weltkrieges und eines zur Erinnerung an die jüdische Gemeinde Freiburgs und ihre Vernichtung in den Jahren 1933-45.

Der farbenfrohe Hochzeitsstein an der ehemaligen Synagoge von Freudental trägt die hebräische Abkürzung für "Die Stimme der Seligkeit und die Stimme der Freude, die Stimme des Bräutigams und die Stimme der Braut".

Drei gotische Statuen aus dem späten 13. Jahrhundert an der Aussenseite des Freiburger Münsters am Münsterplatz stellen folgendes dar: Die besiegte Synagoge (rechts neben dem Haupttor, gegenüber der triumphierenden Kirche), die Opferung Isaaks und König David mit seiner Harfe (an der südwestlichen Ecke hinter einer Birke).

Der Freiburger Rundbrief, eine Zeitschrift zur Förderung der christlich-jüdischen Verständigung, wird hier in Freiburg publiziert. Ecke Engelstrasse und Nussmannstrasse 14 befindet sich die neue Synagoge und das jüdische Gemeindezentrum.

Sehenswert wäre noch das herrliche gotische Münster, bereits oben erwähnt, mit seinen Statuen und dem Westturm in durchbrochener Steinmetzarbeit, der Münsterplatz mit seinen repräsentativen Gebäuden im gotischen und Barock-Stil und das Augustiner-Museum mit einer kostbaren Sammlung mittelalterlicher Kunst.

FREUDENTAL

ist ein kleiner Ort rund 40 km nördlich von Stuttgart, südlich von Brackenheim und westlich der Bundesstrasse 27.

* Ehemalige Synagoge aus dem Jahre 1770
* Friedhof aus dem Jahre 1811

Die ersten Juden siedelten sich 1723 in Freudental an, und zu Beginn des 18. Jahrhunderts waren sie den Christen der Gemeinde zahlenmässig bereits überlegen. Bis 1933 war die Gemeinde wieder auf 50 geschrumpft, und 1941 wurden die letzten Juden Freudentals deportiert. Die Synagoge, 1770 in einfachen Barock erbaut, wurde 1938 verwüstet und später als Lagerhalle verwendet. Sie wurde sorgfältig renoviert und ist jetzt ein pädagogisch-kulturelles Zentrum. In die Mauer neben dem Eingang ist ein farbiger Hochzeitsstein eingelassen, rot und gelb, mit der hebräischen Abkürzung für: „Die Stimme der Seligkeit und die Stimme der Freude, die Stimme des Bräutigams und die Stimme der Braut". Zur ehemaligen Frauengalerie führt eine Stiege von aussen, heute durch Glas geschützt. Vor der Synagoge, in der Strombergstrasse 23, ist ein kleiner Platz.

Ein jüdischer Friedhof wurde 1723 angelegt, aber bereits 1811 von König Friedrich von Württemberg geschleift; auf dem Gelände entstand eine königliche Fasanerie. Im selben Jahr wurde der neue Friedhof angelegt, er ist klein, gut gepflegt, alle Steine stehen. Im Friedhof steht ein Denkmal für 5 jüdische Soldaten, die im ersten Weltkrieg gefallen sind. Ein Grabstein von 1970 für zwei Juden aus Freudental, die in New York starben, trägt die rührende Inschrift: „Oh, mein kleines Dorf".

Der Friedhof liegt am Abhang eines Hügels, am Waldrand, mit Blick auf das Dorf. Wenn man die Strombergstrasse bis ans Ende fährt, über die Gartnerstrasse hinaus, links in den Stutenweg einbiegt, kommt eine Hinweistafel mit einem Davidstern und der Aufschrift „Zum Friedhof". (Das Denkmal in der Nähe ist für Helene, Lieblingspferd des Königs Friedrich von Württemberg, das hier 1812 begraben wurde. Daher auch der Name der Strasse - „Stutenweg".)

Die ehemalige Synagoge von Freudental wurde 1770 erbaut und ist heute ein pädagogisch-kulturelles Zentrum.

HECHINGEN

liegt rund 60 km südwestlich von Stuttgart, gleich neben der Bundesstrasse 27.

* Ehemalige Synagoge aus dem Jahre 1767
* Friedhof aus der Mitte des 17. Jahrhunderts

Im frühen 16. Jahrhundert begannen sich Juden in Hechingen anzusiedeln. 1546 wird eine Synagoge erwähnt, aber schon 1592 wurde die Gemeinde durch einen Boykott dazu gezwungen, Hechingen wieder zu verlassen. Im Jahre 1701 erhielten dann sechs jüdische Familien Schutzbriefe. Eine neue Synagoge wurde 1767 und eine Yeshiva 1796 erbaut. Diese Synagoge, die 1938 innen völlig verwüstet worden war, in der Bausubstanz aber erhalten blieb, wurde vor kurzem sorgfältig und sehr schön renoviert. Sie wird für Konzerte und diverse andere kulturelle Veranstaltungen verwendet. Das Gebäude liegt in der Goldschmiedstrasse 20, die Strasse gegenüber erhielt wieder den Namen Synagogenstrasse. Den Schlüssel erhält man von Herrn Eckenweiler, der auch an den Renovierungsmassnahmen beteiligt war, am Schwalbenweg 48.

Am Friedhof, der aus der Mitte des 17. Jahrhundert stammt, steht ein Denkmal für die jüdischen Opfer der Naziherrschaft. Der Friedhof ist gross, gut erhalten, von einer Mauer umgeben und versperrt. Um hinzukommen, er liegt Am Fichtenwald 1, nimmt man die Strasse nach Sickingen, biegt kurz vor dem Einkaufszentrum 1A an der Kaulla-Strasse rechts ab, um dann, am Ende der Asphaltstrasse, links abzubiegen. Von hier sieht man bereits die Friedhofsmauer. Den Schlüssel erhält man im Rathaus. Die Gräber, wie auch die Synagoge, sind nach Süden gerichtet und nicht wie allgemein üblich nach Osten.

Die ehemalige Synagoge von Hechingen liegt gegenüber der Synagogenstrasse und wird heute als Veranstaltungsraum verwendet.

HEIDELBERG

liegt rund 100 km südlich von Frankfurt und rund 120 km nördlich von Stuttgart am Neckar, an der A 656 und neben der A 5.

* Eine grosse Sammlung hebräischer Manuskripte in der Universitäts-Bibliothek
* Universität für jüdische Studien
* Friedhöfe

In Heidelberg werden Juden erstmals im Jahre 1275 erwähnt. Es ist nicht wahrscheinlich, dass die Judenverfolgungen im Gefolge der schwarzen Pest auch in Heidelberg, wie sonst überall in Deutschland, stattfanden. Dokumente deuten jedenfalls darauf hin, dass zur Zeit der Verfolgungen jüdische Flüchtlinge aus dem Rheinland in Heidelberg aufgenommen wurden. Aber Juden und Christen fielen gleichermassen der Seuche zum Opfer und die jüdische Gemeinde erlosch. Die neue Gemeinde, 1357 gegründet, wurde schon 1391 wieder vertrieben. Ihr gesamtes Eigentum, die Häuser, die Synagoge, das rituelle Bad, der Friedhof und sämtliche Schriften, wurden Eigentum der Universität. Mitte des 17. Jahrhunderts kam die Familie Oppenheimer nach Heidelberg. Joseph Suess Oppenheimer, später einer der einflussreichsten Hofjuden, wurde hier 1698 geboren. Die Kriege mit den Franzosen in den Jahren um 1690, die Hep-Hep-Verfolgung 1819 und die Revolution 1848 brachten jeweils schwere Zeiten für die jüdische Gemeinde. Von den 1.100 1938 in Heidelberg lebenden Juden wurden von den Nationalsozialisten 450 deportiert und umgebracht.

Die Bibliothek der Heidelberger Universität, Plöck 107-109, besitzt eine grosse Sammlung hebräischer Bücher und Schriftstücke, darunter schriftliche Verträge zwischen Juden und den herrschenden Fürsten aus dem 12. Jahrhundert. Ebenso wird die Manessische Liederhandschrift hier aufbewahrt, eine Liedersammlung aus dem 14. Jahrhundert mit 137 Miniatur-Bildern von Minnesängern, darunter dem jüdischen Minnesänger Süsskind von Trimberg. Die Bibliothek ist Montag bis Freitag von 8.30 bis 15.30 geöffnet.

Die neue, 1988 erbaute, Synagoge liegt in der Blumenstrasse. Die Universität für jüdische Studien, die einzige ihrer Art in ganz Deutschland, liegt in der Friedrichstrasse 9.

An der Ecke Grosse Mantelstrasse/Lauerstrasse, gleich neben dem Alten Synagogenplatz, steht eine Erinnerungstafel für die 1938 zerstörte Synagoge. Der alte Friedhof, aus dem frühen 18. Jahrhundert, liegt in der Klingenteichstrasse, gegenüber von Nr. 20. Er ist versperrt und von aussen ist nichts zu sehen. Den Schlüssel erhält man entweder im Rathaus oder in der Universität für jüdische Studien in der Friedrichstrasse 9, Montag bis Freitag von 9 bis 17 Uhr.

Der Bergfriedhof in der Rohrbacherstrasse stammt aus der Mitte des 19. Jahrhunderts und ist Teil des Städtischen Friedhofs. Hier steht ein Denkmal für die von den Nazis ermordeten Heidelberger Juden. Die Öffnungszeiten sind die gleichen wie die des Städtischen Friedhofes.

Zu besichtigen gäbe es noch: die Ruine des Renaissance-Schlosses der pfälzischen Kurfürsten (1693 von den Franzosen niedergebrannt), das Kurpfälzische Museum mit seiner reichen Kunstsammlung, die zum Grossteil barocke alte Stadt, mit ihren alten Kirchen, romantischen Gässchen und den vielen Studenten, die die Stadt beleben. Die Aussicht, die man von der alten Brücke oder dem Philosophenweg (am rechten Ufer des Neckar) aus auf die Stadt hat, ist zu Recht berühmt.

HEINSHEIM

liegt am Neckar, rund 60 km nördlich von Stuttgart und rund 15 km nördlich von Heilbronn.

* Ehemalige Synagoge aus dem Jahre 1796
* Friedhof aus dem 16. Jahrhundert

1597 wurde dem Jüdel aus dem nahe gelegenen Wimpfen vom Deutschen Ritterorden, dem ein Drittel von Heinsheim gehörte, ein Schutzbrief für die unglaublich hohe Summe von 1.000 Gulden ausgestellt. Als Rechtfertigung für die Höhe der Gebühr wurde angegeben, dass bereits andere Grundherren Schutzbriefe für jüdische Familien gegeben hätten und nur mehr in ganz besonderen Fällen Schutzbriefe ausgestellt werden könnten. Die Einnahme von 1.000 Gulden war offensichtlich ein solcher besonderer Fall. Aus diesem Dokument geht jedenfalls hervor, das zum Ende des 16. Jahrhunderts bereits einige jüdische Familien in Heinsheim lebten. Dass diese ländliche jüdische Gemeinde ab der zweiten Hälfte des 19. Jahrhunderts durch Abwanderung immer kleiner wurde, und dass 1940 alle noch in Heinsheim verbliebenen Juden bis auf einen nach Gurs deportiert wurden, ist fast alles, was sonst noch über die Gemeinde bekannt ist.

Die ehemalige Synagoge von Heinsheim wurde 1796 erbaut und ist heute eine Schlosserwerkstatt. Ausser der typischen Architektur erinnert noch der Davidstern über dem Eingangstor an die eigentliche Bestimmung.

Die Synagoge, 1796 erbaut, wurde 1937 verkauft und blieb, da nicht mehr in jüdischem Besitz, in der Reichskristallnacht unversehrt. Heute befindet sich in dem Gebäude eine Schlosserwerkstatt und ein Lagerraum. Das Satteldach, die Bogenfenster, der Chuppah-Stein mit der hebräischen Inschrift (Abkürzung für: „Die Stimme der Seligkeit, die Stimme der Freude, die Stimme des Bräutigams, die Stimme der Braut") und der Davidstern über dem Eingang sind typisch für die Synagogen in dieser Gegend. Das Haus steht in der Schlossgasse, und zwar ist es das zweite Gebäude links nach der Gundelsheimer Strasse.

Der Friedhof, nahe dem Mühlgrund, stammt aus dem 16. Jahrhundert. Er ist gross, grossartig und sehr interessant. Alle jüdischen Gemeinden im weiten Umkreis, wie auch zeitweise die Gemeinden von Stuttgart und Heidelberg, begruben ihre Toten hier. Hunderte Grabsteine stehen hier noch, darunter kunstvoll verzierte Barocksteine, geschmückt mit typischen Cohen-Händen, Leviten-Gefässen, Löwen, Gesetzestafeln, oder Tauben, die ein Herz halten. Besonders interessant sind die Löwen. Da die Hersteller dieser Grabsteine nie einen Löwen oder ein naturgetreues Bild von einem Löwen gesehen hatten, kopierten sie immer wieder die Arbeiten ihrer Vorgänger, bis letztendlich die Löwen zu kaum mehr identifizierbaren mythologischen Ungeheuern wurden. Der Friedhof ist von einer Mauer umgeben, aber er steht offen.

Leicht zu finden ist der Friedhof nicht. Aber die Mühe lohnt sich. Also: man ver-

Tiere, wie hier ein Ochs, kommen auf den jüdischen Grabsteinen von Heinsheim sehr häufig vor.

Manche der "Löwen von Heinsheim" haben nur mehr sehr wenig Ähnlichkeit mit ihren Urbildern. Hier lassen sich von Generation zu Generation weitergegebene Moden und Eigenheiten verfolgen.

Auf den Grabsteinen des alten und grossen Heinsheimer Friedhofes sind die Löwen von Judah besonders häufig vertreten.

lässt Heinsheim über die Gundelsheimer Strasse in nördlicher Richtung, kommt zur Hauptstrasse, folgt ihr in Richtung Rappenau, am Schloss vorüber durch einen Wald, bis zu einer Haarnadelkurve nach links, an deren Scheitelpunkt eine kleine Asphaltstrasse nach rechts abbiegt. Diese überquert nach etwa 1,5 km eine grössere Strasse, wird zur Betonstrasse und dann zur Schotterstrasse. Wenn auch diese nach etwa 2,3 km zu Ende ist, nimmt man den Kiesweg, der links zu den Bäumen geht, und sieht einen hölzernen Wegweiser mit „Judenfriedhof" und einen kleineren Wegweiser mit „Kurweg 6".

ICHENHAUSEN

liegt rund 130 km westlich von München und 130 km südöstlich von Stuttgart, an der Bundesstrasse 16 südlich der A 8.

* Ehemalige Synagoge aus dem Jahr 1781 und kleine Ausstellung
* Friedhof aus dem Jahr 1568

Es ist nicht bekannt, wann Juden begannen, sich in Ichenhausen niederzulassen. Aber es gibt Hinweise, dass 1518 aus Donauwörth vertriebene Juden hier Schutz fanden. Es ist auch bekannt, dass der Drucker Chajim ben David Schwarz aus Prag zwischen 1543 und 1545 hier lebte und religiöse Bücher in Hebräisch und Jiddisch druckte.

Dokumente über die Vertreibung der Juden aus Memmingen und Günzburg im Jahr 1559 erwähnen erstmals auch Juden in Ichenhausen, obwohl diese selbst ihre Vertreibung verhindern konnten. Sie mussten aber dem Magistrat ihre Schuldner in diesen beiden Gemeinden bekanntgeben. Auch während des dreissigjährigen Krieges (1618-1648) gelang es der Gemeinde, mit viel Glück und unter dem Schutz des Habsburgers Kaiser Matthias ihre Vertreibung oder Vernichtung zu verhindern. Zu dieser Zeit war Ichenhausen nicht nur Teil des Heiligen Römischen Reiches, sondern auch direkt im Besitz der Habsburger.

1567 bestand die Gemeinde aus 13 Familien, bis 1657 war sie auf 150 angewachsen. Zusätzlich zu den jährlichen Schutzgeldern musste die Gemeinde auch 24 Gänse an die damals herrschende Adelsfamilie Stain abliefern. Die äusserst kompliziert politische Situation ermöglichte der Gemeinde weiter zu wachsen. Ichenhausen war nämlich aufgeteilt zwischen der „Oberen Burg" und der „Unteren Burg" der beiden Barone von Stain, die beide mit Privilegien um die Steuern und die Herrschaft über die jüdischen Gemeinde rangen. Ansprüche des Markgrafen von Burgau und eines nahe gelegenen Klosters machten die Situation noch komplizierter. Zu guter Letzt mischte sich auch noch die Gemeindeverwaltung in den Streit. All das führte zu vielen Privilegien und somit auch guten Bedingungen für die ständig wachsende jüdische Gemeinde von Ichenhausen.

Aber trotz allem Streit um die Macht über die Ichenhausener Juden und die von ihnen zu erwartenden Einkünfte wurde ihnen nicht erlaubt, zusätzliche Häuser zu bauen. Im Jahre 1657 lebten 150 jüdische Familien in 35 Häusern. Im frühen 19. Jahrhundert waren es 192 Familien, die in den selben 35 Häusern leben mussten. Die Verordnung wurde dann doch aufgehoben und den Juden für kurze Zeit ermöglicht, neue Häuser in ihrer Gemeinde zu bauen.

Als allerdings kurz danach die Wittelsbacher als Könige von Bayern an die Macht kamen, wurde die Anzahl der jüdischen Familien, die in Ichenhausen leben durften, genau festgelegt. Das führte dazu, dass erstgeborene Söhne erst nach dem Ableben ihres Vaters eine eigene Familie gründen konnten. Andere Söhne konnten nur dann heiraten, wenn in der Gemeinde ein Mann starb, der keinen Sohn hatte, und sie sein Heimatrecht kaufen konnten. Trotzdem wuchs die Gemeinde weiter und stellte 1843 mit 1.100 Mitgliedern fast die Hälfte der gesamten Einwohnerschaft Ichenhausens. Diese jüdische Gemeinde war damit damals die zweitgrösste in Bayern. Die Juden beschäftigten sich hauptsächlich, wie auch anderswo auf dem Land, mit dem Handel mit Textilien, Altwaren, Pferden und Rindern, einige waren aber auch Bauern.

Die Gemeinde schrumpfte, als immer mehr junge Juden auf der Suche nach besseren Möglichkeiten in grössere Städte abwanderten oder emigrierten. Volle Bürgerrechte erhielten die Juden in Bayern erst 1871, als Bayern Teil des neuen Deutschen Kaiserreichs wurde. Juden und Christen lebten in den ersten Jahren dieses Jahrhunderts friedlich miteinander, wobei die Juden im sozialen, politischen und wirtschaftlichen Leben von Ichenhausen eine wichtige Rolle spielten.

In den Dreissigerjahren, mit dem Erstarken der Nationalsozialisten, emigrierten immer mehr Juden. Am 10. November 1938 steckte die SA die Synagoge in Brand. Die Anrainer, um ihre eigenen Häuser besorgt, protestierten, und das Feuer wurde wieder gelöscht. Aber jüdische Frauen wurden gezwungen, die Torah-Rollen zu zerreissen, und die Bücher aus der jüdischen Bibliothek wurden in den Fluss geworfen. Das Innere der Synagoge wurde zerstört und der Schutt auf dem jüdischen Friedhof abgeladen, wo auch viele der Grabsteine umgeworfen wurden. Jüdische Männer wurden geprügelt und verhaftet. Von da an versuchten immer mehr Juden zu emigrieren; die 123, denen das nicht gelang wurden 1942-43 deportiert. Nur zwei überlebten das Lager.

Die Synagoge, stark beschädigt aber nicht zerstört, wurde bis 1953 als Lagerhaus benützt. Dann wurde das Gebäude, um es zu erhalten, von der Stadt gekauft und zunächst als Depot der Feuerwehr verwendet. Schliesslich taten sich interessierte Bürger der Stadt zusammen und sammelten 400.000 DM von privaten Spendern. Mit zusätzlichen 2,5 Millionen DM von Staat, Stadt und Land wurde die Synagoge als Denkmal zur Erinnerung an die lange Zeit des friedlichen Zusammenlebens von Juden und Christen in dieser kleinen bayerischen Stadt restauriert.

Diese sehr schöne Synagoge wurde 1781 erbaut. Teile der alten Synagoge aus dem Jahr 1687 wurden in den Neubau integriert. Es wird angenommen, dass die Synagoge von Josef Dossenberger, einem für die Zeit des Rokoko und des Klassizismus sehr wichtigen bayerischen Architekten, der auch katholische Klöster und protestantische Kirchen baute, errichtet wurde. Ein dekoratives Geflecht aus gemalten Blumen und Früchten schmückt die Einfassung der Decke und die Wände der Synagoge. Die Decke selbst, in strahlendem Blau, ist mit goldenen Sternen verziert. Die zweistöckige Frauengalerie ist noch weitgehend original erhalten. Die Nische für den Torah-Schrein wurde zerstört, als das Gebäude

Die ehemalige Synagoge von Ichenhausen aus dem Jahr 1781 wurde in den Achtzigerjahren sehr aufwendig wiederhergestellt und steht heute wieder selbstbewusst an einer Hauptstrasse.

Der helle Innenraum der Synagoge von Ichenhausen mit dem bestirnten Himmel und den klassizistischen Ornamenten zeugt von einer wohlhabenden und gefestigten Gemeinde.

von der Stadtverwaltung für die Feuerwehr adaptiert wurde, und wurde nach alten Fotografien nachgebaut. In der Eingangshalle steht ein Denkmal für die im ersten Weltkrieg gefallenen 13 Ichenhauser Juden und eine kleine Ausstellung von Dokumenten und Fotografien der jüdischen Gemeinde Ichenhausens kann hier besichtigt werden. Die ehemalige Synagoge wird heute für Ausstellungen, Konzerte und andere kulturelle Veranstaltungen verwendet, und ist zusätzlich jeden vierten Sonntag im Monat von 13 bis 17 Uhr, mit stündlichen Führungen, geöffnet. Die Adresse ist: Vordere Ostergasse 24.

Gegenüber, Von-Stain-Strasse 8, steht das Rabbinerhaus, erbaut im Jahr 1894. Es gibt Pläne, das Haus zu renovieren und ein Bezirks-Archiv darin unterzubringen. Das rituelle Bad war zunächst an einem Bach, dann im Keller eines damals jüdischen Hauses, in der Bahnhofstrasse 11, untergebracht.

Der alte jüdische Friedhof, irgendwann vor 1568 angelegt, ist heute einer der grössten in Deutschland. Hunderte Grabsteine in allen möglichen Stilrichtungen sind hier zu sehen. Die Gruppe von Eichenbäumen, in der Mitte des Friedhofs, soll so alt sein wie der Friedhof selbst. Eine Gruppe von Rabbiner-Gräbern, mit kunstvoll gemeisselten Steinen, geschmückt mit dem Shofar, mit Leviten-Krügen, Cohen-Händen oder Beschneidungs-Bestecken, liegt am mittleren Hügel. Viele Gedenksteine für Familienmitglieder, die in Konzentrationslagern ermordet wurden, Grabsteine für ungarische Juden, die als Arbeits-Sklaven im nahegelegenen Burgau umkamen, sowie für staatenlose osteuropäische Juden, die im Durchgangslager Leipheim starben, sind hier zu sehen. Diese Steine zeigen den Davidstern, umschlungen mit Stacheldraht. Ein Denkmal für die Ichenhausener Juden, die dem Naziterror zum Opfer fielen, ist geplant. Die Zeremonienhalle stammt aus dem Jahre 1934. Der Friedhof ist versperrt, den Schlüssel erhält man im Rathaus. Um hinzukommen, er liegt am „Am Birketle", fährt man die Bundesstrasse 16 in südlicher Richtung und biegt, kurz vor der Stelle wo die Bahn die Strasse kreuzt, nach links ab und fährt dann die erste Schotterstrasse rechts.

Zu besichtigen gäbe es noch: Die barokke Altstadt mit dem Renaissance-Schloss und den typischen schwäbischen Barock-Kirchen.

KIPPENHEIM

liegt rund 160 km südwestlich von Stuttgart, neben der A 5, an der Bundesstrasse 3 rund 5 km südlich von Lahr.

* Ehemalige Synagoge aus dem Jahr 1851
* Ehemalige Synagoge in Schmieheim
* Friedhof aus dem Jahre 1703

Juden siedelten sich im 17. Jahrhundert in Kippenheim an. In der zweiten Hälfte des 19. Jahrhunderts lebten 300 Juden in Kippenheim, das waren etwa 15 % der Bevölkerung. Ihre Anzahl verringerte sich weniger als in anderen vergleichbaren ländlichen Gemeinden und 1933 lebten noch 150 Juden in Kippenheim. Ein grosser Teil konnte Deutschland noch verlassen, 31 kamen in Konzentrationslagern um.

Die Synagoge, 1851 erbaut, wurde 1938 verwüstet, anschliessend als Lager für

Kriegsgefangene und in weiterer Folge als Werkstatt und Lagerhalle verwendet. Das brachte starke bauliche Veränderungen mit sich. Sie wurde in den Achtziger-Jahren renoviert und ist heute ein Künstler-Atelier. In der Eingangshalle des Gebäudes, in der Poststrasse 17, steht ein kleines Denkmal für die Juden von Kippenheim.

Eine Synagoge im nahegelegenen Schmieheim, Schloss-Strasse 41, wurde zu einer Fabrik umgebaut.

Der Friedhof, ebenfalls in Schmieheim, stammt aus dem Jahre 1703.

KRAICHTAL

liegt etwa 80 km nordwestlich von Stuttgart, zwischen den Bundesstrassen 3, 35 und 293.

* Ehemalige Synagoge aus dem Jahr 1870
* Friedhof aus dem Jahr 1629

In Menzingen, heute Ortsteil von Kraichtal, lebten ab spätestens 1546 Juden. Die erste Synagoge wurde 1787 erbaut. Zu dieser Zeit hatte die jüdische Gemeinde rund 60 Mitglieder, wuchs aber bald weiter und machte Pläne für den Bau einer neuen Synagoge. Geldmangel verzögerte den Bau aber bis 1870, als die Gemeinde bereits wieder schrumpfte. 1921 verliess die letzte jüdische Familie Menzingen, die Synagoge wurde an die Stadt verkauft. Zunächst wurde daraus eine Schule, bis das Gebäude wieder verkauft und in ein privates Wohnhaus umgebaut wurde, was es auch heute noch ist.

Die Menzinger Juden beerdigten ihre Toten ab 1629 im nahegelegenen Oberöwisheim, einem Ort, in dem es nie eine jüdische Gemeinde gab. Das Grundstück liegt an einem steilen Hang, war für die Landwirtschaft wertlos und deshalb billig. Der alte Friedhof entging der Zerstörung. Der älteste der 270 Grabsteine, die noch auf diesem völlig überwucherten Friedhof stehen, stammt aus dem Jahre 1850.

LAUINGEN

liegt an der Donau, rund 110 km nordwestlich von München und rund 150 km östlich von Stuttgart an der Bundesstrasse 16.

* Ehemalige Synagoge, wahrscheinlich aus dem Jahre 1367

Im Mittelalter beherrschte Lauingen entweder eine Furt oder eine Brücke über die Donau, denn es war ein bedeutender Handelsplatz und hatte eine lange Judengasse, die sich vom Donauufer bis zur Kuppe eines niedrigen Hügels zog. Juden werden hier erstmals 1293 erwähnt, aber wahrscheinlich existierte die Gemeinde schon länger. Sie überlebte das Rindfleisch-Progrom 1298, nicht aber die Verfolgungen während der schwarzen Pest 1348-49. Die jüdischen Häuser gingen in den Besitz der Stadt über und aus dem ganzen Komplex wurde ein Spital. Man vermutet, dass die Spitals-Kapelle auf dem Platz steht, auf dem früher die Synagoge stand, und die Quelle darunter lieferte vielleicht das Wasser für das rituelle Bad.

1367 siedelten sich wieder Juden in Lauingen an, in der heutigen Hirschstrasse, damals Judengasse genannt, und bauten eine zweite Synagoge. Diese ist heute noch am höchsten Punkt dieser Strasse zu sehen, in der Hirschstrasse 19, mit einer hebräischen Inschrift über dem Eingang (Das ist das Tor zu Gott) und einer modernen Tafel, die die Synagoge als vor 1348 erbaut ausweist, was eher unwahrscheinlich ist. Die Juden wurden 1450 vom bayerischen Herzog Ludwig dem Neunten bei seinem Amtsantritt neuerlich vertrieben, kamen 1550 zurück, nur um 1553 aufs neue vertrieben zu werden, kamen 1630 wieder und wurden 1653 nochmals, diesmal für fast 200 Jahre, vertrieben. Im 19. Jahrhundert, nachdem die Juden die vollen bürgerlichen Rechte erlangt hatten, hatte Lauingen an Bedeutung verloren und es bildete sich keine neue Gemeinde.

Das Gebäude der mittelalterlichen Synagoge von Lauingen steht noch am oberen Ende der ehemaligen Judengasse, der heutigen Hirschstrasse.

Die ehemalige Synagoge wurde ab 1450 von der Stadt als Pilgerunterkunft und Armenhaus verwendet und steht heute als Wohnhaus in Privatbesitz.

MICHELBACH AN DER LÜCKE

liegt rund 130 km nordöstlich von Stuttgart und rund 120 km westlich von Nürnberg, 5 km nördlich der A 6, zwischen der A 7 und der Bundesstrasse 290. Hinweistafeln tragen auch die Bezeichnungen Michelbach/L. und Michelbach a. d. L. Da es mehrere Michelbach in der Gegend gibt, sind diese feinen Unterschiede wichtig.

* Ehemalige Synagoge aus dem Jahr 1756/57 und Ausstellung
* Friedhof aus dem Jahre 1840

Juden siedelten sich im Jahre 1519, nach ihrer Vertreibung aus dem nahegelegen Rothenburg, in Michelbach an. Vor dem Dreissigjährigen Krieg lebten hier 22 Familien, nachher waren es nur mehr sieben. Im Jahre 1869 lebten 216 Juden in Michelbach, ein Drittel der Bevölkerung, aber alle bis auf 35 waren bis 1933 emigriert oder in grössere Städte abgewandert. Von denen, die deportiert wurden, wurden 16 in Riga und Theresienstadt ermordet, nur einer überlebte und kam nach dem Krieg zurück. Er wurde Mitglied des Gemeinderates und starb 1968. Seine KZ-Uniform und seine Dokumente sind in dem kleinen Museum in der alten Synagoge ausgestellt.

Die Synagoge, 1756/57 erbaut, wurde 1938 nicht zerstört. Sie wurde während des Krieges als Munitionslager und nachher als Lager einer Getränkefirma benutzt. Viel Sorgfalt wurde darauf verwendet, die Synagoge zu restaurieren. Über der Eingangstüre befindet sich eine hebräische Inschrift, und neben der Türe ist eine Kopie des alten Chuppah-Steines eingemauert. Die Wandmalereien im Inneren wurden erneuert. Heute ist die Synagoge eine Gedenkstätte für die Juden aus Franken, mit einer kleinen Sammlung jüdischer ritueller Gegenstände, sowie Fotografien und Dokumenten aus der Geschichte der fränkischen Juden. Hunderte Besucher haben sich seit der Eröffnung 1984 im Gästebuch eingetragen. Die Synagoge steht hinter dem Haus Judengasse 4, und der Schlüssel ist werktags von 9 bis 12 Uhr im Rathaus in der Schloss-Strasse zu bekommen. (Abbildung unter Region Nürnburg / Michelbach)

Der Friedhof, 1840 angelegt, ist gross und gut erhalten. Einige Grabsteine waren zwar beschädigt und mussten repariert werden, aber alle stehen und die meisten sind gut lesbar. Der Friedhof ist in der Rossbürger Strasse. Nach dem Verlassen des Dorfes fährt man Richtung Roth am See und kommt zu einer Hinweistafel „Jüdischer Friedhof". Vor 1840 wurde der Friedhof in Schopfloch benützt. Auch der Schlüssel für den Friedhof ist zu den gleichen Zeiten im Rathaus erhältlich.

MÖNCHSDEGGINGEN

liegt rund 100 km südwestlich von Nürnberg, rund 140 km östlich von Stuttgart und rund 130 km nordwestlich von München, etwas abseits der Bundesstrasse 25, zwischen Donauwörth und Nördlingen.

* Rituelles Bad aus dem Jahre 1841
* Ehemalige Synagoge 1684-1734
* Friedhof aus dem Jahre 1833

Juden begannen sich 1684, nach ihrer Vertreibung aus Höchstädt, in Mönchsdeggingen anzusiedeln. Sie benützten ein Fachwerkhaus aus dem Jahre 1542 von 1684 an als Synagoge, bis sie 1734 eine neue Synagoge bauten. Diese erste ehemalige Synagoge, in der Albstrasse 20, ist heute ein Privathaus. Eine Gedenktafel ist angebracht.

An der Ecke Raiffeisenstrasse und Römerstrasse steht ein Denkmal für die zweite und dritte Synagoge (1734-1828 und 1828-1879). In den siebziger Jahren des 19. Jahrhunderts übersiedelte die Gemeinde nach Nördlingen, ihre Synagoge wurde verkauft und niedergerissen.

Ein rituelles Bad wurde 1841 in ländlich-maurischem Stil erbaut. Das kleine weisse Gebäude, mit Schornstein, steht noch in der Alemannenstrasse 17. Nachdem die Gemeinde Mönchsdeggingen verlassen hatte, wurde in dem Bad ein Polizei-Kotter eingerichtet, heute ist es ein kleines lokales Museum. In der ehemaligen jüdischen Schule, in der Albstrasse 30, ist heute das Rathaus und ein Fremdenverkehrsbüro untergebracht (Abbildung unter Region Nürnberg/Mönchsdeggingen).

Der Friedhof, von 1833 bis 1877 benützt, liegt am Ende der Stadt, an der Magerbeiner Steige. Die Grabsteine, in unterschiedlichen Stilrichtungen, sind in guter Verfassung, nur die Inschriften sind schon sehr verwittert und unleserlich. Es gibt eine Zeremonienhalle, wahrscheinlich gleich alt wie der Friedhof. Um hinzukommen, fährt man die Albstrasse Richtung Niedermagerbein. Der Friedhof, umgeben von einer Steinmauer, liegt links, gegenüber dem Schul-Komplex. Den Schlüssel erhält man im Rathaus oder Fremdenverkehrsbüro in der Albstrasse 30.

OFFENBURG

liegt rund 140 km westlich von Stuttgart, neben der A 5, an den Bundesstrassen 3 und 33 und nahe der Bundesstrasse 28.

* Rituelles Bad aus dem 14. Jahrhundert
* Ehemalige Synagoge aus dem Jahre 1875
* Friedhof aus dem Jahre 1871

Wahrscheinlich siedelten sich Juden schon im 13. Jahrhundert, unter Kaiser Friedrich dem Zweiten, in Offenburg an und bauten zu Anfang des 14. Jahrhunderts ein bemerkenswertes rituelles Bad. Während der Verfolgungen 1349, zur Zeit der schwarzen Pest, dürften die Juden aus Offenburg entweder vertrieben oder durch eigene Hand getötet worden sein; die einzige Quelle ist in ihrer Aussage leider völlig ambivalent. Erst 1627 durften wieder einige Juden aus anderen Gemeinden der Umgebung nach Offenburg kommen, nachdem ihnen Schutzbriefe ausgestellt worden waren. Die Gemeinde wurde grösser, bis 1689 durch Angriffe der Franzosen fast ganz Offenburg und mit der Stadt auch die jüdische Gemeinde zerstört wurden. Erst um die Mitte des 19. Jahrhunderts begannen sich dann wieder Juden in Offenburg anzusiedeln.

Das gotische rituelle Bad wurde um 1850 entdeckt. Es war zuerst als rituelles Bad und dann, nach der Vertreibung der Gemeinde, von 1349 bis 1689 als Brunnen verwendet worden. 1689 wurde das Haus, unter dem der Brunnen lag, von den Franzosen zerstört und der Neubau wurde erst etwa 150 Jahre später errichtet. Unter diesem Gebäude in der Glaserstrasse 8 führt eine lange, gerade, steinerne Stiege in das 15 Meter unter der Erde liegende Bad. Der Eingang zum Bad liegt in der Bäckergasse, die bis 1824 Judengässchen hiess, obwohl seit Jahrhunderten keine Juden mehr hier gelebt hatten. Das Bad kann Sonntag um 12 und Mittwoch um 16.30 besichtigt werden.

Die neue, wachsende Gemeinde kaufte

Das bemerkenswerte rituelle Bad von Offenburg diente nach der Vertreibung der Juden von 1349 bis 1689 als Brunnen, wurde dann unter dem Schutt eines niedergebrannten Hauses begraben und erst vor etwa 100 Jahren wiederentdeckt.

1875 den im Hof des Hauses Lange Gasse 52 liegenden Gasthof Salmen und baute ihn zu einer Synagoge um. Diese wurde 1922 renoviert und 1938 verwüstet, aber nicht zerstört. Heute ist dort das Lager eines Elektrogeschäfts. Im ersten Stock liegen drei grosse Bogenfenster, die man vom Parkplatz um die Ecke aus sehen kann. An der Treppe, die zur ehemaligen Synagoge führt, stehen Kühlschränke aufgereiht. Mitten darunter hängt eine Gedenktafel für die ausgelöschte jüdische Gemeinde von Offenburg.

Der Friedhof aus dem Jahr 1871 liegt im hinteren Teil des christlichen Friedhofes, Friedenstrasse/Hansjakobstrasse, hinter der Schule. Entlang der Friedhofsmauer stehen Grabsteine aus einem älteren Friedhof. Zwei Denkmäler stehen auf dem Friedhof, eines für 72 durch den Naziterror umgekommene Menschen aus acht Nationen, das andere für Soldaten der roten Armee, und es gibt viele flache Grabsteine ohne Namen und ohne Datum.

REXINGEN

liegt rund 40 km südwestlich von Stuttgart in der Nähe der Bundesstrasse 14, westlich von Horb.

* Ehemalige Synagoge aus dem Jahre 1838
* Friedhof aus dem Jahre 1760

Juden, die vor den Chmielniecki-Massakern in Polen geflüchtet waren, siedelten sich 1650 in Rexingen an. 1710 bauten sie eine Synagoge und 1760 kauften sie Land für einen Friedhof. Die Emanzipation im 19. Jahrhundert ermöglichte den Rexinger Juden, Land zu kaufen, es zu bewirtschaften, Handel zu treiben, auch mit Pferden und Rindern, oder Bäcker, Fleischhauer und Gastwirte zu werden. Mitte des 19. Jahrhunderts war die Hälfte der Bevölkerung Rexingens jüdisch, aber danach schrumpfte die jüdische Gemeinde und 1933 gab es nur mehr 262 Juden in Rexingen. Davon konnten etwa vierzig Prozent nach Palästina auswandern, wo sie Shavei Zion in der Nähe von Nahariyyah gründeten. 126 Juden aus Rexingen wurden deportiert, nur drei überlebten.

Das Innere der Synagoge, 1838 im klassizistischem Stil erbaut, wurde 1938 schwer beschädigt. Heute ist die ehema-

Die ehemalige Synagoge von Rexingen ist heute eine Kirche. Über dem Eingang ist noch eine Tafel mit einer hebräischen Inschrift und darunter die von der Kirche angebrachte deutsche Übersetzung zu sehen.

lige Synagoge eine protestantische Kirche. Über dem Eingang ist eine Inschrift in deutscher und hebräischer Sprache (Das ist nichts anderes als das Haus Gottes, und das ist das Tor zum Himmel) und eine Gedenktafel für die Opfer der Nazi-Herrschaft zu sehen. Das Innere wurde völlig verändert. Die ehemalige Synagoge steht in der Freudenstädterstrasse 16.

Der Friedhof aus dem Jahre 1760 liegt auf einem bewaldeten Hügelabhang in der Kirchstrasse. Es gibt Hinweistafeln. Manche der Grabsteine zeigen Kronen, und manche sind sehr alt. Im neueren Teil des Friedhofes steht ein Denkmal für die Opfer des Naziterrors. Den Schlüssel erhält man im Rathaus, im Büro des Bürgermeisters.

SCHWÄBISCH HALL

liegt rund 70 km nordöstlich von Stuttgart an den Bundesstrassen 14 und 19.

* Hällisch-Fränkisches Museum mit 1738 von Sussmann bemalter Synagoge, Sukkah aus dem 19. Jahrhundert und Sammlung jüdischer ritueller Gegenstände
* Ehemalige Synagoge aus dem Jahre 1893
* Friedhof aus dem frühen 19. Jahrhundert

Das Hällisch-Fränkische Museum in Schwäbisch Hall wird zur Zeit umgebaut. Geplant ist, nach dem Umbau die hölzerne Innenausstattung einer Synagoge, die von Eliezer Sussmann, einem Synagogen-Künstler aus dem 18. Jahrhundert, der wegen seiner farbenprächtigen Synagogenmalereien in ganz Bayern und Franken bekannt war, auszustellen. Diese Arbeit von Sussmann aus dem Jahr 1738 ist die einzige, die es in ganz Deutschland noch gibt. Sie stammt aus einer Synagoge in Unterlimburg, heute ein Stadtteil von Schwäbisch Hall. (Seine berühmteste Arbeit, die Synagoge von Horb, ist als permanente Leihgabe im Israel-Museum in Jerusalem ausgestellt.) Auch eine Sukkah und eine kleine Sammlung ritueller jüdischer Gegenstände wird ausgestellt werden.

Das Museum liegt in der Unteren Herrengasse 6, und obwohl es bereits 1988 nach langer Renovierung wiedereröffnet wurde, werden die Synagoge, die Sukkah und die Judaika-Sammlung erst 1992 oder 1993 zu sehen sein. Zur Zeit ist das Museum von Dienstag bis Sonntag von 10 bis 17 Uhr und am Mittwoch von 10 bis 20 Uhr geöffnet.

Die Synagoge aus dem Jahr 1893 in der Oberen Herrengasse 8 wurde 1938 verwüstet. Das Gebäude selbst steht noch. Eine Gedenktafel ist angebracht.

Die grandiose Kirche St. Michael, die den grossen Marktplatz der Stadt dominiert, wurde im Jahre 1156 begonnen, fertig wurde sie erst 1718. Verschiedene Baustile sind hier beisammen, romanisch, gotisch, Renaissance und Barock. Über dem gotischen Hauptaltar befinden sich Darstellungen der triumphierenden Kirche und der besiegten Synagoge, links vom Hauptaltar ist ein gotisches Sakramentshaus mit Statuen von Jesajah, Salomon, David und einem unbekannten Propheten zu sehen.

In der Nähe des Dorfes Steinbach, in der Steinbacher Strasse liegt der jüdische Friedhof aus dem frühen 19. Jahrhundert,

Auf dem Hochaltar der Kirche St.Michael in Schwäbisch Hall befindet sich dieses Gemälde der Besiegten Synagoge, wie üblich mit verbundenen Augen und zerbrochenem Speer dargestellt.

mit einem Denkmal für die jüdischen Opfer des Naziterrors. Im KZ Hessental ist an einer der Mauern eine Gedenktafel für die jüdischen und alle anderen dort umgekommenen Arbeitssklaven angebracht.

Schwäbisch Hall ist eine sehr alte, romantische Stadt, die ihre Entstehung den Salzvorkommen verdankt. Sehenswert ist auch der abschüssige Marktplatz mit dem Rathaus und der bereits erwähnten Kirche St. Michael am Ende einer imposanten Steintreppe.

SULZBURG

liegt rund 250 km südwestlich von Stuttgart, östlich der A 5 und der Bundesstrasse 3, zwischen Staufen und Müllheim, am Rande des Schwarzwaldes.

* Ehemalige Synagoge aus dem Jahr 1823 und Ausstellung zu lokalen jüdischen Themen
* Friedhof aus dem Jahre 1550

Erstmals wird eine jüdische Gemeinde in Sulzburg 1537 erwähnt, tatsächlich dürfte sie aber viel älter gewesen sein. Zu dieser Zeit durften Juden Häuser besitzen. Im Jahre 1808 erhielten sie eingeschränkte und 1862 dann die vollen Bürgerrechte. 1864 machten Juden etwa ein Drittel der rund 1.300 zählenden Bevölkerung Sulzburgs aus. Sie beschäftigten sich in der Hauptsache als Wein- und Viehhändler, Bäcker, Handwerker und Gastwirte. Als im späten 19. Jahrhundert die Beschränkungen jüdischen Zuzugs in die grösseren Städte fielen, schrumpfte die Sulzburger Gemeinde. 1940 lebten nur mehr 25 Juden in Sulzburg. Sie wurden nach Gurs deportiert. Viele von ihnen kamen später in deutschen Vernichtungslagern um.

Die Synagoge, 1823 erbaut, ist ein besonders schönes Gebäude, mit Rund- und Bogenfenstern und den Gebotstafeln über den beiden Säulen der Vorhalle. Die Innenausstattung ist neo-Barock, mit kunstvollen Kapitellen an den Säulen und Sternen in der dunkelblauen gewölbten Decke. Die Synagoge wurde 1938 entweiht, aber nicht zerstört. Die Universität Freiburg benützte das Gebäude vorübergehend als Bücherlager, dann wurde es verkauft und für verschiedene Zwecke genützt, bis es 1977 von der Stadt angekauft und renoviert wurde. Die Stadt, unterstützt von einem sehr aktiven Verein, nützt die ehemalige Synagoge für Ausstellungen zu jüdischen Themen. Vielleicht wird sie ein Museum über das Leben in dieser Gegend zu einer Zeit, als Juden und Christen friedlich

Die ehemalige Synagoge von Sulzburg wurde durch eine sehr rührige Bürgerinitiative restauriert und dient heute kulturellen Veranstaltungen.

zusammen lebten. Das rituelle Bad neben der Synagoge wurde noch nicht renoviert. Die Synagoge liegt in der Mühlbachgasse, in der auch die jüdische Schule und das Gemeindezentrum, heute beides Wohnhäuser, lagen. Den Schlüssel zum Synagogengebäude erhält man im Rathaus. Eine sehr rührige Bürgerinitiative kümmert sich um das weitere Schicksal des Gebäudes und organisiert Ausstellungen und Vorträge.

Der jüdische Friedhof von Sulzburg wurde 1550 angelegt. Er liegt östlich der Stadt im Schwarzwald an einem steilen Hang, überschattet von alten, hohen Bäumen. Vom Eingang, verziert mit einem goldenen Davidstern, führt eine Stiege durch den in Terrassen angelegten Friedhof. Die Grabsteine, von denen viele sehr alt und aus lokalem Stein sind, sind oben gerundet und mit wunderschönen hebräischen Inschriften versehen. Deutsche Inschriften findet man auf einigen der Grabsteine aus dem 19. Jahrhundert. Am Friedhof steht ein Denkmal mit einer Namensliste für die Sulzburger Opfer der Naziherrschaft.

Um hinzukommen, folgt man zuerst den Hinweistafeln „Campingplatz“, die an der Hauptstrasse und Badgasse entlang nach Osten führen. Beim Verlassen der Stadt sieht man links den Schwarzwald-Gasthof und rechts eine Brücke und die Einfahrt zum Campingplatz. Geht man über diese Brücke und dann geradeaus, mitten durch den Campingplatz, kommt man zum Eingang des Friedhofs.

Weitere Sehenswürdigkeiten sind die ehemalige Klosterkirche aus ottonischer Zeit, fast tausend Jahre alt, und die malerischen Strassen der alten ländlichen Siedlung.

ULM

liegt rund 100 km südöstlich von Stuttgart oder 150 km westlich von München, an der Donau, zwischen der A 7 und der A 8.

* Denkmäler
* Friedhöfe
* Mahnmal und Dokumentations-Zentrum im ehemaligen KZ Festung Oberer Kuhberg

Dokumente betreffend die Zahlung von Steuern belegen die Existenz einer jüdischen Gemeinde in Ulm in der Mitte des 13. Jahrhunderts. Es gibt auch einige Grabsteine mit Jahreszahlen von 1243 bis 1491. Die Gemeinde wurde von der Stadtverwaltung wegen ihrer hohen Beiträge zur Stadtkasse sehr geschätzt und diese bemühte sich, allerdings vergeblich, sie vor den Verfolgungen während der Zeit der schwarzen Pest im Jahr 1349 zu schützen. Die jüdische Gemeinde wurde fast zur Gänze ausgerottet. Die wenigen Überlebenden konnten nach einiger Zeit zurückkehren und bekamen von der Stadtverwaltung ihre Synagoge, ihren Friedhof und ihren Tanzsaal wieder. Das Ende des 14. Jahrhunderts brachte für die jüdische Gemeinde eine kurze Zeit der relativen Sicherheit. Aber schon das 15. Jahrhundert brachte wieder Einschränkungen, Verbote, hohe Steuern und zum Ende des Jahrhunderts die Vertreibung aus Ulm. Erst im 19. Jahrhundert gab es wieder eine jüdische Gemeinde in Ulm (Albert Einstein wurde hier im Jahre 1879 geboren), die allerdings in den Dreissigerjahren als Reaktion auf den immer stärker werdenden Anti-Semitismus rapide schrumpfte. Mehr als hundert Juden aus Ulm kamen in den deutschen KZ's um.

Das Israel-Fenster, ein grosses Fenster aus farbigem Glas über dem Eingang des Ulmer Münsters, mit dem Davidstern und einer Menorah, ist dem Andenken an die deutschen Juden gewidmet. Eine Kopie eines jüdischen Grabsteines aus dem 13. Jahrhundert, der für das Stiftungsrelief des Münsters aus dem Jahr 1377 verwendet wurde, ist beim Brauttor zu sehen. Der Grabstein selbst steht jetzt im Ulmer Museum, Marktplatz 6. Ein anderer alter Grabstein ist in der Aussenmauer eines alten Hauses in der Rabengasse 7 im zweiten Stockwerk eingemauert.

Für die 1873 erbaute und 1938 zerstörte Synagoge gibt es über einer Garageneinfahrt hinter der Sparkasse in der Neue Strasse 66 eine kleine Erinnerungstafel.

Am Judenhof 1 ist vor kurzem die Bemalung einer Torahschrein-Nische der mittelalterlichen Synagoge von Ulm gefunden und restauriert worden. Besichtigungen können nach Rücksprache mit dem Judenhof 1 befindlichen Institut arrangiert werden.

Der Friedhof aus dem Jahre 1852 ist heute ein Park. Nur drei Grabsteine aus dem 19. Jahrhundert sind noch vorhanden und stehen am Parkende, nahe der Kirche. Der Park befindet sich in der Frauenstrasse, gegenüber Nr. 93. Ein zweiter Friedhof, aus dem Jahre 1897, ist Teil des städtischen Friedhofes. Hier steht ein Denkmal für die im ersten Weltkrieg gefallenen jüdischen Soldaten und viele Gedenksteine für Juden, die von den Nazis ermordet wurden. Dieser Friedhof liegt in der Stuttgarterstrasse 164. Beide Friedhöfe sind offen.

Die Festung Oberer Kuhberg, heute ein Dokumentations-Zentrum, war von 1933 bis 1935 ein KZ. Führungen können über die Ulmer Volkshochschule am Kornhausplatz 5, oder den DGB Neu-Ulm in der Paulstrasse 10, oder auch durch Herrn Ernst Rohleder, der selbst Gefangener in diesem KZ war und Sebastian-Fischer Weg 22 lebt, arrangiert werden.

Sehenswert sind noch: Das bereits erwähnte gotische Ulmer Münster mit seinen Statuen aus dem 15. Jahrhundert und den herrlichen Holzschnitzereien am Chorgestühl, sowie die vielen alten Häuser im Fischer-Viertel, zwischen der Donau und dem Ulmer Münster.

Die phantastische Jugendstil-Synagoge von Augsburg wurde vor wenigen Jahren wiederhergestellt. Der Synagoge ist ein sehenswertes jüdisches Museum angeschlossen.

REGION MÜNCHEN

AUGSBURG

liegt rund 70 km nordwestlich von München an der A 8.

* Jugendstil-Synagoge aus dem Jahre 1917
* Jüdisches Museum
* Synagoge aus dem frühen 19. Jahrhundert in Kriegshaber
* Friedhöfe aus dem 17. und 19. Jahrhundert

Obwohl man vermutet, dass bereits zur Römerzeit, ungefähr 200 nach unserer Zeitrechnung, eine jüdische Gemeinde in Augsburg existierte, ist eine solche erst 1212 in Dokumenten belegbar, als vor den Verfolgungen im Rheinland flüchtende Juden in Augsburg aufgenommen wurden. Augsburg war von 1276 bis 1806 eine freie Reichsstadt, das heisst, dass sie unmittelbarer Teil des Heiligen Römischen Reiches war, regiert von einer Stadtverwaltung, nicht von einem Fürsten, und nur der eigenen Verwaltung und dem Kaiser untertan und steuerpflichtig.

Zwischen dem 13. und 15. Jahrhundert war die jüdische Gemeinde in Augsburg fast durchgehend erfolgreich. Sie konnte sich ein Gemeindezentrum, eine Synagoge, einen Friedhof, ein Rabbinerhaus, ein rituelles Bad, eine Bäckerei und einen Tanzsaal für Hochzeiten bauen. Aber während all dieser Zeit gab es einen erbitterten Machtkampf zwischen städtischen, kirchlichen und kaiserlichen Obrigkeiten um die Kontrolle über die jüdische Gemeinde und deren Steuern. Daraus entstand eine Reihe von sehr kreativen Verwaltungsakten. Kaiser Ludwig der Bayer (1314-1347) etwa verpachtete seine Rechte auf die Steuern der jüdischen Gemeinde an die Stadt Augsburg. Ein Siegel der jüdischen Gemeinde aus dieser Zeit zeigt den Reichsadler, einen kegelförmigen Judenhut tragend, umgeben von hebräischen und lateinischen Texten. Dieses Siegel ist im Stadtarchiv zu besichtigen.

In den beiden Kreuzzügen 1298 und 1336 beschützte die Stadtverwaltung die jüdische Gemeinde vor der Ausrottung durch die Kreuzritter. Im Jahre 1348 allerdings überfielen die „Rächer für die schwarze Pest" die jüdische Gemeinde und richteten ein Blutbad an. Einige Jahre später, nach dem Wiederaufleben der Gemeinde, wurde diese von der Stadtverwaltung ausgebeutet, bis ihre Kassen völlig leer waren, um dann im Jahre 1438 endgültig vertrieben zu werden. Im darauffolgenden Jahr wurde der Friedhof aufgelassen, die Grabsteine aus dem 13. und 14. Jahrhundert verwendete die Stadtverwaltung zum Bau des neuen Rathauses. Juden durften sich erst 400 Jahre später wieder in der Stadt ansiedeln.

Jüdische Bankiers allerdings, von denen man sich eine Rettung der Stadt vor dem Bankrott erhoffte, durften sich bereits im 18. Jahrhundert ansiedeln. Aber auch ihre Arbeit konnte das finanzielle Desaster der Stadt nicht aufhalten und Augsburg wurde 1806, nach der endgültigen Auflösung des Heiligen Römischen Reiches, Teil des neuen Bayerischen Königreichs. Die jüdischen Bankiers von Augsburg leisteten dann wertvolle Arbeit für die Wittelsbacher, Könige von Bayern, und mindestens zwei von ihnen, die Brüder Seligmann, wurden in den Adelsstand erhoben, ohne den christlichen Glauben annehmen zu müssen. Im 19. Jahrhundert wuchs die jüdische Gemeinde stark, sodass schliesslich die alte Synagoge aus dem Jahr 1858 zu klein wurde und 1917 eine neue, in einer gelungenen Mischung aus byzantinischem und Jugendstil, erbaut wurde. Zu dieser Zeit war rund ein Prozent der rund 100.000 Augsburger jüdischen Glaubens.

Die Verfolgung durch die Nazis begann bereits 1924 mit der Verwüstung des jüdischen Friedhofes. 1938, in der Reichskristallnacht, wurde die Synagoge angezündet. Zwar konnte die Feuerwehr das Gebäude retten , aber das Innere brannte aus und die Torahrollen wurden zerstört. Von den rund 1.000 Juden, die 1933 in Augsburg lebten, sind rund 450 emigriert, rund hundert in andere deutsche Städte verzogen, und der Grossteil der Verbliebenen wurde 1942 deportiert. Ungefähr 25 Augsburger Juden kamen nach dem Krieg zurück, hauptsächlich aus Theresienstadt, und gründeten mit Überlebenden aus Osteuropa eine neue Gemeinde.

1985 wurde die wunderschön renovierte Synagoge neu geweiht. Goldene Sterne verzieren die Innenseite der grossen Kuppel, die an byzantinische Kirchen oder türkische Moscheen erinnert. Die Bimah steht vor der Torah-Nische und wird flankiert von zwei Greifen, die siebenarmige Leuchter halten. In der Kuppel sieht man vier sechseckige Tafeln mit religiösen Themen (das Brandopfer, die Palme als Symbol für die Gerechten; die drei Kronen der Torah, des Priesters und des Königs mit der vierten Krone des guten Namens über ihnen, und die Gesetzestafeln mit der Torah).

Dies ist die wahrscheinlich die einzige Jugendstil-Synagoge, die in Deutschland erhalten blieb. Im Synagogengebäude befindet sich heute ein Museum mit vielen weltlichen und auch religiösen Gegenständen aus dem 17., 18. und 19. Jahrhundert, Torahrollen, Torahmäntel, Torahschilder, Torahzeiger, Rimonim, Torahkronen, Mesusoth, Sabbatlampen und Chanukkahleuchter, Sederteller, Besamimbüchsen, Beschneidebestecke und Hochzeitsringe. Viele Gold- und Silberschmiede waren in Augsburg ansässig und zahlreiche Kultgegenstände für ganz Deutschland und grosse Teile Mitteleuropas wurden in Augsburg hergestellt. In diesem Museum ist auch eine Ausstellung der Bezalel-Schule, einer Schule für Kunst und Kunsthandwerk, die 1906 in Palästina gegründet wurde, zu sehen.

Es gibt zwei Gedenktafeln für im ersten Weltkrieg gefallene jüdische Soldaten, eine im Vorraum und eine im Hof. Das Museum ist täglich, ausser Samstag und Montag, von 10 bis 15 Uhr geöffnet. Die Synagoge, das Museum und das Gemeinde-Zentrum befinden sich in der Halderstrasse 8.

Nach der Vertreibung der Juden aus Augsburg im Jahre 1438 siedelten sich die Vertriebenen im nahegelegenen Dorf Kriegshaber an, das heute ein Vorort Augsburgs ist. Eine Synagoge aus dem frühen 19. Jahrhundert entging der Zerstörung durch die Nazis wegen ihrer unmittelbaren Nähe zu anderen Häusern. Diese Synagoge wird eben restauriert und wahrscheinlich in eine Bibliothek umgewandelt. Erhalten sind noch die Torahnische in der Ostwand und der Davidstern über dem Tor. Es wird erzählt, dass die Synagoge durch unterirdische Gänge mit den umliegenden jüdischen Häusern

Die kleine ehemalige Synagoge von Kriegshaber, einem Vorort von Augsburg, wurde renoviert und soll vielleicht als Bibliothek genutzt werden.

verbunden war. Die Synagoge befindet sich in der Ulmerstrasse Nr. 228. Den Schlüssel erhält man im danebenliegenden Fahrradgeschäft, zu den üblichen Geschäftszeiten.

Ein alter und sehr grosser Friedhof liegt inmitten eines Häuserkomplexes der US-Armee in Kriegshaber, Hooverstrasse 15. Das Tor zum Friedhof ist versperrt, aber es gibt ein Wächterhaus, und am Eingangstor befindet sich eine Klingel.

Ein zweiter Friedhof wurde im 19. Jahrhundert in der Haunstetterstrasse 64 angelegt. Dort befindet sich ein Denkmal für gefallene jüdische Soldaten des Ersten Weltkrieges und eines für die Opfer der Nazis. Der Friedhof ist geschlossen, den Schlüssel erhält man im Haus der jüdischen Gemeinde, in der Halderstrasse 8.

Sehenswert sind auch: Das grosse, im Renaissance-Stil erbaute Rathaus, mehrere gotische und Renaissance-Kirchen mit Gemälden von, unter anderem, Holbein dem Älteren, ein Museum mit Arbeiten von Dürer und Holbein; interessant ist auch die sogenannte „Fuggerei", eine Siedlung, die im Jahre 1519 von der mächtigen und reichen Bankiers- und Kaufleute-Familie Fugger für die Armen der Stadt erbaut wurde und heute noch demselben Zwecke dient.

BINSWANGEN

liegt rund 100 km nordwestlich von München in der fruchtbaren Donauebene, an der Bundesstrasse 2033 zwischen Wertingen und Dillingen.

* Ehemalige Synagoge aus dem Jahre 1835
* Friedhof aus dem Jahre 1663

Wahrscheinlich lebten Juden ab dem Jahre 1348 in Binswangen, nachdem sie aus Augsburg vertrieben worden waren. Der erste Quellen-Hinweis allerdings datiert erst aus dem Jahre 1439 und besagt, dass ein Jude aus Binswangen einen Prozess gegen Graf Johann von Sultz geführt und gewonnen hatte. Der Graf hatte offenbar versucht, das Hausieren in seinem Territorium zu verbieten. Die jüdische Gemeinde war arm und lebte vorwiegend vom Pferdehandel und vom Hausieren. Trotz ihrer Armut wurden ihnen im Jahre 1632 500 Gulden Steuern abverlangt. Im selben Jahr brannten die gegen den Kaiser kriegführenden Schweden in Binswangen acht jüdische Häuser nieder. Die jüdische Gemeinde wuchs dann bis zur Mitte des 19. Jahrhunderts und machte zu dieser Zeit ein Drittel der Bevölkerung Binswangens aus. Danach setzte die jüdische Auswanderung nach den USA einerseits und nach grösseren deutschen Städten andererseits ein, motiviert von der Suche nach besseren Möglichkeiten zu leben und zu arbeiten. Diese Abwanderung führte zu einem starken Rückgang der Gemeinde. Mindestens 7 Binswanger Juden wurden während der Nazizeit verschleppt und umgebracht.

Die Synagoge, gebaut 1835, wurde 1938 zwar verwüstet, aber nicht völlig zerstört, in der Folge an eine Baufirma verkauft und dient heute als Lagerhaus. Es gibt Pläne, das Gebäude zu renovieren und ein Kulturzentrum daraus zu machen. Weder ein Beginn-, noch ein Fertigstellungs-Datum, noch künftige Öffnungszeiten sind derzeit bekannt.

Die ehemalige Synagoge ist ein grosser zweistöckiger Ziegelbau, mit Mörtel verputzt und mit zwei Fensterreihen im maurischen Stil. Diese Fenster waren 1988 innen mit Brettern verschlagen. Reste der dekorativen Wandmalerei sind an den Aussenmauern noch zu sehen. Die Nische für den Torahschrein sowie die abgestuften Giebelmauern sind verschwunden. Die ehemalige Synagoge befindet sich in der Judengasse 3.

Drei der ehemals jüdischen Häuser stehen noch in der Hauptstrasse 26, 27 und 33. Sie stammen aus der zweiten Hälfte des 18. und dem frühen 19. Jahrhundert und wurden im ortsüblichen Stil mit prominenten Giebelmauern errichtet.

Der Friedhof wurde 1663 angelegt und 1763 vergrössert. 1763 konnte um die horrende Summe von 1100 Gulden eine schützende Mauer um den Friedhof gebaut werden. Der Friedhof wurde 1940 zerstört, die Grabsteine weggebracht und die Mauer niedergerissen. Nach dem Krieg wurden einige Grabsteine, meistens aus dem 19. und frühen 20. Jahrhundert, zurückgebracht und der Friedhof restauriert. Er liegt rund 600 Meter ausserhalb von Binswangen, an der Strasse nach Wertingen. Linker Hand, wo der Wald beginnt, kann man von der Strasse aus die Friedhofsmauer sehen. Beim Eingang steht ein Gedenkstein. Der Friedhof ist geschlossen. der Schlüssel im Rathaus in Binswangen erhältlich.

Die mit maurischen Stilelementen erbaute ehemalige Synagoge von Binswangen ist heute das Lager einer Baufirma.

DACHAU

liegt rund 15 km nordwestlich von München an der Bundesstrasse 304. In Dachau wurde das erste grosse Konzentrationslager der Nazis errichtet, Modell für viele, die noch folgten. Registriert wurde die Ankunft von über 200.000 Menschen und der Tod von 30.000. Wie viele Menschen in diesem Lager aber tatsächlich durch Hunger, Epidemien, Folter, medizinische Experimente und Mord umkamen, wird wohl nie mehr festzustellen sein. Viele wurden nur aus dem Grunde hergebracht, um hingerichtet zu werden, und niemand hat sie registriert. Das KZ blieb erhalten als Mahnmal und als Gedenkstätte für die, die hier litten und starben. Ein Museum, ein Dokumentationszentrum, Denkmäler, zwei Kirchen, eine Synagoge und die Massengräber befinden sich innerhalb des Areals.

Viele Tausende Menschen aus der ganzen Welt kommen jährlich und besuchen, meist sprachlos vor Entsetzen, diesen Ort des Grauens. Die Gedenkstätte Dachau ist von Dienstag bis Sonntag in der Zeit von 9 bis 17 Uhr geöffnet.

Das Denkmal auf dem ehemaligen Appellplatz des Konzentrationslagers Dachau erinnert an den Stacheldraht und die ausgemergelten Leiber von Tausenden, die hier litten und starben.

HARBURG

liegt rund 100 km südwestlich von Nürnberg, oder rund 130 km nordwestlich von München an der Bundesstrasse 25 und der Wörnitz.

* Ehemalige Synagoge aus dem Jahre 1754
* Friedhof aus dem späten 17. Jahrhundert

Im Zusammenhang mit den Verfolgungen während der Zeit der schwarzen Pest im Jahr 1348 werden in Harburg erstmals Juden erwähnt. Damals dürfte allerdings noch keine jüdische Gemeinde existiert haben; es wird angenommen, dass jüdische Flüchtlinge aus Pfalz-Neuburg erst 1671 die erste Gemeinde gründeten. Diese vergrösserte sich zunächst schnell bis zum 19. Jahrhundert, schrumpfte dann wie alle anderen ländlichen Gemeinden, und hatte 1930 nur mehr einige wenige Mitglieder.

Die Synagoge, 1754 erbaut, liegt in der Egelseestrasse 8 am Ufer der Wörnitz. Sie wurde 1938 schwer beschädigt, aber ihre völlige Zerstörung wurde von den Nachbarn aus Angst vor dem Übergreifen des Feuers auf die eigenen Häuser verhindert. Im Keller befindet sich ein rituelles Bad. In den 50er- und 60er-Jahren war ein kleines, privates Museum in der Synagoge untergebracht, heute, nachdem sie umgebaut wurde, sind es Wohnungen und Büros. Das Gebäude ist gross und hoch, mit Bogenfenstern im ersten Stock und einer von aussen erkennbaren Thoraschrein-Nische an der Fluss-Seite. (Abbildung siehe unter Region Nürnberg / Harburg)

Der Friedhof, der auch ein Wächterhaus hat, ist aus dem späten 17. Jahrhundert. Später wurde der Friedhof auch von den Gemeinden Degging und Ederheim benutzt. Die meisten der heute noch vorhandenen Steine sind aus dem 19. und 20. Jahrhundert. Der Friedhof ist zwar versperrt, doch durch das Gittertor und stellenweise über die Mauer gut zu sehen. Den Schlüssel erhält man im Rathaus. Um hinzukommen, fährt man die Strasse Richtung Schaffhausen, am Schloss vorbei bergauf, und biegt beim Funkturm rechts ab. Von der Strasse aus ist dann die Friedhofsmauer am Waldrand zu sehen.

Es lohnt sich, das Schloss der Oettinger Grafen zu besuchen, dort die reichhaltige Kunstsammlung zu sehen und in der Stadt von der schmalen alten Brücke über die Wörnitz die romantische Aussicht zu geniessen.

ICHENHAUSEN

liegt rund 130 km westlich von München und 130 km südöstlich von Stuttgart, an der Bundesstrasse 16 südlich der A 8.

* Ehemalige Synagoge aus dem Jahr 1781 und kleine Ausstellung
* Friedhof aus dem Jahr 1568

Es ist nicht bekannt, wann Juden begannen, sich in Ichenhausen niederzulassen. Aber es gibt Hinweise, dass 1518 aus Donauwörth vertriebene Juden hier Schutz fanden. Es ist auch bekannt, dass der Drucker Chajim ben David Schwarz aus Prag zwischen 1543 und 1545 hier lebte und religiöse Bücher in Hebräisch und Jiddisch druckte.

Dokumente über die Vertreibung der Juden aus Memmingen und Günzburg im

Jahr 1559 erwähnen erstmals auch Juden in Ichenhausen, obwohl diese selbst ihre Vertreibung verhindern konnten. Sie mussten aber dem Magistrat ihre Schuldner in diesen beiden Gemeinden bekanntgeben. Auch während des dreissigjährigen Krieges (1618-1648) gelang es der Gemeinde, mit viel Glück und unter dem Schutz des Habsburgers Kaiser Matthias ihre Vertreibung oder Vernichtung zu verhindern. Zu dieser Zeit war Ichenhausen nicht nur Teil des Heiligen Römischen Reiches, sondern auch direkt im Besitz der Habsburger.

1567 bestand die Gemeinde aus 13 Familien, bis 1657 war sie auf 150 angewachsen. Zusätzlich zu den jährlichen Schutzgeldern musste die Gemeinde auch 24 Gänse an die damals herrschende Adelsfamilie Stain abliefern. Die äusserst komplizierte politische Situation ermöglichte der Gemeinde weiter zu wachsen. Ichenhausen war nämlich aufgeteilt zwischen der „Oberen Burg" und der „Unteren Burg" der beiden Barone von Stain, die beide mit Privilegien um die Steuern und die Herrschaft über die jüdischen Gemeinde rangen. Ansprüche des Markgrafen von Burgau und eines nahe gelegenen Klosters machten die Situation noch komplizierter. Zu guter Letzt mischte sich auch noch die Gemeindeverwaltung in den Streit. All das führte zu vielen Privilegien und somit auch guten Bedingungen für die ständig wachsende jüdische Gemeinde von Ichenhausen.

Aber trotz allem Streit um die Macht über die Ichenhausener Juden und die von ihnen zu erwartenden Einkünfte wurde ihnen nicht erlaubt, zusätzliche Häuser zu bauen. Im Jahre 1657 lebten 150 jüdische Familien in 35 Häusern. Im frühen 19. Jahrhundert waren es 192 Familien, die in den selben 35 Häusern leben mussten. Die Verordnung wurde dann doch aufgehoben und den Juden für kurze Zeit ermöglicht, neue Häuser in ihrer Gemeinde zu bauen.

Als allerdings kurz danach die Wittelsbacher als Könige von Bayern an die Macht kamen, wurde die Anzahl der jüdischen Familien, die in Ichenhausen leben durften, genau festgelegt. Das führte dazu, dass erstgeborene Söhne erst nach dem Ableben ihres Vaters eine eigene Familie gründen konnten. Andere Söhne konnten nur dann heiraten, wenn in der Gemeinde ein Mann starb, der keinen Sohn hatte, und sie sein Heimatrecht kaufen konnten. Trotzdem wuchs die Gemeinde weiter und stellte 1843 mit 1.100 Mitgliedern fast die Hälfte der gesamten Einwohnerschaft Ichenhausens. Diese jüdische Gemeinde war damit damals die zweitgrösste in Bayern. Die Juden beschäftigten sich hauptsächlich, wie auch anderswo auf dem Land, mit dem Handel mit Textilien, Altwaren, Pferden und Rindern, einige waren aber auch Bauern.

Die Gemeinde schrumpfte, als immer mehr junge Juden auf der Suche nach besseren Möglichkeiten in grössere Städte abwanderten oder emigrierten. Volle Bürgerrechte erhielten die Juden in Bayern erst 1871, als Bayern Teil des neuen Deutschen Kaiserreichs wurde. Juden und Christen lebten in den ersten Jahren dieses Jahrhunderts friedlich miteinander, wobei die Juden im sozialen, politischen und wirtschaftlichen Leben von Ichenhausen eine wichtige Rolle spielten.

In den Dreissigerjahren, mit dem Erstarken der Nationalsozialisten, emigrierten immer mehr Juden. Am 10 November 1938 steckte die SA die Synagoge in

Brand. Die Anrainer, um ihre eigenen Häuser besorgt, protestierten, und das Feuer wurde wieder gelöscht. Aber jüdische Frauen wurden gezwungen, die Torah-Rollen zu zerreissen, und die Bücher aus der jüdischen Bibliothek wurden in den Fluss geworfen. Das Innere der Synagoge wurde zerstört und der Schutt auf dem jüdischen Friedhof abgeladen, wo auch viele der Grabsteine umgeworfen wurden. Jüdische Männer wurden geprügelt und verhaftet. Von da an versuchten immer mehr Juden zu emigrieren; die 123, denen das nicht gelang wurden 1942-43 deportiert. Nur zwei überlebten das Lager.

Die Synagoge, stark beschädigt aber nicht zerstört, wurde bis 1953 als Lagerhaus benützt. Dann wurde das Gebäude, um es zu erhalten, von der Stadt gekauft und zunächst als Depot der Feuerwehr verwendet. Schliesslich taten sich interessierte Bürger der Stadt zusammen und sammelten 400.000 DM von privaten Spendern. Mit zusätzlichen 2,5 Millionen DM von Staat, Stadt und Land wurde die Synagoge als Denkmal zur Erinnerung an die lange Zeit des friedlichen Zusammenlebens von Juden und Christen in dieser kleinen bayerischen Stadt restauriert.

Diese sehr schöne Synagoge wurde 1781 erbaut. Teile der alten Synagoge aus dem Jahr 1687 wurden in den Neubau integriert. Es wird angenommen, dass die Synagoge von Josef Dossenberger, einem für die Zeit des Rokoko und des Klassizismus sehr wichtigen bayerischen Architekten, der auch katholische Klöster und protestantische Kirchen baute, errichtet wurde. Ein dekoratives Geflecht aus gemalten Blumen und Früchten schmückt die Einfassung der Decke und die Wände der Synagoge. Die Decke selbst, in strahlendem Blau, ist mit goldenen Sternen verziert. Die zweistöckige Frauengalerie ist noch weitgehend original erhalten. Die Nische für den Torah-Schrein wurde zerstört, als das Gebäude von der Stadtverwaltung für die Feuerwehr adaptiert wurde, und wurde nach alten Fotografien nachgebaut. In der Eingangshalle steht ein Denkmal für die im ersten Weltkrieg gefallenen 13 Ichenhauser Juden und eine kleine Ausstellung von Dokumenten und Fotografien der jüdischen Gemeinde Ichenhausens kann hier besichtigt werden. Die ehemalige Synagoge wird heute für Ausstellungen, Konzerte und andere kulturelle Veranstaltungen verwendet, und ist zusätzlich jeden vierten Sonntag im Monat von 13 bis 17 Uhr, mit stündlichen Führungen, geöffnet. Die Adresse ist: Vordere Ostergasse 24. (Abbildung unter Region Stuttgart / Ichenhausen)

Gegenüber, Von-Stain-Strasse 8, steht das Rabbinerhaus, erbaut im Jahr 1894. Es gibt Pläne, das Haus zu renovieren und ein Bezirks-Archiv darin unterzubringen. Das rituelle Bad war zunächst an einem Bach, dann im Keller eines damals jüdischen Hauses, in der Bahnhofstrasse 11, untergebracht.

Der alte jüdische Friedhof, irgendwann vor 1568 angelegt, ist heute einer der grössten in Deutschland. Hunderte Grabsteine in allen möglichen Stilrichtungen sind hier zu sehen. Die Gruppe von Eichenbäumen, in der Mitte des Friedhofs, soll so alt sein wie der Friedhof selbst. Eine Gruppe von Rabbiner-Gräbern, mit kunstvoll gemeisselten Steinen, geschmückt mit dem Shofar, mit Leviten-Krügen, Cohen-Händen oder Beschneidungs-Bestecken, liegt am mittleren Hügel. Viele Gedenksteine für Familienmitglieder, die in Konzentrationslagern ermordet wurden, Grabsteine für ungarische Juden, die als Arbeits-Sklaven im nahegelegenen Burgau umkamen, sowie für staatenlose osteuropäische Juden, die im Durchgangslager Leipheim starben, sind hier zu sehen. Diese Steine zeigen den Davidstern, umschlungen mit Stacheldraht. Ein Denkmal für die Ichenhausener Juden, die dem Naziterror zum Opfer fielen, ist geplant. Die Zeremonienhalle stammt aus dem Jahre 1934. Der Friedhof ist versperrt, den Schlüssel erhält man im Rathaus. Um hinzukommen, er liegt am „Am Birketle", fährt man die Bundesstrasse 16 in südlicher Richtung und biegt, kurz vor der Stelle wo die Bahn die Strasse kreuzt, nach links ab und fährt dann die erste Schotterstrasse rechts.

Zu besichtigen gäbe es noch: Die barokke Altstadt mit dem Renaissance-Schloss und den typischen schwäbischen Barock-Kirchen.

Dieser alte Grabstein vom Ichenhausener Friedhof zeigt die segnenden Hände des Priesters, das Beschneidebesteck des Mohel und den Shofar des Kantors.

LAUINGEN

liegt an der Donau, rund 110 km nordwestlich von München und rund 150 km östlich von Stuttgart an der Bundesstrasse 16.

* Ehemalige Synagoge, wahrscheinlich aus dem Jahre 1367

Im Mittelalter beherrschte Lauingen entweder eine Furt oder eine Brücke über die Donau, denn es war ein bedeutender Handelsplatz und hatte eine lange Judengasse, die sich vom Donauufer bis zur Kuppe eines niedrigen Hügels zog. Juden werden hier erstmals 1293 erwähnt, aber wahrscheinlich existierte die Gemeinde schon länger. Sie überlebte das Rindfleisch-Progrom 1298, nicht aber die Verfolgungen während der schwarzen Pest 1348-49. Die jüdischen Häuser gingen in den Besitz der Stadt über und aus dem ganzen Komplex wurde ein Spital. Man vermutet, dass die Spitals-Kapelle auf dem Platz steht, auf dem früher die Synagoge stand, und die Quelle darunter lieferte vielleicht das Wasser für das rituelle Bad.

1367 siedelten sich wieder Juden in Lauingen an, in der heutigen Hirschstrasse, damals Judengasse genannt, und bauten eine zweite Synagoge. Diese ist heute noch am höchsten Punkt dieser Strasse zu sehen, in der Hirschstrasse 19, mit einer hebräischen Inschrift über dem Eingang (Das ist das Tor zu Gott) und einer modernen Tafel, die die Synagoge als vor 1348 erbaut ausweist, was eher unwahrscheinlich ist. Die Juden wurden 1450 vom bayerischen Herzog Ludwig dem Neunten bei seinem Amtsantritt neuerlich vertrieben, kamen 1550 zurück, nur um 1553 aufs neue vertrieben zu werden, kamen 1630 wieder und wurden 1653 nochmals, diesmal für fast 200 Jahre, vertrieben. Im 19. Jahrhundert, nachdem die Juden die vollen bürgerlichen Rechte erlangt hatten, hatte Lauingen an Bedeutung verloren und es bildete sich keine neue Gemeinde.

Die ehemalige Synagoge wurde ab 1450 von der Stadt als Pilgerunterkunft und Armenhaus verwendet und steht heute als Wohnhaus in Privatbesitz. (Abbildung unter Region Stuttgart /Lauingen)

MÖNCHSDEGGINGEN

liegt rund 100 km südwestlich von Nürnberg, rund 140 km östlich von Stuttgart und rund 130 km nordwestlich von München, etwas abseits der Bundesstrasse 25, zwischen Donauwörth und Nördlingen.

* Rituelles Bad aus dem Jahre 1841
* Ehemalige Synagoge 1684-1734
* Friedhof aus dem Jahre 1833

Juden begannen sich 1684, nach ihrer Vertreibung aus Höchstädt, in Mönchsdeggingen anzusiedeln. Sie benützten ein Fachwerkhaus aus dem Jahre 1542 von 1684 an als Synagoge, bis sie 1734 eine neue Synagoge bauten. Diese erste ehemalige Synagoge, in der Albstrasse 20, ist heute ein Privathaus. Eine Gedenktafel ist angebracht.

An der Ecke Raiffeisenstrasse und Römerstrasse steht ein Denkmal für die zweite und dritte Synagoge (1734-1828 und 1828-1879). In den siebziger Jahren des 19. Jahrhunderts übersiedelte die Gemeinde nach Nördlingen, ihre Synagoge wurde verkauft und niedergerissen.

Ein rituelles Bad wurde 1841 in ländlich-maurischem Stil erbaut. Das kleine weisse Gebäude, mit Schornstein, steht noch in der Alemannenstrasse 17. Nachdem die Gemeinde Mönchsdeggingen verlassen hatte, wurde in dem Bad ein Polizei-Kotter eingerichtet, heute ist es ein kleines lokales Museum. (Abbildung unter Region Stuttgart / Mönnchsdeggingen) In der ehemaligen jüdischen Schule, in der Albstrasse 30, ist heute das Rathaus und ein Fremdenverkehrsbüro untergebracht.

Der Friedhof, von 1833 bis 1877 benützt, liegt am Ende der Stadt, an der Magerbeiner Steige. Die Grabsteine, in unterschiedlichen Stilrichtungen, sind in guter Verfassung, nur die Inschriften sind schon sehr verwittert und unleserlich. Es gibt eine Zeremonienhalle, wahrscheinlich gleich alt wie der Friedhof. Um hinzukommen, fährt man die Albstrasse Richtung Niedermagerbein. Der Friedhof, umgeben von einer Steinmauer, liegt links, gegenüber dem Schul-Komplex. Den Schlüssel erhält man im Rathaus oder Fremdenverkehrsbüro in der Albstrasse 30.

MÜNCHEN

ist die Hauptstadt Bayerns.

* Synagoge aus dem Jahr 1931
* Gedenkstätten
* Friedhöfe
* Auf jüdische Themen spezialisierte Buchhandlung
* Museumssammlungen

In München siedelten sich Juden im 12. Jahrhundert an. Das Leben der Gemeinde war bald stabil genug, um in ihrem Stadtteil eine Synagoge, ein rituelles Bad und ein Spital zu erbauen. Aber immer wieder wurde die Existenz der Gemeinde bedroht. 180 Juden wurden im Jahre 1285 in ihrer Synagoge wegen einer Ritualmordverleumdung verbrannt. Die Massaker während der Zeit der schwarzen Pest, 1348/49, zwangen die wenigen Überlebenden zur Flucht. Einige Jahre später kamen wieder Juden nach München zurück, wurden aber bald entweder umgebracht oder vertrieben. Zwischen 1442 und 1450 wurden alle Juden aus dem Herzogtum Bayern ausgewiesen. Obwohl immer einige Juden in Bayern lebten, gab es eine offizielle Erlaubnis für ihre Ansiedlung erst im letzten Viertel des 18. Jahrhunderts und selbst dann gab es so viele Einschränkungen, dass die Anzahl der Juden in Bayern bis zu ihrer Emanzipation Mitte des 19. Jahrhunderts klein blieb. Nach der Emanzipation wuchs die jüdische Bevölkerung in München rasch.

Nach dem ersten Weltkrieg war der Anti-Semitismus in Bayern besonders stark und weit verbreitet. Dass die kurzlebige revolutionäre Sowjet-Regierung von Bayern einige prominente jüdische Mitglieder hatte, war wohl mit ein Grund. Während der Naziherrschaft wurden 4.500 Juden aus München deportiert, nur einige wenige überlebten und kamen zurück. Heute hat München eine der grössten jüdischen Gemeinden Deutschlands, aber antisemitische Ausschreitungen und Terrorakte, wie die Brandstiftung in einem jüdischen Altersheim, die 1970 sieben Menschen das Leben kostete, der Anschlag auf die Olympia-Mannschaft Israels, der elf Opfer forderte, die sich wiederholenden Schändungen von Synagogen und Friedhöfen machen der Gemeinde das Leben schwer.

Von der Vergangenheit der jüdischen Gemeinde Münchens ist fast nichts geblieben. Es gibt zwei Erinnerungstafeln für die 1938 zerstörten Synagogen, eine in der Herzog-Max-Strasse/Maxburgstrasse und eine in der Herzog-Rudolf-Strasse 1. Die Hauptsynagoge in der Herzog-Max-Strasse wurde bereits im Juni 1938 abgebrochen, da die Stadtverwaltung festgestellt hatte, dass genau dort ein Parkplatz benötigt würde. Die orthodoxe Synagoge in der Herzog-Rudolf-Strasse wurde in der Reichskristallnacht zerstört. Die Synagoge der Osteuropäischen Juden, die 1931 in der Reichenbachstrasse 27 erbaut wurde, ist während der Reichskristallnacht zwar verwüstet, aber wegen ihrer unmittelbaren Nähe zu anderen Häusern nicht völlig zerstört worden. Sie wurde nach dem Krieg renoviert und ist heute die Hauptsynagoge Münchens. Ein Denkmal für die Opfer des Naziterrors steht Brienner Strasse/Oskar-von-Miller-Ring.

Das Bayerische Nationalmuseum verfügt über eine Sammlung jüdischer ritueller Gegenstände, die aber an das jüdische Museum in Augsburg verliehen wurden. Auf dem jüdischen Friedhof aus dem Jahr 1816 in der Thalkirchnerstrasse 240 stehen rund 6.000 Grabsteine, darunter auch viele für die Opfer der Nazis, und ebenso auf dem jüdischen Friedhof in der Garchinger Strasse 37, einem Friedhof vom Beginn des 20. Jahrhundert. Dort steht auch ein Denkmal für die gefallenen jüdischen Soldaten des ersten Weltkriegs.

Die einzige Buchhandlung Deutschlands, die sich auf jüdische Themen spezialisiert hat, befindet sich hier in München in der Fürstenstrasse 17, nahe der Feldherrnhalle und dem Odeonplatz und nennt sich „Literaturhandlung". Dr. Rachel Salamander, die Eigentümerin, ist sehr bemüht, jüdische Autoren für Lesungen nach München zu bringen.

München hat wahrscheinlich das kleinste jüdische Museum der Welt. Es befindet sich in einer kleinen Zwei-Zimmer-Wohnung. Das Museum entstand aus der Privatinitiative des Herrn Grimm, eines engagierten Nicht-Juden. Er sieht sein kleines Museum in der Maximilianstrasse 36 als ersten Schritt zu einem grösseren Museum, das von der Stadt oder der jüdischen Gemeinde oder beiden zusammen betrieben wird. Geöffnet ist das Museum am Dienstag und Mittwoch von 14 bis 18 Uhr und am Donnerstag von 14 bis 21 Uhr.

Die Bayerische Staatsbibliothek verfügt über eine hervorragende Sammlung hebräischer Manuskripte, darunter den Babylonischen Talmud, die aber nicht ausgestellt sind und nur Wissenschaftlern zugänglich sind.

Sehenswert ist sonst noch die Altstadt mit den alten Kirchen, den Stadttoren, den exklusiven Geschäften und dem Hofbräuhaus, die Kunstsammlung in der berühmten Alten Pinakothek, Schloss und Park Nymphenburg, das grosse Deutsche Museum für Technologie und vieles mehr.

REGENSBURG

liegt an der Donau, rund 100 km südöstlich von Nürnberg oder rund 110 km nördlich von München an der A 3 und der A 93.

* Das Museum in Regensburg zeigt 19 jüdische Grabsteine aus dem 16. Jahrhundert und Reste einer gotischen Bimah aus der mittelalterlichen Synagoge
* Der Dom zeigt Darstellungen von Juden in verschiedenen Zusammenhängen
* Friedhof aus dem 19. Jahrhundert

Man vermutet, dass bereits 981 eine jüdische Gemeinde in der freien Reichsstadt Regensburg existierte und das erste jüdische Viertel im nach-römischen Deutschland bewohnte. Die Gemeinde entging ihrer Ausrottung während des ersten Kreuzzuges im Jahr 1096, indem sie sich geschlossen taufen liess. Aber schon im Jahr darauf gestattete Kaiser Heinrich der Vierte den zwangsgetauften Juden, zum Judentum zurückzukehren. Die Regensburger Gemeinde war durch ein Privileg, das von nachfolgenden Herrschern bis zum 14. Jahrhundert immer wieder erneuert wurde, geschützt. Durch dieses Privileg war den Juden erlaubt, mit allen Metallen, auch Gold und Silber, Handel zu treiben, sowie als Geldverleiher tätig zu sein. Sie durften auch bei Gerichtsverhandlungen gegen Christen einen Richter ihres Vertrauens wählen. Die Stabilität und der Reichtum der Gemeinde half ihr, die Rindfleisch- Verfolgungen, die Morde nach der Hostienschändungs- Beschuldigung von Deggendorf und die Verfolgungen während der schwarzen Pest, die so viele andere Gemeinden ausrotteten, fast unbeschadet zu überstehen.

Das 14. und das 15. Jahrhundert brachten zunehmende Unterdrückung durch höhere Steuern, Berufsverbote, Befreiung ihrer Schuldner von der Rückzahlung der Schulden, Beschlagnahme ihres Eigentums, und Anklagen wegen Ritualmord. Nach dem Tod ihres letzten Beschützers, des Kaisers Maximilian, im Jahre 1519 wurde die Gemeinde vertrieben. Grabsteine ihres alten Friedhofes wurden als Baumaterial verwendet oder als Trophäen in die umliegenden Dörfer gebracht, wo man sie zum Teil noch heute an der Aussenseite der Kirche oder des Rathauses eingemauert sehen kann. Die Synagoge wurde niedergerissen und an ihrer Stelle eine Kirche, die Neupfarrkirche, erbaut. Ab 1669 war es einzelnen Juden erlaubt, in Regensburg zu leben, aber eine Synagoge konnte erst 1841 wieder erbaut werden. 1933 lebten 427 Juden in Regensburg. 230 wurden im Jahre 1942 deportiert. 1938 wurde die Synagoge, die 1912 erbaut worden war, niedergebrannt und das Gemeindezentrum verwüstet. Eine kleine Gemeinde, die sich nach 1945 etablieren konnte, renovierte das alte Gemeindezentrum. Eine neue Synagoge und zwei Denkmäler, eines für die zerstörte Synagoge und eines für die Opfer der Nazi-Herrschaft, befinden sich im Gemeindezentrum Am Brixener Hof 2.

Im Regensburger Museum stehen 19 Grabsteine von dem 1519 zerstörten Friedhof und Teile einer gotischen Bimah aus der mittelalterlichen Synagoge. Das Museum liegt am Dachauplatz 2-4 und ist von Dienstag bis Samstag von 10 bis 16 Uhr und Sonntag von 10 bis 13 Uhr geöffnet.

Der Regensburger Dom zeigt Darstellungen von Juden in verschiedenen Zusammenhängen. Rechts vom Haupt-Altar steht die überlebensgrosse Statue von St. Peter, gotisch, mit einem Judenhut. In einigen Scheiben der farbigen gotischen Glasfenster sind Juden mit dem spitzen mittelalterlichen Judenhut dargestellt. Links vom meist geschlossenen Haupteingang an der Westseite sind drei biblische Szenen dargestellt: Die Juden tanzen um das goldene Kalb; Moses empfängt die Gesetzestafeln; Abraham wird von einem Engel gehindert, Isaak zu opfern (im Busch ist der statt Isaak zu opfernde Widder zu sehen). Und an der Aussenseite, rechts neben dem Eingang in der Mitte der Südseite, ist an einem Pfeiler die stark verwitterte Darstellung einer „Judensau" zu sehen. Ein Jude wird von einem Schwein gesäugt, ein zweiter, mit einem spitzen Hut, spricht in das Ohr des Schweines. Einst gab es eine grossen Zahl dieser mittelalterlichen Darstellungen, die Juden beleidigen und verspotten sollten. Heute gibt es nur mehr ganz wenige davon, die man in Deutschland noch sehen kann. (Abbildung unter Region Nürnberg / Regensburg)

Der Friedhof aus dem frühen 19. Jahrhundert liegt in der Schillerstrasse 29. Der Eingang liegt im Stadtpark, man erreicht ihn durch das Gässchen links von dem Tor in der Schillerstrasse. Man geht links, der Mauer entlang, vorbei an Zeremonienhalle und Wächterhäuschen. Der Friedhof ist ungewöhnlich, weil die Grabsteine mit der Vorderseite nach Süden und nicht wie üblich nach Osten gerichtet sind. Der Friedhof ist nicht verschlossen.

Regensburg wurde sowohl von den Bomben als auch von den Kämpfen des zweiten Weltkriegs verschont und wurde auch vom Wirtschaftswunder danach nicht zerstört. Sehenswert ist der Dom, ein riesiges gotisches Bauwerk mit herrlichen Glasfenstern aus dem 14. Jahrhundert, Reste aus der Römerzeit, ein frühes romanisches Schloss, die malerische Altstadt, und die aus dem 12. Jahrhundert stammende Brücke über die Donau, sowie viele andere Kirchen und Paläste.

STRAUBING

liegt rund 140 km nordöstlich von München und rund 140 km südöstlich von Nürnberg, an der Donau und zwischen den Bundesstrassen 8 und 20.

* Synagoge aus dem Jahre 1907
* Friedhof aus dem Jahre 1923
* Denkmäler

Es existieren Dokumente, die die Existenz einer jüdischen Gemeinde in Straubing im 13. und 14. Jahrhundert belegen, aber diese Gemeinde wurde 1338, im Gefolge der Hostienschändungs-Beschuldigung im nahegelegenen Deggendorf massakriert. Im späten 14. Jahrhundert gab es wieder eine jüdische Gemeinde, aber bereits 1439 wurden alle Juden aus dem Herzogtum Straubing-Bayern vertrieben. Danach gibt es bis zur Emanzipation 1872 fast keine Erwähnungen von Juden in Straubing. Die junge Gemeinde baute 1907 eine bemerkenswerte neo-romanische Synagoge und legte 1923 einen Friedhof an. 50 Juden aus Straubing kamen in KZ's um, 100 gingen ins Exil. 1945 lebten fast 700 Überlebende der Todesmärsche in Straubing, fast hundert davon blieben und gründeten eine neue Gemeinde.

Die Synagoge wurde 1938 zwar verwüstet, aber nicht zerstört. 1945 wurde sie wiederhergestellt und 1988 gründlich renoviert. Der Synagogen-Komplex in der Wittelsbacherstrasse 2 umfasst ein Gemeindezentrum, ein rituelles Bad und Gedenktafeln für die jüdischen Opfer der Nazi-Zeit. Am Giebel der Synagoge befindet sich eine grosse Tafel mit einer hebräischen Inschrift mit einem Davidstern darunter. (Abbildung unter Region Nürnberg / Straubing) Ein weiteres Denkmal, aus dem Grabstein eines Rabbiners gemacht, befindet sich in der Rosengasse 22. Der kleine Friedhof aus dem Jahre 1923 liegt am Thomasweg, gegenüber Nr. 5. Der Schlüssel ist im jüdischen Gemeindezentrum, Wittelsbacherstrasse 2, oder bei Herrn Aumeier, Thomasweg 6a, der auch den Friedhof betreut, zu erhalten.

Zu besichtigen gäbe es noch: St Jakob, eine gotische Hallen-Kirche, den nahegelegenen Ludwigsplatz, und St. Peter, eine romanische Kirche mit einer Totentanz-Kapelle.

ULM

liegt rund 100 km südöstlich von Stuttgart oder 150 km westlich von München, an der Donau, zwischen der A 7 und der A 8.

* Denkmäler
* Friedhöfe
* Mahnmal und Dokumentations-Zentrum im ehemaligen KZ Festung Oberer Kuhberg

Dokumente betreffend die Zahlung von Steuern belegen die Existenz einer jüdischen Gemeinde in Ulm in der Mitte des 13. Jahrhunderts. Es gibt auch einige Grabsteine mit Jahreszahlen von 1243 bis 1491. Die Gemeinde wurde von der Stadtverwaltung wegen ihrer hohen Beiträge zur Stadtkasse sehr geschätzt und diese bemühte sich, allerdings vergeblich, sie vor den Verfolgungen während der Zeit der schwarzen Pest im Jahr 1349 zu schützen. Die jüdische Gemeinde wurde fast zur Gänze ausgerottet. Die wenigen Überlebenden konnten nach einiger Zeit zurückkehren und bekamen von der Stadtverwaltung ihre Synagoge, ihren Friedhof und ihren Tanzsaal wieder. Das Ende des 14. Jahrhunderts brachte für die jüdische Gemeinde eine kurze Zeit der relativen Sicherheit. Aber schon das 15. Jahrhundert brachte wieder Einschränkungen, Verbote, hohe Steuern und zum Ende des Jahrhunderts die Vertreibung aus Ulm. Erst im 19. Jahrhundert gab es wieder eine jüdische Gemeinde in Ulm (Albert Einstein wurde hier im Jahre 1879 geboren), die allerdings in den Dreissigerjahren als Reaktion auf den immer stärker werdenden Anti-Semitismus rapide schrumpfte. Mehr als hundert Juden aus Ulm kamen in den deutschen KZ's um.

Das Israel-Fenster, ein grosses Fenster aus farbigem Glas über dem Eingang des Ulmer Münsters, mit dem Davidstern und einer Menorah, ist dem Andenken an die deutschen Juden gewidmet. Eine Kopie eines jüdischen Grabsteines aus dem 13. Jahrhundert, der für das Stiftungsrelief des Münsters aus dem Jahr 1377 verwendet wurde, ist beim Brauttor zu sehen. Der Grabstein selbst steht jetzt im Ulmer Museum, Marktplatz 6. Ein anderer alter Grabstein ist in der Aussenmauer eines alten Hauses in der Rabengasse 7 im zweiten Stockwerk eingemauert.

Für die 1873 erbaute und 1938 zerstörte Synagoge gibt es über einer Garageneinfahrt hinter der Sparkasse in der Neue Strasse 66 eine kleine Erinnerungstafel.

Am Judenhof 1 ist vor kurzem die Bemalung einer Thoraschrein-Nische der mittelalterlichen Synagoge von Ulm gefunden und restauriert worden. Besichtigungen können nach Rücksprache mit dem Judenhof 1 befindlichen Institut arrangiert werden.

Der Friedhof aus dem Jahre 1852 ist heute ein Park. Nur drei Grabsteine aus dem 19. Jahrhundert sind noch vorhanden und stehen am Parkende, nahe der Kirche. Der Park befindet sich in der Frauenstrasse, gegenüber Nr. 93. Ein zweiter Friedhof, aus dem Jahre 1897, ist Teil des städtischen Friedhofes. Hier steht ein Denkmal für die im ersten Weltkrieg gefallenen jüdischen Soldaten und viele Gedenksteine für Juden, die von den Nazis ermordet wurden. Dieser Friedhof liegt in der Stuttgarterstrasse 164. Beide Friedhöfe sind offen.

Die Festung Oberer Kuhberg, heute ein Dokumentations-Zentrum, war von 1933 bis 1935 ein KZ. Führungen können über die Ulmer Volkshochschule am Kornhausplatz 5, oder den DGB Neu-Ulm in der Paulstrasse 10, oder auch durch Herrn Ernst Rohleder, der selbst Gefangener in diesem KZ war und Sebastian-Fischer Weg 22 lebt, arrangiert werden.

Sehenswert sind noch: Das bereits erwähnte gotische Ulmer Münster mit seinen Statuen aus dem 15. Jahrhundert und den herrlichen Holzschnitzereien am Chorgestühl, sowie die vielen alten Häuser im Fischer-Viertel, zwischen der Donau und dem Ulmer Münster.

REGION ERFURT

ASCHENHAUSEN

ist ein kleines Dorf und liegt etwa 100 km südwestlich von Erfurt, abseits der Bundesstrasse 285 zwischen Fladungen und Kaltennordheim, nahe bei Kaltensundheim.

* Ehemalige Synagoge aus dem 19.Jahrhundert
* Friedhof

Die ehemalige Synagoge aus dem 19. Jahrhundert ist ein überraschend grosses und hohes Fachwerk-Gebäude mit Lehmziegelausfachung und einem Pyramidendach. Sie liegt in prominenter Lage an der Hauptstrasse des Dorfs, nur ein paar Schritte vom „Rat der Gemeinde" (jetzt wahrscheinlich schon Bürgermeisteramt) entfernt.

Die Decke der ehemaligen Synagoge zeigt nicht die üblichen stilisierten Sterne, sondern überraschenderweise Sonne, Mond, Wolken und fast expressionistisch dargestellte Sternbilder. Links und rechts von der Torahnische sind Palmblätter an die Wand gemalt, ebenso zeigt die Aussenseite der Synagoge noch Reste von gemalten Palmblättern. Eine Frauengalerie zieht sich über drei Seiten des hohen Innenraumes. Die Synagoge wirkt grösser als die Dorfkirche und liegt

Die Renovierung der stattlichen Fachwerk-Synagoge des kleinen Dorfs Aschenhausen wurde 1990 begonnen. Die ehemalige Synagoge wurde von der LPG als Lagerhaus verwendet.

Die Decke der ehemaligen Synagoge von Aschenhausen zeigt nicht den traditionellen Sternenhimmel, sondern auch Sonne, Mond und Wolken.

Die Renovierung der ehemaligen Synagoge von Berkach wurde 1990 begonnen. Das Gebäude diente jahrelang der LPG als Lager und Schmiede.

auch etwas höher, jedenfalls Zeichen einer grossen und selbstbewussten Gemeinde. Über das Schicksal der Synagoge im Jahr 1938 und die Geschichte der jüdischen Gemeinde von Aschenhausen konnten wir nichts erfahren. Nach dem Krieg wurde die ehemalige Synagoge als Lagerraum benutzt. Mit der Renovierung wurde 1990 begonnen.

Der jüdische Friedhof liegt auf einem Hügel über dem Dorf. Man fährt zurück zum Bürgermeisteramt, biegt dann links ab, fährt an der Kirche vorbei und folgt dem schmalen Weg zum Waldrand.

BERKACH

ist ein kleines Dorf südlich von Meiningen und östlich von Mellrichstadt, direkt an der ehemaligen Grenze zwischen der BRD und der DDR, etwa 100 km südwestlich von Erfurt.

* Ehemalige Synagoge aus dem Jahre 1854
* Rituelles Bad aus dem Jahr 1838
* Friedhof

Berkach war die letzten 40 Jahre isoliert durch seine Lage direkt an der deutsch-deutschen Grenze; der nächste Grenzübergang war fern, und der Besuch Berkachs war auch Bürgern der DDR wegen der Nähe zur Grenze nur mit Sondergenehmigung erlaubt.

Die ländliche jüdische Gemeinde baute sich 1838 ein rituelles Bad nahe der Grüne. Das kleine Badehaus wurde in den letzten Jahren renoviert. Wenn man von Norden her, von Nordheim kommend, nach Berkach hineinfährt, überquert man die Grüne auf einer kleinen Brücke. Unmittelbar nach dieser Brücke nimmt man die erste Strasse nach rechts; links an der Strasse liegen Bauernhäuser und Scheunen, rechts liegen Wiesen am

Das kleine ehemalige rituelle Bad von Berkach steht nahe am Bach und wird von Grundwasser gespeist. Es wurde vor kurzem nach jahrelanger Verwendung als Schuppen wiederhergestellt.

Das Obergeschoss der ehemaligen Synagoge von Berkach zeigt Reste der Wandbemalung.

Bach. Nach etwa 150 Meter sieht man rechts ein kleines Steinhäuschen isoliert auf der Wiese stehen. Das ist das ehemalige rituelle Bad von Berkach. Über der Tür ist eine Steintafel mit der Inschrift „Samuel Isagk Darmas 1838" in lateinischen Buchstaben angebracht; das "Darmas" könnte unter Umständen für Parnas, den Gemeindeältesten, stehen. Im Inneren führen zum einfachen Bad Steinstufen etwa 2,2 Meter tief zum Grundwasser der Grüne hinunter; daneben befindet sich ein Brunnenschacht, dessen Zweck ungeklärt ist. Nach 1945 wurde die Mikveh als Gartenschuppen benutzt und Bad und Brunnen zugeschüttet. 1990 war die Mikveh fast fertig renoviert.

Die ehemalige Synagoge aus der Mitte des 19. Jahrhunderts ist ein hohes und grosses Fachwerk-Gebäude mit Strohlehm-Ausfachung. Sie liegt an einer Seitenstrasse etwas südlich und gegenüber der Kirche und etwa 50 Meter von der durch das Dorf führenden Hauptstrasse entfernt.

Die ehemalige Synagoge hat hohe Bogenfenster. Die Frauengalerie im Inneren wird von zwölf Holzpfeilern und Bogen gestützt. Nach dem Krieg wurde die Synagoge als Lagerhaus und später als Schmiede der LPG von Berkach verwendet. 1990 begann die Renovierung durch das Land Thüringen.

Der jüdische Friedhof liegt ausserhalb des Ortes, auf einem Hügel direkt an den ehemaligen Grenzbefestigungen. Man fährt die Hauptstrasse nach Süden, in Richtung Behrungen. Nach kurzer Zeit biegt die Strasse im rechten Winkel nach links ab, geradeaus führt ein Landwirtschaftsweg den Hügel hinauf. Das ist die alte Strasse nach Mellrichstadt, die 40 Jahre lang durch die Grenze unterbrochen wurde. Nach etwa 500 Metern zeigt sich links von diesem Weg eine von einem Zaun umgebene Baumgruppe. Hier liegt der orthodoxe Friedhof mit seinen säuberlich aufgereihten Einzelgräbern. Der Schlüssel ist am Bürgermeisteramt zu bekommen.

BUCHENWALD

liegt etwa 20 km östlich von Erfurt, zwischen den Bundesstrassen 7 und 85 etwas ausserhalb von Weimar.

* KZ-Gedenkstätte

Buchenwald ist ein ehemaliges deutsches Konzentrationslager. Etwa 65.000 der 250.000 Häftlinge starben hier durch Mord, Seuchen, Hunger oder Entkräftung. Das Lager wurde 1937 eröffnet und im April 1945 durch die im Lager arbeitende Widerstandsbewegung befreit. Heute dient es als Mahnmal für alle Opfer des Naziterrors. Es ist Dienstag bis Sonntag von 9 bis 16 Uhr geöffnet.

ERFURT

* Mauer einer Synagoge aus dem 14. Jahrhundert
* Ehemalige Synagoge aus dem Jahr 1834
* Mittelalterliche Darstellungen der Besiegten Synagoge und der „Judensau" im Dom
* Synagoge aus dem Jahr 1952 (einziger Synagogen-Neubau in der DDR)
* Friedhof

Versteckt hinter geparkten Autos und Buschwerk an einem kleinen Platz am

Ende der Krämerbrücke stehen noch die letzten Reste der gotischen Synagoge aus dem 14. Jahrhundert. Spuren von Säulen und die Umrisse von Fenstern und zwei Türen sind noch auszumachen.

Die Synagoge, zu der diese Mauerreste einst gehörten, war die dritte mittelalterliche Synagoge von Erfurt. Sie wurde 1357 gebaut, nachdem Überlebende der Pest-Massaker, denen etwa 100 Erfurter und fast 3.000 Juden aus Thüringen zum Opfer fielen, nach Erfurt zurückkehren konnten. Sie stand ganz in der Nähe der Krämerbrücke, eines sehr alten und für den Handel wichtigen Übergangs über die Gera.

Die jüdische Gemeinde von Erfurt ist seit dem 12. Jahrhundert bezeugt, aber vielleicht noch älter. Nach den Verfolgungen anlässlich der Schwarzen Pest konnte sich die Gemeinde zunächst gut entwickeln, bevor gegen Ende des 14. Jahrhunderts Sondersteuern und Schulderlässe des Königs Wenzel die Gemeinde verarmen liessen. 1458 wurden die Erfurter Juden ausgewiesen. Bis ins frühe 19. Jahrhundert konnten sich keine Juden mehr in Erfurt niederlassen.

Heute bildet diese Synagogenmauer die Aussenmauer des Restaurants Feuerkugel in der Michaelisstrasse. Einer der kleinen Räume des Restaurants kann vielleicht ein Nebenraum der Synagoge gewesen sein. Der kleine, quadratische Raum mit seinem gotischen Gewölbe ist heute neu verputzt und zeigt keine Spur seiner einstigen Bestimmung. Die Synagogenmauer steht an der Ecke Fischmarkt 22 und Michaelisstrasse.

In den frühen Jahren des neunzehnten Jahrhunderts kamen wieder Juden nach Erfurt und errichteten 1834 eine neue Synagoge An der Judenschule, direkt an der Gera und nur ein paar Schritte von den Resten der gotischen Synagoge entfernt. Dieses Gebäude wurde bis 1884, bis zum Bau der neuen Synagoge, verwendet, dann verkauft und unter anderem auch als Essigfabrik verwendet. Später wurden Wohnungen hier eingerichtet. Das Gebäude, dessen ehemalige Torahnische über die Gera hinausragt, ist am besten von der neben der Krämerbrücke verlaufenden Strassenbrücke zu sehen. Die Adresse ist heute An der Stadtmünze.

Diese hinter Gebüsch verborgene alte Mauer gehörte einst zur mittelalterlichen Synagoge von Erfurt. Dahinter ist noch ein kleiner Raum erhalten, der heute zu einem Restaurant gehört.

Die Synagoge aus dem Jahr 1884 wurde 1938 niedergebrannt. Die Erfurter Juden mussten das für die Brandstiftung verwendete Benzin und für die Abriss- und Aufräumarbeiten bezahlen. An der Stelle, wo diese Synagoge stand, wurde 1952 die einzige nach dem Krieg in der DDR neu gebaute Synagoge errichtet. Diese

Die kleine Synagoge der Erfurter Juden aus dem Jahr 1834 wurde nach dem Bau einer grossen neuen Synagoge verkauft und ist heute ein Wohnhaus.

Synagoge und das jüdische Gemeindezentrum liegen am Juri-Gagarin-Ring 16. Das Gemeindezentrum ist von Montag bis Freitag von 9 bis 16 Uhr geöffnet.

Der Erfurter Dom wurde im 12. Jahrhundert auf einer Klippe über der Stadt gebaut. Hier sind zwei Zeugnisse des Konflikts zwischen dem mittelalterlichen Christentum und dem Judentum zu sehen. Am Jungfrauen-Portal steht die häufige Darstellung der Besiegten Synagoge und der Triumphierenden Kirche, hier verbunden mit den klugen und den törichten Jungfrauen. Links vom Eingang steht die Kirche, die lächelnd den Kelch hochhebt, während sich rechts vom Eingang die Figur der Synagoge windet und versucht, ein Lamm, Symbol für die alttestamentarischen Brandopfer, hinter sich zu verstecken.

Die zweite Darstellung dieses fast zwei Jahrtausend alten Konflikts zwischen den Religionen ist heute nur mehr sehr selten zu sehen, obwohl auch sie im Mittelalter in Deutschland und anderen europäischen Ländern sehr häufig war. Es ist eine der sehr wenigen erhalten gebliebenen Darstellungen der Judensau. In diesem Fall wird ein auf einer Sau reitender Jude von einem christlichen Ritter auf einem Pferd mit der Lanze besiegt. Der Jude trägt den spitzen mittelalterlichen Judenhut, der Ritter zeigt auf seinem Schild einen Fisch, wohl ein Symbol Christi. Die Szene ist in einer Schnitzerei am Chorgestühl aus dem 14. Jahrhundert dargestellt, links unten an der Seitentäfelung, vom Eingang in Richtung Hauptaltar aus gesehen. Der Dom ist Montag bis Samstag von 10 bis 11.30 und von 12.30 bis 17 Uhr im Sommer und bis 16 Uhr im Winter und von 14 bis 16 Uhr an Sonn- und Feiertagen geöffnet.

Am Frauentor des Doms zu Erfurt steht diese Darstellung der besiegten Synagoge. Im Unterschied zu vielen früheren Darstellungen wurde die Würde der vermeintlich Unterlegenen nicht gewahrt.

Am gotischen Chorgestühl des Doms zu Erfurt kann man diese kleine Darstellung des auf einer Sau reitenden Juden entdecken.

Vom ersten jüdischen Friedhof Erfurts, nahe der noch erhaltenen Synagogenmauer gelegen, ist nichts erhalten, die Grabsteine wurden für den Ausbau der Stadbefestigung benutzt. Ein zweiter Friedhof aus dem frühen 19. Jahrhundert in der Cyriakstrasse 3-4 wurde von den Nazis 1938 zerstört und ist heute ein Parkplatz. Einige der spätbarocken Grabsteine dieses Friedhofes wurden in der Zwischenzeit auf den neuen Friedhof aus dem Jahr 1873 in der Werner-Seelenbinder-Strasse verbracht. Die Steine stehen heute rechts von der grossen Zeremonienhalle, wo sich auch ein Denkmal für die gefallenen jüdischen Soldaten des Ersten Weltkriegs befindet. Ein Denkmal für die Opfer des Naziterrors steht links vor der Zeremonienhalle. Rechts von der Halle liegen viele Gräber aus der Nachkriegszeit. Der Friedhof ist von Sonntag bis Freitag von 9 bis 15 Uhr geöffnet.

Nach dem Ende des Zweiten Weltkriegs hatte die jüdische Gemeinde von Erfurt etwa 600 Mitglieder, vorwiegend osteuropäische Überlebende der Vernichtungslager. Während der Fünfzigerjahre emigrierten viele Juden, und die Gemeinde wurde kleiner und kleiner. Im Jahr 1989 bestand die Gemeinde nur mehr aus 26 vorwiegend älteren Mitgliedern. 1990 liessen sich einige jüdische Familien aus der Sowjetunion in Erfurt nieder, das gab der Gemeinde neue Zukunftshoffnung.

Erfurt ist eine romantische alte Stadt mit nur geringen Kriegsschäden. Sehenswert sind der bereits erwähnte Dom, die daneben liegende Severikirche, die Peterskirche und die malerische Altstadt mit der mittelalterlichen Krämerbrücke, den Renaissancehäusern und den vielen alten Kirchen.

GRÖBZIG

liegt etwa 100 km nordöstlich von Erfurt, zwischen den Bundesstrassen 6 und 183, etwa 15 km südwestlich von Köthen.

* Ehemalige Synagoge aus dem 18. Jahrhundert
* Jüdisches Museum

Die jüdische Gemeinde von Gröbzig, einem Bauerndorf nahe der ehemaligen Residenzstadt Köthen, wurde wahrscheinlich erst im 18. Jahrhundert gegründet. Eine Synagoge wurde 1788-92 erbaut und 1859 umgebaut. 1934 löste sich die Gemeinde, wie viele andere ländliche jüdische Gemeinden, auf, und die rituellen Gegenstände aus der Synagoge wurden nach Dessau gebracht, wo sie 1938 in der Reichskristallnacht vernichtet wurden.

Das Synagogengebäude wurde der Gemeinde Gröbzig verpachtet und von dieser als Museum verwendet. Dieses Heimatmuseum wurde 1935 eröffnet. 1938 war Juden der Eintritt in das Museum bereits verboten; während der Reichskristallnacht verhinderte der Bürgermeister, der in Personalunion auch Polizeichef und Feuerwehrhauptmann war, die Zerstörung der ehemaligen Synagoge. Die „provokanten" Eingangsbauten mit ihren hebräischen Inschriften „Haus Jacobs, auf lasst uns wandeln im Lichte des Ewigen" und „Und am Abend wird es Licht werden", sowie die kleine Halle für den Leichenwagen wurden allerdings 1939 abgerissen. Nach dem Krieg wurde der alte Zustand wiederhergestellt.

1981 beschloss der Rat von Gröbzig die Renovierung der ehemaligen Synagoge sowie des Hauses des Kantors, der jüdi-

Die ehemalige Synagoge von Gröbzig wurde schon 1934 an die Stadt verkauft und in ein Heimatmuseum umgewandelt. Heute ist hier ein jüdisches Museum untergebracht.

schen Schule, der Bibliothek und der Gemeindebüros. 1988 wurde der Gebäudekomplex als Museum neu eröffnet. In der ehemaligen Synagoge ist eine Ausstellung über die Geschichte der Juden zu sehen, die Schule zeigt eine Ausstellung über die Geschichte der jüdischen Schule im 19. Jahrhundert, und im Haus des Kantors ist das Heimatmuseum untergebracht. Das Museum ist Dienstag bis Donnerstag und Sonntag von 10 bis 12 und von 14 bis 17 Uhr, Freitag von 10 bis 12 Uhr geöffnet.

MÜHLHAUSEN

ist eine kleine Stadt etwa 60 km nordwestlich von Erfurt, an der Unstrut und den Bundesstrassen 247 und 249.

* Ehemalige Synagoge aus dem frühen 19. Jahrhundert

Im 13. Jahrhundert begannen sich Juden in Mühlhausen niederzulassen. Diese erste Gemeinde wurde bei den Pest-Pogromen in der Mitte des 14. Jahrhunderts vernichtet, aber schon wenige Jahre danach bildete sich eine neue jüdische Gemeinde in Mühlhausen. In der Mitte des 16. Jahrhunderts wurden die Mühlhausener Juden im Gefolge der Reformation

Die ehemalige Fachwerk-Synagoge von Mühlhausen liegt im Hinterhof der ehemaligen jüdischen Schule, heute ein Privathaus.

„auf ewig" aus Mühlhausen wie aus vielen anderen Orten in Deutschland ausgewiesen.

Erst am Anfang des 19. Jahrhunderts konnte sich wieder eine Gemeinde in Mühlhausen bilden. Die ehemalige Synagoge aus dieser Zeit liegt im Hinterhof des Hauses Jüdenstrasse (oder Wahlstrasse) 24. Das an der Strasse gelegene Gebäude war wahrscheinlich einst die jüdische Schule. Die Synagoge ist von der Strasse aus nicht zu sehen. Falls im Haus Wahlstrasse 24 nicht geöffnet wird, kann man einen Teil der Ostwand der Synagoge mit der vorspringenden Torahnische vom Hof des Hauses Wahlstrasse 22 aus sehen.

Die ehemalige Synagoge ist ein hoher Fachwerkbau mit Lehmziegelausfachung. Sie wurde 1938 wahrscheinlich wegen der Nähe zu den anderen Gebäuden nicht niedergebrannt. Im runden Fenster über der Torahnische ist noch ein Rest der ehemaligen blauen Verglasung erhalten. Es bestehen Pläne, das Gebäude zu renovieren und als Museum zu verwenden.

Mühlhausen ist eine alte Stadt, die sehr unter der Vernachlässigung der Nachkriegsjahre gelitten hat. Rund um die ehemalige Synagoge sind viele Häuser abbruchreif. Sehenswert sind die weitgehend erhalten gebliebene Stadtbefestigung, die Altstadt mit ihren vielen alten Häusern, darunter das gotische Rathaus, und die vielen gotischen Kirchen.

Die mittelalterlichen jüdischen Denkmäler von Nordhausen wurden durch Bomben zerstört. Heute ist nur mehr dieses ehemalige Bethaus aus dem 19. Jahrhundert zu sehen. Die Einrichtung eines jüdischen Museums ist in Planung.

NORDHAUSEN

liegt etwa 80 km nördlich von Erfurt, an den Bundesstrassen 4 und 80.

* Ehemaliges Bethaus aus dem frühen 19. Jahrhundert
* Jüdische Grabsteine aus dem 14. und 15. Jahrhundert
* Friedhof aus dem frühen 19. Jahrhundert

Eine jüdische Gemeinde in Nordhausen ist bereits am Ende des 13. Jahrhunderts belegt. Damals gab es in Nordhausen eine Judenstrasse, eine Synagoge, ein rituelles Bad und einen jüdischen Friedhof. Durch die Verfolgungen anlässlich der Schwarzen Pest wurde diese Gemeinde 1349 vernichtet, aber bereits am Ende des 14. Jahrhunderts gab es wieder eine jüdische Gemeinde in Nordhausen. Diese Gemeinde blieb aber relativ klein. 1559 wurden die Juden aus Nordhausen ausgewiesen.

Erst in den ersten Jahren des 19. Jahrhunderts konnten sich wieder Juden in Nordhausen ansiedeln. 1845 wurde eine Synagoge gebaut, die 1938 von der SA vernichtet wurde; in der Nähe der Blasiikirche befindet sich eine Gedenktafel für diese Synagoge. Ein Friedhof wurde 1827 angelegt. Durch die Bomben des zweiten Weltkriegs wurde das Gebäude der Synagoge und das rituelle Bad aus dem 13. Jahrhundert zerstört.

Im Haus Dr.-Külz-Strasse 3 steht noch das Haus, in dem 1845 ein Betraum eingerichtet wurde. Die Räume werden heute von einer Musikschule verwendet. Der Bürgermeister von Nordhausen plant gemeinsam mit der Jüdischen Gemeinde von Thüringen und der Evangelischen Gemeinde von Nordhausen hier ein Jüdisches Museum einzurichten.

Am Judenturm am Rähmen, einem Teil der Stadtbefestigung, heute allerdings stark verfallen, sind jüdische Grabsteine aus dem 14. und 15. Jahrhundert zu sehen, die bei der Verstärkung des Turms als Baumaterial verwendet wurden. Der jüdische Friedhof am Ammerberg, etwa 1827 angelegt, wurde durch Bomben stark beschädigt. Der Schlüssel ist beim Bewohner des ehemaligen Friedhofswärterhauses zu bekommen.

Im Vorort Salza, nördlich der Stadt, lag ein Arbeitslager der Nazis, das in unterirdischen Anlagen vorwiegend für die deutsche Rüstungsindustrie arbeitete. Hier befindet sich heute eine Gedenkstätte für die vielen Opfer der unmenschlichen Arbeitsbedingungen, denen die Zwangsarbeiter aus vielen Teilen Europas, darunter viele Juden, unterworfen waren.

Nordhausen wurde durch Bombardierung im Zweiten Weltkrieg weitgehend zerstört. Die Stadt zeigt die Narben dieser Angriffe noch deutlich. Sehenswert sind die Stadtbefestigungen, der gotische Dom, die romanische St. Blasii-Kirche, das Renaissance-Rathaus und die alten Bürgerhäuser.

WÖRTERBUCH

Vorbemerkung: Da in der hebräischen Schrift die Vokale meist nicht geschrieben werden und die Konsonanten unterschiedlich transkribiert werden können, gibt es für manche hebräische und jiddische Ausdrücke viele verschiedene Schreibweisen. Wenn Sie einen Ausdruck nicht auf Anhieb finden, suchen Sie bitte mit einiger Phantasie unter anderen möglichen Schreibweisen.

Almemor: Auch Bimah, Vorleserpult in der Synagoge. (Siehe Synagoge).

Amud: Pult des Vorsängers. Siehe Synagoge.

Arba Minim: Ein Zweigbündel, das zu Sukkoth in Gebrauch ist.

Aron: Auch Aron ha-Kodesh, Torahschrein. Siehe Synagoge.

Aschkenazim: Hebräischer Name für die (ehemals) deutschen Juden, die sich später in Polen oder Russland oder anderswo in Ost- oder Mitteleuropa niedergelassen haben. Der biblische Name Aschkenaz wurde mit Deutschland identifiziert. Siehe auch Sephardim.

Bar Mitzvah: Wörtlich „Sohn der Pflicht". Religiöse Feier, mit der ein Knabe in die Religionsgemeinschaft aufgenommen wird. Wird üblicherweise am ersten Sabbat nach dem 13. Geburtstag abgehalten; ab diesem Zeitpunkt gilt der Knabe nach jüdischem Gesetz als Erwachsener, ist für seine Taten verantwortlich und zählt beim Minyan mit. Seit dem 19. Jahrhundert gibt es in reformierten Gemeinden auch die Bat Mitzvah, eine entsprechende Feier für Mädchen.

Besamim-Büchse: Eine verzierte Büchse, die wohlriechende Gewürze enthält, oft in Form eines Turmes mit Filigran-Wänden oder eines Fisches. Diese Büchse wird am Ende des Sabbats verwendet, um den „Duft des Sabbats" in den folgenden Wochentag hinüberzuretten.

Beschneidung: Hebräisch B'rit milah. Traditionell Entfernung der Vorhaut von Knaben am achten Lebenstag, Zeichen ihrer Zugehörigkeit zur jüdischen Religionsgemeinschaft. Wurde vom Beschneider, dem Mohel, in der Synagoge oder einem Nebenraum vorgenommen. Früher diente dazu die Beschneidungsbank, auf der der Pate des Knaben, der Sandek, mit dem Knaben auf dem Schoss sass; der Platz daneben war für den Propheten Elias freigehalten. Die Beschneidungsinstrumente waren ein kurzes, gerades und abgerundetes Messer, ein Y-förmiges Metallschild zum Schutz des Penis und ein Salbenbehälter. Diese Beschneidungsinstrumente werden oft auf Mohel-Grabsteinen abgebildet. Bei Erwachsenen, die zum Judentum übertreten oder wegen unsicherer Zugehörigkeit nochmals aufgenommen werden (z. B. bei den äthiopischen Juden, die nach Israel kommen), kann die Beschneidung durch einen Nadelstich ersetzt werden.

Besomim-Büchse: siehe Besamim-Büchse

Bima: Das Vorleserpult in der Synagoge, siehe dort.

Challa: Speziell geflochtenes Weissbrot, mit Mohn bestreut, für das Mahl am Sabbat.

Challadecke: Verziertes Tuch zum Zudecken des Challa-Brots am Sabbat

Chanukkah: siehe Hanukkah

Chassidim: Wörtlich, die Frommen. Anhänger einer religiösen Bewegung, die unter dem Einfluss der Kabbala und nach den Enttäuschungen des Messianismus im 18. Jahrhundert in Polen entstand und die Begegnung mit Gott nicht primär im Studium der Torah, sondern in der mystischen Versenkung und in der Kraft des Gebets sucht.

Chevrah Kaddisha: Verein zum Besuch und zur Unterstützung Schwerkranker und zur Durchführung von Begräbnissen. Die Mitarbeit in der Chevrah Kaddisha gilt als besonders wohltätig, weil bei jeder anderen Mitzvah (karitativen Tätigkeit) ein eigennütziges Motiv unterstellt werden kann; von einem Toten oder Sterbenden ist sicher keine künftige Gegenleistung zu erwarten.

Chuppa: Der Baldachin, unter dem in oder vor der Synagoge Trauungen durchgeführt werden.

Chuppa-Stein: In manchen Gegenden ein Stein an der Aussenmauer einer Synagoge, vor dem Trauungen durchgeführt werden. Häufig mit einer achtstrahligen Rosette verziert. In manchen Gegenden zerbrach der Bräutigam an diesem Stein ein Glas zur Erinnerung an die Verfolgungen, denen die Juden ausgesetzt waren.

Davidstern: Uraltes Symbol des Judentums, bestehend aus zwei ineinandergeschobenen gleichseitigen Dreiecken.

Dreidel: Kreisel mit vier Seitenflächen, der am Hannukah-Festzum Spielen verwendet wird. Die Seitenflächen tragen im Exil die hebräischen Buchstaben Nun, Gimel, He und Shin, die Anfangsbuchstaben des Hebräischen „Ein grosses Wunder geschah dort".

Eruw: Grenze des „Hauses", innerhalb dessen am Sabbatdie Bewegung gestattet war; Grenzen der jüdischen Gemeinde. In Städten früher häufig durch über die Strasse gespannte Drähte, auf dem Land durch gut sichtbare Landmarken gekennzeichnet. Auch Sabbat-Tor genannt.

Etrogbüchse: Büchse für die Aufbewahrung des Etrog, einer Zitrusfrucht, die zum Laubhüttenfestverwendet wird. Siehe Sukkoth

Ewiges Licht: Siehe Synagoge.

Friedhof: Im Hebräischen Haus des Lebens oder Haus der Ewigkeit, im Jiddischen Guter Ort genannt. Der Friedhof ist für die Juden zugleich ein heiliger und ein unreiner Ort. Nach einem Friedhofsbesuch sind besondere Reinigungen vorgeschrieben, Kohanimwar das Betreten des Friedhofs überhaupt untersagt (weshalb in vielen Friedhöfen die Kohen-Gräber unmittelbar an der Mauer oder sehr nahe beim Eingang liegen, sodass sie besucht werden können, ohne dass der Friedhof betreten werden muss). Friedhöfe dürfen auch am Sabbat oder an jüdischen Feiertagen nicht betreten werden. Andererseits dürfen Gräber nicht zerstört werden, kein jüdischer Friedhof darf für einen anderen Zweck benutzt werden. Friedhöfe wurden häufig besucht, und der Verlust der Gräber war für Vertriebene besonders schmerzhaft.

Der Friedhof liegt meist abseits der Ortschaft und wenn möglich auf einem Hügel östlich des Orts. Der Friedhof ist meist mit einer Mauer umgeben. Oft steht auf dem Friedhof auch ein Leichenwaschhaus oder eine Zeremonienhalle (Taharah-Haus), manchmal auch ein Wächterhaus. In manchen Gegenden diente ein Friedhof vielen Gemeinden der Umgebung, sodass zu Begräbnissen oder zum Besuch der Gräber oft lange Wege zurückzulegen waren.

Alles, was auf dem Friedhof wächst, ist traditionell Eigentum der Toten und darf nicht verwendet werden. Blumen sind ein passendes Geschenk für die Lebenden, nicht aber für die Toten; auf jüdische Gräber werden als Zeichen des Respekts kleine Steine statt Blumen gelegt. Daraus ergibt sich für orthodoxe Friedhöfe oft ein ungepflegter Eindruck, weil das Gras nicht gemäht wird und die Gräber keinen Blumenschmuck aufweisen. Auf älteren Friedhöfen reflektiert die Reihenfolge der Gräber recht streng die Reihenfolge des Sterbens, Ausnahmen gab es nur für Kohen-Gräber, für die Gräber von Rabbinern oder besonders angesehenen Gemeindemitgliedern, für Kinder und für Selbstmörder oder Hingerichtete. Es gab also keine Familiengräber. Die Grabsteine waren alle etwa gleich hoch und es gab keine Steineinfassungen der Gräber, weil vor dem Tod alle Gemeindemitglieder gleich sein sollten. Üblicherweise sind die Grabsteine in älteren Friedhöfen nach Osten oder Süden orientiert, die Steine stehen am Kopfende der Gräber, in seltenen Fällen ist die Grabschrift so angebracht, dass der Lesende hinter dem Grab steht und ebenfalls nach Osten blickt.
Auf manchen alten Friedhöfen gibt es liegende Grabplatten, die üblicherweise auf eine sephardische (spanische oder portugiesische) Gemeinde hinweisen.

Neuere jüdische Friedhöfe, vor allem in Städten, gleichen weitgehend christlichen Friedhöfen: Familiengräber, Steinumrandungen, individuelle Grabgestaltung, gärtnerische Ausgestaltung, keine Orientierung nach Osten.

Torahrollen, die durch Schändung, Unfall oder langjährigen Gebrauch unbrauchbar geworden sind, werden wie Menschen auf jüdischen Friedhöfen beigesetzt.

Die Grabsteine haben sich im Lauf der Jahrhunderte stilistisch verändert. Im Mittelalter war der typische jüdische Grabstein ein mittelhoher Stein, mit geradem oder seltener halbkreisförmigem oberem Abschluss, in einem Stück, also ohne Sockel, aus lokal verfügbarem Stein, ohne Zierat und mit hebräischer Schrift. Angeführt wurde der Name, eine kurze Charakteristik des Begrabenen und das Todesdatum. (Die ungeübte Schrift mancher Steine ist darauf zurückzuführen, dass die Herstellung von Grabsteinen als unrein angesehen wurde und daher von Christen, die der hebräischen Schrift nicht mächtig waren, durchgeführt wurde.) Später wurden Grabsteine dem Zeitgeschmack entsprechend mit Girlanden, Blumen oder Namenssymbolen (Hirsch, Löw oder Leb oder Leib, Bär, Herz, Schiff, Stern...), Stammessymbolen (die segnenden Hände für einen Kohen, Wasserkanne für einen Levi), Berufsbezeichnungen (Brotlaib für einen Bauern oder Bäcker, Weintraube für einen Winzer, Schere für einen Schneider...), Funktionssymbole (Beschneidebesteck für einen Mohel, Schofar für einen Vorbeter...), der Krone des guten Namens", den Löwen von Juda, den Tempelsäulen oder den Gesetzestafeln verziert. Zusätzlich zum üblichen vertikalen Grabstein gibt es Steinsarkophage für besondere Persönlichkeiten und horizontale Steinplatten für sephardische Juden. Im 19. Jahrhundert beginnen deutsche Grabinschriften aufzutreten, zuerst zusätzlich zu den hebräischen Inschriften, dann immer häufiger anstatt dieser. Meist bleibt im 20. Jahrhundert zumindest in den Städten nur mehr der Davidstern und die Anfangsformel (Hier ruht) und die Endformel (Möge seine/ihre Seele eingebunden sein im Bund des ewigen Lebens) in hebräischen Buchstaben erhalten.

Zur Entzifferung und Umrechnung der Jahreszahlen siehe den Abschnitt „Hebräische Buchstaben und Zahlen".

Männer dürfen jüdische Friedhöfe nur mit Kopfbedeckung betreten.

Gebetsmantel: Tuch mit Streifen und Fransen, das zu bestimmten Gebeten um die Schultern gelegt oder über den Kopf gezogen wird.

Gebetsriemen: Hebräisch Tefillin. Zwei Riemen mit Kapseln, die Gebetstexte enthalten. Diese Riemen werden bei bestimmten Gebeten am linken Arm und am Kopf befestigt.

Gemara: Siehe Talmud.

Genisa: Ein Ort, an dem unbrauchbar gewordene Gebetsbücher oder andere religiöse Gegenstände aufbewahrt werden, bis sie beigesetzt werden. In Deutschland diente häufig der Dachboden der Synagoge als Genisa.

Grabstein: Siehe Friedhof.
Haggada: Kommentar zum Pessach-Fest, wird während des Seder-Mahls gelesen. Manche Haggadoth sind wunderbar illustriert.

Hanukkah: Acht Tage dauerndes Fest der Wiedereinweihung des Tempels nach der Vertreibung der Syrer durch die Makkabäer im Jahr 165 vor der allgemeinen Zeitrechnung. Die Syrer hatten den Tempel entweiht. Nach der Befreiung war nur mehr für einen Tag geweihtes Öl für das Ewige Licht vorhanden, die Herstellung von geweihtem Öl dauerte aber acht Tage. Durch ein Wunder brannte der vorhandene Rest an Öl aber acht Tage lang, bis neues geweihtes Öl vorhanden war. Daher hat der zu diesem Fest verwendete Hanukkah-Leuchter acht (oder mit dem Shammash, dem Diener, neun) Flammen. Jeden Abend wird mit dem Shammash ein zusätzliches Licht angezündet, bis am letzten Abend alle acht brennen. Hannukah fällt in den November oder Dezember.

Hannukah-Leuchter: Achtflammiger oder neunflammiger Leuchter, in Baum- oder Bankform, für die Feier von Hannukah (siehe dort). Hebräisch Hannukiah.

Havdala: Das Ende des Sabbat; geflochtene Havdala-Kerzen werden entzündet und die Besamim-Büchse verbreitet ihren Duft.

Hochzeitsstein: Siehe Chuppa-Stein.

Holocaust: Griechisch: Alles verzehrender Brand. Bezeichnung für die weitgehende Vernichtung des europäischen Judentums während der Naziherrschaft.

Hostienschändung: Ein Vorwurf, der etwa seit dem Anfang des 13. Jahrhunderts immer wieder gegen jüdische Gemeinden erhoben wurde. Die Hostie, die sich nach christlicher Lehre durch die Weihe des Priesters in den wirklichen Leib Christi verwandelt, wird nach dieser Beschuldigung durch die Juden durch Durchstechen oder Verbrennen geschändet. Häufig sollen an solchen angeblich geschändeten Hostien Blutstropfen auftreten. Der Vorwurf der Hostienschändung wurde wiederholt durch päpstliche und kaiserliche Gerichte untersucht und für unbegründet, ja widersinnig erklärt.

Jad: Torahzeiger. Siehe Torahrolle.

Jarmulke: Käppchen, das den Scheitel bedeckt. Für alle religiösen Handlungen ist Männern das Bedecken des Hauptes vorgeschrieben, die Jarmulke trägt diesem Gebot Rechnung.

Jeschiwa: siehe Yeshivah

Jiddisch: Mittelhochdeutscher Dialekt, der von den vor Verfolgungen in Deutschland flüchtenden Juden nach Polen mitgebracht wurde und sich, ergänzt mit hebräischen, aramäischen und slawischen Vokabeln, bis heute erhalten hat.

Judenbad: Siehe Mikweh.

Judenstern: Gelber Davidstern mit der Aufschrift „Jude", den die Juden in Deutschland und den von den Deutschen besetzten Gebieten ab 1941 an der Aussenkleidung tragen mussten.

Kabbala: Geheimlehre, die die Unendlichkeit Gottes mit der Endlichkeit der Schöpfung in Einklang zu bringen sucht. Nach dieser Lehre ist die Erkenntnis Gottes prinzipiell unmöglich, Wissen über Gott ist nur indirekt durch Interpretation seiner Emanationen möglich. Die Kabbala geht auch im Prinzip davon aus, dass hinter jeder sprachlichen oder schriftlichen Äusserung noch zusätzliche geheime Botschaften verborgen sind, die nur den Wissenden enthüllt werden. So besteht zum Beispiel die Theorie, dass jede Frage die Antwort schon in sich trägt; die Antwort kann durch Umstellen und Umwerten der Frage-Elemente nach gewissen Regeln erhalten werden. Diese Lehre wird gefördert durch die Identität von Buchstaben und Zahlen in der hebräischen Schrift.

Keter Torah: Torahkrone, siehe Torahrolle.

Ketuba: Hochzeitskontrakt, oft handgeschrieben und reich verziert.

Kiddush: Heiligung des Sabbat durch den Familienvorstand.

Kiddushbecher: Becher voll Wein, der bei der Heiligung des Sabbat verwendet wird.

Kippa: Siehe Jarmulke.

Kohen: Der Priesterstamm, die Nachfahren des Aaron. Für den Stamm Kohen gelten viele zusätzliche Vorschriften, so dürfen Kohanim keine geschiedenen Frauen heiraten und keine Friedhöfe oder Räume, in denen Leichen liegen, betreten. Auf jüdischen Grabsteinen ist die Zugehörigkeit zum Stamm Kohen häufig durch die Darstellung der segnenden Hände des Priesters symbolisiert.

Koscher: Rituell rein nach den jüdischen Geboten. Bezieht sich auf Speisen, Getränke, Gebrauchsartikel, Orte und Menschen. Das Gegenteil ist trefe - rituell unrein. Hier kann nur eine kleine

Auswahl wichtiger Regeln für rituelle Reinheit und Unreinheit gegeben werden:

Rein ist Fleisch von wiederkäuenden Paarhufern, die rituell geschlachtet (geschächtet) wurden, sowie das meiste Geflügel und Fische, die Flossen und Schuppen haben. Unrein sind Speisen, bei deren Zubereitung Milch- und Fleischprodukte miteinander in Berührung gekommen sind, aber auch Geschirr oder Küchengerät, das mit solchen Speisen in Berührung gekommen ist. Unrein ist gesäuertes Brot zu Pessach. Unrein ist aber auch das Geschirr, das bei Nichtjuden gekauft worden ist. Unrein sind Menschen, die mit Toten in Berührung gekommen sind oder einen Friedhofoder ein Leichenwaschhaus betreten haben. Unrein sind menstruierende Frauen und Frauen nach einer Geburt. Unrein sind Friedhöfeund Sterbezimmer. Meist kann die rituelle Reinheit wiederhergestellt werden, oft durch eine Waschung und das Sprechen von Gebeten. Siehe auch Mikweh.

Kristallnacht: Siehe Reichskristallnacht.

Laubhüttenfest: Siehe Sukkot.

Levi: Stamm der Tempelhüter, Assistenten der Kohanim, der Priester. Auf Grabsteinen symbolisiert durch die Wasserkanne, die zum Waschen der Priesterhände diente.

Lulav: Ein Palmenzweig, der zusammen mit drei Myrthenzweigen und zwei Weidenzweigen den ArbaMinim bildet, der zu Sukkothin Gebrauch ist.

Machsor: Buch mit Gebeten für Feiertage.

Magen David: Siehe Davidstern.

Mappa: Torahwimpel. Siehe Torahrolle.

Mazze, Matze: Ungesäuertes Brot. Siehe Pessach.

Megilah: Schriftrolle, vorwiegend als Ausdruck für die Esther-Rolle verwendet. Im Gegensatz zur Torahrolle ist Megilah Esther nur um einen Stab gewickelt und, da der Name Gottes nicht vorkommt, oft illustriert. Siehe Purim.

Me'il: Torahmantel. Siehe Torah.

Menorah: Leuchter, meistens der siebenarmige Leuchter des Tempels in Jerusalem, ein weitverbreitetes und sehr altes Symbol des Judentums. Wird in orthodoxen Synagogen nie dargestellt. Manchmal wird auch der acht- oder neunarmige Hanukkah-Leuchter als Menorah (Hannukah-Menorah) bezeichnet.

Mesusa: Kleines Pergament mit Auszügen aus dem fünften Buch Mose (6: 4-9, 11: 13-21), in einer kleinen Holz- oder Metallkapsel, die am rechten Türpfosten des Eingangs des jüdischen Heims befestigt ist. Durch ein kleines Fenster ist das Wort „Shaddai“ (Allmächtiger) zu sehen.

Mikweh: Rituelles Bad, Judenbad, jüdisches Bad. Ein Bad, das der rituellen Reinigung von Menschen und Gegenständen dient. So wird die Mikweh etwa von Frauen zur Reinigung nach der Menstruation und nach einer Geburt verwendet, jüdische Konvertiten werden einem Tauchbad in der Mikweh unterworfen, aber auch bei Nicht-Juden gekauftes Geschirr wird hier rituell gereinigt. Die Hauptvorschrift beim Bau der Mikweh war die Verfügbarkeit von „lebendem

Wasser", das ist natürlich, ohne menschliches Zutun fliessendes Wasser. Wasser aus Leitungen und Gefässen kann also nicht (oder nur zu einem gewissen Teil) verwendet werden. Zunächst wurden wahrscheinlich natürliche Wasserläufe für das rituelle Bad verwendet; später, als das durch Belästigungen und das kalte Klima immer unpraktikabler wurde, wurden mit beträchtlichem Aufwand Schächte bis zum Grundwasserspiegel getrieben. Besonders schöne und alte Mikwoth oder ihre Überreste sind in Friedberg, Frankfurt, Andernach, Köln, Limburg, Worms und Speyer zu sehen.

Minyan: Nach jüdischem Gebot die für einen Gottesdienst nötige Versammlung von zehn erwachsenen jüdischen Männern.

Mischna: siehe Talmud.

Misrach: Hebräisch „Osten", die Kennzeichnung der Ostwand eines Zimmers durch ein Bild oder eine Aufschrift.

Mohel: Beschneider, siehe Beschneidung.

Ner Tamid: Ewiges Licht, siehe Synagoge.

Omed: Auch Amud, Pult des Vorbeters. Siehe Synagoge.

Parnas: Gewählter Präsident einer jüdischen Gemeinde.

Paroketh: Vorhang vor dem Torahschrein. Oft kunstvoll bestickt; immer wiederkehrende Symbole sind die Torahkrone, die Löwen von Juda, die beiden Säulen des salomonischen Tempels, die Gesetzestafeln. Siehe Synagoge.

Passah: Siehe Pessach.

Pessach: Wörtlich Überschreitung. Jüdisches Fest zur Feier der Befreiung der Juden aus der ägyptischen Gefangenschaft durch ihren Auszug aus Ägypten. Der erste Abend des Pessach-Fests wird Seder-Abend genannt. Er wird traditionell im Kreis der Familie verbracht und erfordert umfangreiche Vorbereitungen, unter anderem die völlige Säuberung des Hauses von allem gesäuerten Brot. (Da Pessach ins Frühjahr fällt und vom Datum her etwa mit Ostern übereinstimmt, behaupten böse Zungen, dass der traditionelle deutsche Frühjahrsputz von dieser rituellen jüdischen Handlung abgeleitet werden kann.) Dann wird der Seder-Abend mit einer besonderen Zeremonie, dem Seder-Mahl, gefeiert. Auf einem Teller werden drei Mazzoth, drei Fladen ungesäuerten Brots, zugedeckt auf den Tisch gebracht. Das ungesäuerte Brot soll an die Eile erinnern, mit der die Juden aufbrachen, als Mose sie zum Auszug aus Ägypten aufrief; sie konnten nicht einmal Sauerteig für die Brotzubereitung mitnehmen. Die drei Mazzoth dienen auch als Symbole für die drei Stämme der Kohanim, Leviim und Israelim. Auf einem speziellen Teller in der Mitte des Tisches liegen ein Lammknochen und ein Ei (für das Tempelopfer), ein bitteres Kraut (für die bitteren Jahre der Gefangenschaft in Ägypten), eine Mischung aus pürierten Früchten, Nüssen und Wein (für den Mörtel, den die Juden in Ägypten zubereiten mussten) und süsse Kräuter (für das neue Leben im gelobten Land). Vor den Plätzen der Teilnehmer stehen Schüsseln mit Salzwasser (für die Tränen, die die Juden in Ägypten vergossen) und Becher mit Wein für vier Segensssprüche. Ein eigener Becher mit Wein wird für den Propheten Elias bereitgehalten. Das Familienoberhaupt trägt einen weissen Gebetsmantel und eine weisse Kippa als Symbol der Bereitschaft zur neuerlichen Wanderung. Das Mahl dient auch der religiösen Belehrung der anwesenden Kinder; zu diesem Zweck wird im Verlauf des Festmahls die Pessach-Haggadahgelesen.

Pogrom: Russisch: Verwüstung. Der organisierte gewaltsame Angriff der Mehrheit auf die Minderheit, häufig für die Verfolgung von Juden verwendet.

Purim: Das jüdische Rettungsfest, gefeiert zur Erinnerung an die Rettung der persischen Juden durch Esther, die Frau des Königs Ahasver (Xerxes), vor der Vernichtung durch den Minister Haman. Haman wurde auf königlichen Befehl gehenkt. Das Purim-Fest, das meist in den Februar fällt, ist ein Freudenfest mit fastnachtsähnlichen Zügen. Während des Purim-Fests wird das Buch Esther (Megilah Esther) verlesen; in manchen Gegenden war es Aufgabe der zuhörenden Kinder, während der Verlesung den Namen des Haman durch Rasseln oder ähnliche Lärmerzeuger zu übertönen.

Purimteller: Teller mit kleinen Geschenken für die Armen oder die Kinder, die in manchen Gegenden zu Purim von Haus zu Haus zogen.

Purimrassel: Rassel zum Übertönen des Wortes Haman bei der Vorlesung des Buches Esther. Siehe Purim.

Rabbi, Rabbiner: Wörtlich Meister. Früher ein in Torah und Talmud besonders bewandter jüdischer Gelehrter, der in jüdischen Gemeinden oft auch als Richter fungierte. Heute ein zur Abhaltung des Gottesdiensts und der religiösen Funktionen einer Gemeinde besonders ausgebildeter und von einer Gemeinde in eine solche Funktion berufener Jude.

Reichskristallnacht: Pogrom am 9./10.11.1938, bei dem in Deutschland viele Synagogen zerstört, viele jüdische Geschäfte und Wohnungen geplündert und verwüstet wurden. Tausende Juden wurden in Konzentrationslager gebracht, nach Angaben des SD wurden mindestens 91 Juden bei den Ausschreitungen getötet, die wirkliche Zahl liegt sicher wesentlich höher. Vorwand für diesen gut vorbereiteten Pogrom war das Attentat des jungen Herschel Grynszpan auf den deutschen Diplomaten Ernst-Eduard vom Rath in Paris. Grynszpans Eltern waren zusammen mit etwa 30.000 anderen Juden als polnische Staatsbürger überfallsartig im Oktober 1938 nach Polen abgeschoben worden. Die Hintergründe des Attentats wurden aber nie ganz geklärt. Grynszpan wurde von der französischen Polizei verhaftet, fiel später der Gestapo in die Hände, wurde aber nie vor Gericht gestellt. Der Begriff Reichskristallnacht dürfte im Volksmund entstanden sein und zum Teil die pompösen Wortschöpfungen der Nazis verspotten.

Rimonim: Wörtlich Granatäpfel, Mehrzahl von Rimon. Torahhelm, bestehend aus kunstvollen, oft aus Edelmetall gefertigten und mit Glöckchen versehenen Aufsätzen für die beiden Holzstäbe, um die die Torahrollegewickelt ist. Siehe Torahrolle.

Ritualmord: Ein Vorwurf, der etwa seit dem Anfang des 13. Jahrhunderts verstärkt auftritt. Danach sollen Juden das Blut von christlichen Kindern oder Erwachsenen für die Zubereitung von Mazzot oder für andere rituelle Zwecke verwenden. Der Vorwurf des Ritualmordes wurde wiederholt durch päpstliche und kaiserliche Gerichte untersucht und für unbegründet, ja widersinnig erklärt. Dennoch fand der (bisher?) letzte Ritualmordprozess in Mitteleuropa erst 1900 in Westpreussen statt.

Rosh Hashanah: jüdischer Neujahrstag, Beginn der Hohen Feiertage, die bis zum Yom Kippur dauern. Während dieser Tage bereiten gläubige Juden eine Art Rechtfertigung vor Gott vor, zahlen eventuelle Schulden und versöhnen sich mit Feinden. Gott entscheidet über das Schicksal der Menschen im kommenden Jahr. In der Synagoge wird während dieser Tage der Shofar, ein urtümliches Blasinstrument aus einem Widderhorn, geblasen. Rosh Hashanah fällt meist in den September.

Sabbat: Der siebente Tag der Woche, ein Feiertag, der der Ruhe und dem Studium der Torah gewidmet ist. Der Sabbat beginnt am Freitagabend (bei Sonnenuntergang) und dauert bis zum Sonnenuntergang am Samstagabend. Der Sabbat wird in der Synagoge und im Kreis der Familie gefeiert. Am Sabbatabend, nachdem die Männer vom Gottesdienst zurückgekehrt sind, beginnt das festliche Sabbatmahl, zu dem Challah, mit Mohn bestreutes und zu einem Zopf geflochtenes weisses Brot, gereicht wird. Am Samstagmorgen wird wieder die Synagoge besucht, wo der Gottesdienst besonders feierlich ist und der Wochenabschnitt der Torah verlesen wird. Am Ende des Sabbat werden zwei geflochtene Havdala-Kerzen entzündet und die mit wohlriechenden Gewürzen gefüllte Besamim-Büchse durch den Raum bewegt, damit etwas vom „Duft des Sabbat" in die beginnende Arbeitswoche hinübergenommen werden kann.

Da am Sabbat alle Arbeit (mit ganz wenigen, genau festgelegten Ausnahmen) verboten ist, wurde die praktische Abwicklung des Sabbat zu einer reichen Quelle jüdischen Brauchtums. So war es nötig, für das Mittagessen am Samstag bereits am Freitag vorzukochen und das Essen bis dahin warmzuhalten, da das Entzünden von Feuer Arbeit und damit unzulässig ist. Daraus entstanden typische Gerichte, wie etwa Scholet und Kugel, die für dieses lange Warmhalten gut geeignet waren. Da das Tragen von Gegenständen ebenfalls Arbeit und damit verboten ist, wurde manchmal das Taschentuch am Ärmel festgenäht, dadurch wurde es Teil der Kleidung und nicht mehr „getragen" wie ein in der Tasche befindlicher Gegenstand. Da am Sabbat auch das Reisen, also das Verlassen des Hauses, verboten ist, musste für diesen Tag die Grenze des Hauses etwas ausgedehnt werden; in vielen Orten entstanden „Sabbat-Tore" (Eruw), die diese Grenzen festlegten und innerhalb derer am Sabbat die Bewegung zu Fuss gestattet war. Speziell auf dem Land war der „Schabbesgoi", ein christlicher Nachbar, der die unbedingt nötigen Arbeiten versah, üblich; das Verhältnis musste aber gut eingespielt sein, da auch das Ersuchen um die Verrichtung einer Arbeit mit Arbeit gleichgesetzt wurde und damit verboten war. Ausnahmen von diesem Ruhegebot gab es nur zur Abwendung von Lebensgefahr.

Sabbatlampe: Von der Decke hängender Leuchter, meist eine achtflammige

Öllampe in Sternform, der am Sabbatabend vor dem Sabbatmahl entzündet wird.

Sabbat-Tor: Siehe Eruw.

Sandek: Der Pate bei einer Beschneidung (siehe dort).

Schabbes: Jiddisch für Sabbat

Schabbesgoi: Jiddischer Ausdruck für Christen, die während des Sabbat im Haus nötige Arbeiten verrichteten.

Schächten: Rituelles Schlachten, im wesentlichen das Durchschneiden der Kehle mit einem einzigen Schnitt mit einem langen, geraden, schartenlosen Messer, dem Schächtmesser, gefolgt vom Ausbluten des geschächteten Tieres. Der Genuss von Blut in jeder Form ist den Juden verboten. Erfolgt der Schnitt nicht richtig, ist das Fleisch nicht koscherund daher für den Verkauf an Juden nicht geeignet.

Schächter: Hebräisch Shochet Ritueller Schlächter, ein angesehener und besonders ausgebildeter Funktionär der jüdischen Gemeinde.

Schächtmesser: Langes, gerades und sehr scharfes Messer zum rituellen Schlachten. Siehe Schächten.

Schammes: Diener, jiddisch für Shamash. Häufig der Synagogendiener.
Schofar: Siehe Shofar.

Schul: Jiddisch für Synagoge.

Schulklopfer: Synagogendiener, der in vielen ländlichen Gemeinden jeden Morgen durch Klopfen an die Haustür die Männer zur Synagoge holte.

Seder: Siehe Pessach.

Sederteller: Spezieller Teller für die traditionellen Speisen zum Sedermahl. Siehe Pessach.

Sefer: Buch, ein hebräischer Ausdruck für die Torah.

Sephardim: Juden, deren Vorfahren in Spanien oder Portugal lebten und von dort Ende des 15. Jahrhunderts vertrieben wurden. Viele von ihnen gingen nach Osten, in das osmanische Reich, oder nach Italien. Heute vorwiegend Juden aus dem ehemaligen türkischen Herrschaftsgebiet, also dem Balkan, Nordafrika und dem Nahen Osten. Die sephardischen Juden in Deutschland kamen meistens über die religiös toleranten Niederlande nach Deutschland. Die Sprache der Sepharden, das Spaniolische, ist ein alter spanischer Dialekt, vergleichbar dem aus dem Deutschen entstandenen Jiddisch, und hat sich ebenfalls bis heute erhalten. Siehe auch Aschkenazim.

Shamash: Diener; entweder der Synagogendiener oder der neunte Leuchter an der Hanukkiah, mit dem die anderen Flammen entzündet werden. Jiddisch: Schammes.

Shochet: Siehe Schächter.

Shofar: Widderhorn, das vor allem zu den Hohen Feiertagen zum Gottesdienst geblasen wird. Fallweise auf Grabsteinen als Zeichen für einen Vorsänger abgebildet.

Siddur: Gebetbuch für Wochentage.

Siebenarmiger Leuchter: Siehe Menorah.

Simchat Torah: Fest der „Freude an der Torah", der Tag, an dem die Lesung der Torah beendet und von vorn wieder begonnen wird. Nach dem Lesen des letzten Abschnitts werden alle Torahrollen der Synagoge aus dem Aron genommen und die Gemeindemitglieder tanzen mit ihnen durch die Synagoge Zur Lesung des ersten Abschnitts werden alle Gemeindemitglieder aufgerufen. Simchat Torah fällt meist in den September oder frühen Oktober.

Sofer: Speziell ausgebildeter Schreiber von Torahrollen Schreibt auch andere hebräische oder jiddische Texte, so etwa Ketubboth(Eheverträge), Haggadoth(Texte für den Sederabend) oder Megilloth Esther(das Buch Esther wird zum Purim-Fest verlesen und ist wie die Torah kein Buch, sondern eine Schriftrolle).

Sukkah: Laubhütte, siehe Sukkot.

Sukkot: Laubhüttenfest, ein siebentägiges Erntedankfest. Für das Fest wird eine Sukkah(Laubhütte) errichtet, eine Hütte aus Zweigen, geschmückt mit Feldfrüchten. Das Dach der Sukkah ist ebenfalls aus Zweigen und lässt das Sternenlicht durch. Während des Fests werden die Abendmahlzeiten wenn möglich in der Sukkah eingenommen. In manchen Gegenden wurde die Sukkah auf dem Dachboden errichtet, dann gibt es eine charakteristische Klappe im Dach, die geöffnet werden kann, so dass die Sukkah unter freiem Himmel steht. Der Lulav, ein Bündel aus Palmen-, Myrthen- und Weidenzweigen, und der Etrog, eine Zitrusfrucht, werden während des Fests gesegnet. Sukkoth fällt in die letzten Septembertage oder in den Oktober.

Synagoge: Das griechische Wort Synagoge (Versammlung) tritt in unserem Raum zuerst um 1000 auf, die Funktion der Synagoge ist aber wesentlich älter. Als Versammlungshaus und Andachtsraum wird es die Synagoge wohl schon zu einer Zeit gegeben haben, als der Tempel in Jerusalem noch existierte; ab 70, der Zerstörung des Tempels und dem Beginn des Exils, wird die Synagoge zur Institution und zum Mittelpunkt des Gemeindelebens. Die Synagoge ist aber nie, weder von der Funktion noch vom Raumprogramm her, ein Ersatz für den Tempel (viel eher könnte man das Raumprogramm christlicher Kirchen vom jüdischen Tempel in Jerusalem ableiten). Die Synagoge ist daher auch lange Zeit kein geheiligter Raum. Für den Gottesdienst ist kein Priester nötig, wo immer zehn erwachsene jüdische Männer sich versammeln, kann der Gottesdienst stattfinden. Im Hebräischen heisst die Synagoge Beth ha-Kenesseth (Haus der Versammlung), der lateinische Name ist schola, im Jiddischen heisst sie kurz und bündig Schul.

In Deutschland ist die Synagoge üblicherweise nach Osten oder in seltenen Fällen nach Süden oder Südosten orientiert, in Richtung Jerusalem. Der Raum ist meist rechteckig, selten quadratisch. Im Mittelalter ist die Synagoge ein- oder zweischiffig, nie dreischiffig wie viele Kirchen. Dreischiffige Synagogen entstehen erst im späten 19. Jahrhundert, als sich die Architektur der Synagoge und der protestantischen Kirche immer mehr aneinander annähert.

Üblicherweise steht die mittelalterliche

Synagoge inmitten der Häuser der Judengasse, selbstbewusst, wahrscheinlich das grösste und höchste Gebäude des jüdischen Viertels. Die religiöse Vorschrift besagt, dass die Synagoge höher stehen muss als alle anderen Gebäude in der Umgebung. Ist das aus irgendwelchen Gründen nicht möglich, wird die Synagoge durch eine Stange auf dem Dach „aufgestockt". Später wird die Synagoge in den Hinterhof gezwungen; an der Strassenfront steht unauffällig die Schule oder das Wohnhaus des Kantors oder auch ein Privathaus. Das bleibt - bis auf ganz wenige Ausnahmen - so bis ins 19. Jahrhundert. Jetzt rückt die Synagoge wieder an die Strasse, drückt durch ihre Grösse, ihre Lage und ihr Aussehen die stärkere wirtschaftliche und gesellschaftliche Lage der Juden aus.

Wie sieht die Synagoge im Inneren aus? Bei älteren Synagogen führen häufig ein paar Stufen in den Betraum hinunter. Das mag zurückzuführen sein auf regionale Bauvorschriften, die die äussere Höhe der Synagoge so beschränkten, dass die notwendige innere Raumhöhe nur durch Absenkung des Synagogenfussbodens unter das Strassenniveau zu erreichen war; wahrscheinlicher sind religiöse Gründe, etwa die Ableitung aus dem Gebet „Aus der Tiefe rufe ich zu Dir, oh Herr". Der Torahschrein, Aron ha-Kodesch oder nur Aron, steht an der Ost- oder selten an der Südwand. In diesem Schrein, der häufig in einer Nische oder Apsis angebracht und besonders geschmückt ist, werden hinter einem oft kunstvoll bestickten Vorhang (Paroketh) die Torahrollen der Synagoge aufbewahrt. Über dem Torahschrein brennt der Ner Tamid, das ewige Licht, das anzeigt, dass man sich in einem noch von einer Gemeinde benutzten Betraum befindet.

Im Mittelalter steht das Vorlesepult für die Verlesung der Torah, das Bimah oder Almemor, etwa in der Mitte des Raumes. In konservativen Gemeinden, vor allem auf dem Land, bleibt das Bimah bis heute dort, die Gemeindemitglieder blicken nicht nach Osten, auf die heilige Wand, sondern vor allem zum Vorleser, manchmal sitzen sie zur besseren Platz- und Lichtausnützung auch mit dem Rücken zum Bimah. Im ausgehenden 18. Jahrhundert rückt das Vorlesepult vor den Torahschrein, die Gemeinde sitzt jetzt mit dem Gesicht nach Osten, zu Aron und Bimah gerichtet. Der ganze Raumeindruck wird kirchenähnlicher, Aron und Bimah entsprechen dem Altar. (In manchen sephardischen Synagogen steht das Vorlesepult an der Westwand der Synagoge und bildet so ein Gegengewicht zum Aron. In Deutschland ist uns kein erhalten gebliebenes Beispiel dieser Anordnung bekannt.) Das Pult für den Vorsänger steht manchmal neben dem Aron. Manchmal ist der Fussboden hier etwas tiefer als der restliche Fussboden der Synagoge („Aus der Tiefe rufe ich zu Dir, oh Herr").

Offenbar war in der Antike keine Trennung von Frauen und Männern in der Synagoge vorhanden. Bei den ältesten deutschen Synagogen scheint die Trennung bereits so vollständig, dass nur mehr Männer den Betraum betreten; später wird an manche mittelalterliche Synagogen doch ein Frauenraum („Weiberschul") angebaut, der mit der Männersynagoge nur durch schmale Schlitze oder auch gar nicht verbunden ist. Aus dieser Zeit ist uns auch die Funktion der Vorbeterin in dieser Frauensynagoge überliefert. Noch später entstehen Frauengalerien in den Synagogen, die dafür hoch genug sind, oder der für die Frauen bestimmte Teil des Betraumes wird durch dichte Holzgitter oder ähnliche Sichtblenden von der Männerschulabgetrennt. Erst in den reformierten Synagogen des späten 19. Jahrhunderts sitzen Männer und Frauen wieder gemeinsam im selben Raum.

Die Darstellung von Menschen (nach manchen Auslegungen jede figurale Darstellung) wird durch die jüdische Religion verboten. Daher gibt es über lange Zeit keinen oder nur geometrischen oder Schrift-Schmuck in den deutschen Synagogen. In der Barockzeit wird in manchen Synagogen in Süddeutschland die aus Polen kommende Ausmalung der Synagoge mit biblischen Motiven übernommen. Leider ist nur mehr eine dieser gemalten Synagogen in Deutschland zu sehen (im Museum in Schwäbisch Hall). In der Folge verschwinden figürliche Darstellungen weitgehend wieder. Als immer wiederkehrender Synagogenschmuck, vor allem am Aron, sehen wir Löwen (für die Löwen von Juda), die Krone der Torah, sonst auch noch den Davidstern und den siebenarmigen Leuchter (Menorah) (der meist nur in reformierten Synagogen dargestellt wird).

Der Baustil der Synagoge folgt bis ins 19. Jahrhundert dem jeweils allgemein herrschenden Baustil, wenn auch oft mit Verzögerung; offenbar waren die jüdischen Gemeinden architektonisch besonders konservativ. Also gibt es in Deutschland spätromanische, gotische, barocke, Rokoko- und klassizistische Synagogen. Erst in der zweiten Hälfte des 19. Jahrhunderts, das über weite Strecken keinen eigenen Stil entwickeln kann und auf die Formensprache der Vergangenheit zurückgreifen muss, stellt sich die Frage nach einem spezifisch jüdischen Baustil. Aus dieser Zeit gibt es vor allem neo-romanische und nur wenige neo-gotische Synagogen; die Neo-Gotik war sozusagen von den Kirchen dieser Zeit besetzt. Später setzt sich vor allem in grösseren Städten der maurische Synagogenstil durch; daneben blieb die Neo-Romanik noch bis zum Anfang des 20. Jahrhunderts erhalten. Der maurische Stil wurde von den jüdischen Gemeinden wegen seines historischen Bezugs, der Blütezeit der spanischen und nordafrikanischen Judenheit unter der Herrschaft der Mauren, und wohl auch wegen der Möglichkeit zur nicht-figuralen Prachtentfaltung bevorzugt. Nach dem ersten und nach dem zweiten Weltkrieg bildet sich kein bevorzugter Stil heraus.

Männer dürfen die Synagoge nur mit Kopfbedeckung betreten.

Taharah-Haus: Haus für die Waschung und Aufbahrung einer Leiche; Zeremonienhalle.

Tallit: Siehe Gebetsmantel.

Talmud (wörtlich: Lehre), zwei Sammlungen von Gesetzen, Gesetzesauslegungen und Diskussionen über Fragen des jüdischen Lebens. Der Palästinensische Talmud wurde unmittelbar nach der Zerstörung des zweiten Tempels durch die Römer von den neu entstandenen Schulen in zwei Teilen, Mischna (Wiederholung, Lernen) und Gemara (Auslegung) kodifiziert. Die Mischna ist in hebräischer, die Gemara in aramäischer Sprache geschrieben, beide Texte enthalten Lehnworte aus anderen Sprachen, wie etwa Persisch oder Babylonisch. Der Babylonische Talmud entstand im Exil, im reichen und bedeutenden Zwischenstromland, und beschränkt sich weitgehend auf die Diskussion und Auslegung der Mischna. Für die sephardischen Juden wurde zunächst der babylonische Talmud, für die aschkenazischen Juden der palästinensische Talmud massgebend. Später wurde der babylonische Talmud von fast allen jüdischen Gemeinden anerkannt. Durch dieses im ganzen Handelsgebiet der Spätantike und des Mittelalters in gleicher Weise verbindliche Recht wurde auch der jüdische Fernhandel wesentlich erleichtert. Der babylonische Talmud umfasst in der deutschen Übersetzung etwa 10.000 Seiten. Vor der Erfindung des Buchdrucks war der Talmud wahrscheinlich eines der weitestverbreiteten Manuskripte der Welt, da er in jeder jüdischen Gemeinde in mindestens einem Exemplar vorhanden sein musste. Der Talmud ist der Gegenstand lebenslangen Studiums für den frommen Juden. Der wohl bedeutendste Talmud-Kommentar stammt von Raschi (Rabbi Salomon ben Isaak) und ist etwa 900 Jahre alt (siehe Worms).

Tass: Torahschild. Siehe Torahrolle.

Tefillin: Gebetsriemen, schmale Lederriemen mit hölzernen Kapseln, die Abschnitte aus der Torah enthalten. Die Riemen werden von Männern zu bestimmten Gebeten um den linken Unterarm und den Kopf gewickelt.

Torah (Tora, Thora) (wörtlich: Lehre) sind die fünf Bücher Mose, der Pentateuch.

Torahhelm: Deutscher Name für Rimon. Siehe Torahrolle.

Torahkrone: Siehe Torahrolle.

Torahmantel: Siehe Torahrolle.

Torahrolle: Nach strengen Regeln vom Sofer auf Pergament handgeschriebene Abschrift der Torah. Diese Abschrift wird nicht wie ein Buch erstellt, sondern wie eine alte Schriftrolle, die auf zwei Stäbe aufgewickelt wird. Die Torahrolle wird im Aronha-Kodesch (Torahschrein) in der Synagoge aufbewahrt. Sie ist mit dem Torahwimpelzusammengebunden. (Der Torahwimpel wurde in vielen Gegenden Deutschlands aus der Windel geschnitten, die der Knabe am Tag der Beschneidung trug, diese Windel wurde dann reich bestickt oder bemalt und am ersten Geburtstag des Knaben der Synagoge gestiftet. Bei seiner Bar Mitzvah liest das junge Gemeindemitglied aus der Torahrolle, die mit seinem Torahwimpel zusammengehalten ist.) Über dem Torahwimpel trägt die Torahrolle einen ebenfalls reich verzierten Torahmantel Über diesen Torahmantel wird der Torahschild gehängt, meistens aus Edelmetall gefertigt, oft mit Torahsymbolen (der Krone, den Löwen von Juda, den Gesetzestafeln, den Säulen des Tempels) geschmückt und mit einem kleinen Einschub zur Kennzeichnung des Wochentages versehen. Am vom Betrachter aus linken Stab wird der Torahzeigeraufgehängt; da die Torahrolle möglichst wenig mit der Hand berührt werden soll, wird beim Lesen des Texts zur Verfolgung der Zeile diese kleine Hand mit dem ausgestreckten Zeigefinger, aus Edelmetall oder Elfenbein, zu Hilfe genommen. Über die oberen Enden der Stäbe wird eine Torahkroneoder (oft unter sephardischem Einfluss) zwei Rimonimgestülpt. Die Torahrolle wird stehend, an die Rückwand des Aron gelehnt, aufbewahrt. Ist eine Torahrolle durch Schändung, Unfall oder Alter unbrauchbar geworden, wird sie wie ein Mensch feierlich beigesetzt.

Torahschild: Siehe Torahrolle.

Torahschrein: Hebräisch Aron. Siehe Synagoge.

Torahvorhang: Hebräisch Paroketh. Siehe Synagoge.

Torahwimpel: Band, um die Torahrolle vor dem unabsichtlichen Aufrollen zu sichern. Siehe Torahrolle.

Torahzeiger: Siehe Torahrolle.

Traustein: Siehe Chuppa-Stein.

Trefe: Rituell unrein. Siehe koscher.

Trendel: Dreidel.

Yad: Torahzeiger. Siehe Torahrolle.

Yeshivah (wörtlich: Sitzen) ist die religiöse Schule der erwachsenen Juden, wo Torah und Talmud gelehrt und vor allem gelernt werden.

Yom Kippur: Versöhnungstag, der letzte der Hohen Feiertage. Ein Fasttag, an dem das Herz das Urteil Gottes empfängt.

Zins: Der Ertrag eines Darlehens oder einer anderen Leistung mit Geldwert. In der Torah ist ein ausdrückliches Zinsverbot ausgesprochen; darauf fusst das mittelalterliche kanonische Zinsverbot. Auch Gemara, der Gesetzesteil des Talmud, verbietet mehrfach den Zins von Geldleistungen, lediglich der Pacht- und Mietzins waren erlaubt. Die Mischna, der Auslegungs- und Diskussionsteil des Talmud, zeigt Wege zur Umgehung des Zinsverbots auf. (Interessanterweise haben im 20. Jahrhundert die islamischen Banken ähnliche Wege beschreiten müssen - auch der Islam verbietet den Zins.) Durch das kanonische Zinsverbot, das Christen das Abschliessen von Geldgeschäften nicht mehr erlaubte, und durch die zunehmende wirtschaftliche Isolierung der mittelalterlichen Juden wurden diese in das Geldgeschäft hineingedrängt (wo sie nach wie vor mit der illegalen christlichen Konkurrenz zu kämpfen hatten). Im Mittelalter waren die Zinsen ungeheuer hoch, zwei oder drei Pfennig vom Pfund pro Woche waren üblich, das entspricht 43,3 oder 65 % pro Jahr (ein Pfund hatte 240 Pfennig). Allerdings war auch das Risiko des Geldgebers sehr hoch. Später wurden die Zinsen auf niedrigerem Niveau gesetzlich geregelt.

HEBRÄISCHE BUCHSTABEN UND ZAHLEN

Wie man das Datum auf einem jüdischen Grabstein liest

Alle europäischen und indischen Alphabete ebenso wie das arabische Alphabet stammen von einer alten Form des hebräischen Alphabets ab. Dieses entstand vor mehr als 3.500 Jahren, wahrscheinlich unter ägyptischem Einfluss, und wurde später von den Griechen übernommen und angepasst. Von diesen übernahmen es wieder die Römer und später die Ostslawen, die es in das lateinische und cyrillische Alphabet abänderten. Die Form der Buchstaben hat sich im Lauf der Zeit beträchtlich geändert, neue Buchstaben wurden erfunden, und die europäischen Alphabete werden nicht mehr von rechts nach links, sondern von links nach rechts geschrieben, aber die Reihenfolge der Buchstaben ist noch mehr oder weniger identisch. Sogar das Wort Alphabet kommt indirekt von den ersten beiden Worten des hebräischen Alphabets, Aleph und Beth, im Griechischen leicht abgeändert auf Alpha und Beta.

Das Hebräische wurde (und wird immer noch) von rechts nach links geschrieben. Ursprünglich bestand es aus 22 Konsonanten, Vokale wurden nicht geschrieben. Erst viel später wurden Vokale durch Punkte oder Striche über oder unter dem vorhergehenden Konsonanten gekennzeichnet. Es folgt ein hebräisches Alphabet mit den Namen der Buchstaben und der ungefähren Transkription. Bitte beachten Sie, dass es sich um eine neuere Form des Alphabets handelt und dass das Alter, örtliche Variationen oder Verzierungen die Transkription eines Texts sehr schwierig machen können.

alef	א	Stummer Buchstabe
bet	בּ	b
vet	ב	v
gimel	ג	g
dalet	ד	d
hei	ה	h
waw	ו	w
sain	ז	s
chet	ח	ch
tet	ט	t
jod	י	i
kaf, chaf	ךכ	c
lamed	ל	l
mem	םמ	m
nun	ןנ	n
samech	ס	ss
ain	ע	Stummer Buchstabe
pei, fei	ףפ	p, f
zadi	ץצ	z
kof	ק	k
resch	ר	r
schin	שׁ	sch
sin	שׂ	ss
tav	ת	t

(Wenn hier zwei Buchstaben gezeigt werden, dann steht der linke am Ende eines Wortes, der rechte am Anfang oder in der Mitte.)

Das Hebräische kannte keine besonderen Zeichen für Ziffern, statt dessen wurden Buchstaben benutzt. Zahlen werden ebenfalls von rechts nach links geschrieben.

Da die hebräischen Ziffern älter sind als die indische Erfindung der Null, gibt es auch kein Zeichen für Null. Stattdessen entsprechen die 22 Konsonanten den europäischen Zahlen 1 bis 9, 10 bis 90 und 100 bis 400. Die Werte für 500 bis 900 werden mit Kombinationen der Werte für hundert bis vierhundert dargestellt. Tausender-Werte werden entweder weggelassen oder mit den Zeichen für 1 bis 9, häufig gekennzeichnet mit zwei Punkten über oder vor dem Buchstaben, dargestellt.

Damit es nicht zu einfach wird, werden die Zahlen 15 und 16 nicht so dargestellt, wie man es erwarten könnte, nämlich durch die Kombination 10+5 (jh) oder 10+6 (jv), weil diese Darstellung als Abkürzung des Namens Gottes verstanden werden könnte. Stattdessen wird 9+6 (tv) und 9+7 (tz) geschrieben.

Oft, aber nicht immer werden Zahlen durch einen Punkt oder einen Strich über dem Buchstaben gekennzeichnet. Wenn man also eine Inschrift auf einem Grabstein sieht, wo über einem Buchstaben oder über zwei Buchstaben Punkte oder Striche stehen und der erste Buchstabe (von rechts!) ein Yod oder Kaph ist, dann ist das der Tag des Todesmonats und das Todesjahr folgt (links davon). Gruppen von drei oder mehr so gekennzeichneten Buchstaben bedeuten das Jahr, besonders wenn der erste (rechte) Buchstabe ein Taw ist. Es folgt eine Liste von Zahlen, die beim Entziffern von Daten hoffentlich hilfreich sein wird.

1	א	11	יא	10	י	100	ק
2	ב	12	יב	20	כ	200	ר
3	ג	13	יג	30	ל	300	ש
4	ד	14	יד	40	מ	400	ת
5	ה	15	טו	50	נ		
6	ו	16	טז	60	ס		
7	ז	17	יז	70	ע		
8	ח	18	יח	80	פ		
9	ט	19	יט	90	צ		
10	י						

Der jüdische Kalender beginnt etwa 3760 Jahre vor dem christlichen (heute allgemein üblichen) Kalender. Zur genauen Umrechnung eines Datums aus dem jüdischen in den allgemeinen Kalender oder umgekehrt ist wegen der in ihrer Länge sehr unterschiedlichen Jahre des jüdischen Kalenders eine sehr komplizierte Berechnung nötig. Wir behelfen uns für die Zwecke dieses Buchs mit der einfachen Subtraktion oder Addition, obwohl diese unter Umständen ein um ein Jahr falsches Ergebnis geben können.

Um zur allgemein üblichen Jahreszahl zu kommen, zieht man von der jüdischen Jahreszahl 3760 ab; wenn bei der jüdischen Jahreszahl die Tausenderstelle weggelassen wurde, addiert man 1240 dazu. Um zur jüdischen Jahreszahl zu kommen, addiert man 3760 zur allgemein üblichen Jahreszahl.

Für alle, die nicht gern kopfrechnen, haben wir eine Jahreszahlentabelle in Zehnersprüngen zusammengestellt. Bitte denken Sie daran, dass in den meisten Fällen die Tausenderstelle weggelassen wurde; wenn Sie also auf einem Grabstein z. B. das Jahr 592 finden, so entspricht das dem jüdischen Jahr 5592 oder dem Jahr 1832 der allgemeinen Zeitrechnung.

4860	1100	4960	1200	5060	1300
4870	1110	4970	1210	5070	1310
4880	1120	4980	1220	5080	1320
4890	1130	4990	1230	5090	1330
4900	1140	5000	1240	5100	1340
4910	1150	5010	1250	5110	1350
4920	1160	5020	1260	5120	1360
4930	1170	5030	1270	5130	1370
4940	1180	5040	1280	5140	1380
4950	1190	5050	1290	5150	1390
5160	1400	5260	1500	5360	1600
5170	1410	5270	1510	5370	1610
5180	1420	5280	1520	5380	1620
5190	1430	5290	1530	5390	1630
5200	1440	5300	1540	5400	1640
5210	1450	5310	1550	5410	1650
5220	1460	5320	1560	5420	1660
5230	1470	5330	1570	5430	1670
5240	1480	5340	1580	5440	1680
5250	1490	5350	1590	5450	1690

5460	1700	5560	1800	5660	1900
5470	1710	5570	1810	5670	1910
5480	1720	5580	1820	5680	1920
5490	1730	5590	1830	5690	1930
5500	1740	5600	1840	5700	1940
5510	1750	5610	1850	5710	1950
5520	1760	5620	1860	5720	1960
5530	1770	5630	1870	5730	1970
5540	1780	5640	1880	5740	1980
5550	1790	5650	1890	5750	1990

Nur für Leser, die nicht leicht zu verwirren sind:

Wie schon oben erwähnt, kann das "richtige" Jahr gegenüber unserer vereinfachten Berechnung ein (allgemeines) Jahr früher oder ein (jüdisches) Jahr später liegen. Das hängt vom Monat und Tag des Ereignisses ab. Der Grund dafür liegt in der unterschiedlichen Festlegung des Jahreswechsels, der im jüdischen Kalender in den Herbst, also in den September oder frühen Oktober, fällt. Dadurch liegen die ersten drei Monate des jüdischen Jahres, Tishri, Marheshvan und Kislev, sicher im vorhergehenden allgemeinen Jahr, und ebenso liegen Daten in der zweiten Oktoberhälfte, im November und Dezember im folgenden jüdischen Jahr. Daten im vierten Monat, Tebeth, oder im September oder frühen Oktober sind ungewiss.

Die Beweglichkeit des jüdischen Neujahrsdatums gegenüber dem allgemeinen Kalender ist darauf zurückzuführen, dass das jüdische Jahr ein Versuch der Kombination von Sonnen- und Mondjahr ist und daher zwischen 353 und 385 Tagen schwankt, während das allgemeine Jahr in seiner Länge mit 365 oder 366 Tagen verhältnismässig fix ist.

INDEX